천기누설 관상법

남보쿠 상법 완역본

미즈노남보쿠(水野南北) 지음

윤보경 옮김

천기누설 관상법
남보쿠 상법 완역본

발행	2023년 5월 30일
저자	미즈노 남보쿠
옮긴이	윤보경
펴낸이	한건희
펴낸곳	주식회사 부크크
출판사등록	2014.07.15.(제2014-16호)
주소	서울특별시 금천구 가산디지털1로 119 SK트윈타워 A동 305호
전화	1670-8316
이메일	info@bookk.co.kr
ISBN	979-11-410-2971-5

www.bookk.co.kr

지은이 | 미즈노남보쿠(水野南北)

1757년 오사카(大阪)의 아와좌(阿波座)에서 태어남.

1766년 9세에 부모가 모두 돌아가심.

그후 십대를 큰아버지집에서 더부살이와 부랑아 삶.

1778년 21세 관상학입문하여 9년간 머리깎는 곳, 목욕탕, 장례식장에서
수련. 그 후 10년간은 전국을 돌며 수양과 수련

1803년 『상법입문(相法手引)』집필

'居士'라는 호칭을 받음

『남보쿠상법속편(南北相法續篇)』집필

1813년 『남보쿠상법극의발췌(南北相法極意拔萃)』,

『남보쿠상법수신록(南北相法修身錄)』간행

일본상법중조(日本相法中祖)"라는 호칭을 하사받음

1834년 77세의 나이로 일대기를 마침

옮긴이 | 윤보경(尹寶卿)

현 인생디자인연구원 원장

충남대학교 일문학 문학박사

충남대학교 중국어 부전공

공주대학교 동양학과 석사

전 선문대학교 강의

대전외고를 비롯해 36년간 일본어교사로 재직

주요 논문으로는 『시가나오야 문학연구, 웃음을 중심으로』,
『日本永代藏과 허생전의 대비고찰, 순환과 정진의 삶의 방식』외
다수의 논문이 있으며 현재 주역과 관상학 관련 논문을 집필
중이다.

들어가는 말

얼굴은 과거·현재·미래의 시·공간을 초월해서 사회적 관계를 잇는 통로이며 행운이 들어오는 통로입니다.

'관상의 묘(妙)함'이라는 것은 자연의 밝은 덕(德)에 있습니다. 스스로 구한다면 모든 것은 하나입니다. (본문 중에서)

얼굴은 자신은 잘 모르고, 다른 이들이 나를 보는 나를 위한 첫 광고의 장입니다. 현대인은 사회 생활이 메타버스적인 생활까지 확장되어 있습니다. 그래서 현대인에게 얼굴은 시·공간을 넘어서 알려지는 범위는 점점 넓어지고 중요해졌습니다. 이러한 얼굴에 대한 중요성과 관심은 현대의술의 발달과 더불어 '성형'이라는 도구를 이용하여 급하게 변형을 추구하기도 합니다. 급기야 '얼굴 성형 중독'이라는 용어마저 생겼습니다. 성형 부작용으로 어떤 사람은 평생 집밖으로 한 발욱도 나오지 못하는 감옥생활을 하기도 합니다. 이것이야 말로 얼굴 생김새의 중요성에 대해 단편적이지만 한 여름 햇살처럼 강렬하게 대변하고 있습니다.

사람의 상이 얼마나 중요한가!!!

사람의 관상은 시공간과 더불어 자연의 일부로 변화해 갑니다. 이것을 '자연스럽게' 라고 우리는 표현합니다. 이처럼 상의 자연스러운 변화를 미즈노남보쿠는 관상을 단순히 얼굴의 생김새를 넘어서 자기의 내면을 닦고 수련해서 얻는 선(善)함과 수양의 장으로 끌어 올렸습니다. 이것은 자연과 사람이 일치해 가는 모습입니다.

남보쿠의 상법은 사람의 상을 통해 운을 개선할 수 있는 경지로 발전시킨 독보적인 상법의 고전입니다. 이책은 물질이 넘쳐나고 그로인해 질병을 만들고 있는 현대인에게 "어떻게 삶을 살아야 하는가?"와 "무엇이 행복인가?"에 대한 해답서인 동시에 현대인을 위한 '자연과 사람의 협주곡'입니다.

　　3년에 걸쳐 번역을 마쳤습니다. 그리고 이 오래된 미래인 상법의 고전이 세상에 나왔습니다. 이 상법을 모두 번역해서 출판하게 된 지금, 아기를 출생한 산모처럼 뿌듯하고 참으로 행복합니다. 번역을 하면서 힘들었던 순간조차 아름다운 추억이 되었습니다. 저의 작은 바람은 이책을 통해 많은 분들이 진정한 삶의 행로를 찾고 조금 더 나아가 삶의 의미를 찾아가는 안내서가 되는 것입니다. 이것이 저에게 더할 나위없는 보람이라 생각합니다. 또한 이 책의 부족한 부분은 차후에 수정보완을 더할 것을 마음에 다시 새깁니다. 여기까지 이 번역본이 온전히 세상의 빛을 보도록 도와주신 저의 세 자녀와 교정을 봐주신 김도형 의사선생님, 책의 디자인을 해 주신 맹성규 작가님께 특별히 감사의 말씀을 전합니다.

2023년 4월 봄날
아름다운 갑천을 바라보며

윤보경

전편 前篇

제1권

제2권

제3권

제4권

제5권

후편 後篇

제1권

제2권 혈색에 대하여

제3권 혈색 부분

제4권

제5권

전편

前篇

제 1 권

문하생   히라야마미나미타케(平山南嶽)

　　　　 미즈노하치키(水野八氣)

원조   성덕황태자

저작   미즈노 난보쿠 거사(水野南北 居

士)

출판   천보서원장(天保書院藏)

1. 관상의 대요

1. 관상가의 자세와 활용에 관하여

사람의 상(相)을 볼 때는 먼저 마음을 가라앉히고 편안히 앉으며 몸 안의 천지인(天地人)을 바르고 가지런하게 놓습니다. 숨을 일곱 번 내쉬면서 배꼽 3센티 정도 아래에 있는 기해(氣海)에 마음이 머물도록 합니다. 이때 눈, 코, 입, 마음인 육근(六根)*은 멀리합니다. 이렇게 몸을 가지런히 한 후에 비로소 마음으로 육근(六根)을 다시 받아들이고 차분하고 바르게 상(相)을 보면서 말해야 합니다.

미나미류우사이(南龍齊)와의 문답

질문

「 몸의 천지인(天地人)을 바르게 가지런히 놓는다는 의미는 무엇인지요? 」

대답

「 몸에서 천지인(天地人)을 바르게 가지런히 놓는다는 것은 머리를 똑바로 들고 고개를 숙이지 않은 상태에서 눈을 감습니다.

배를 앞으로 내밀고, 엉덩이를 바닥에 딱 붙이고 앉습니다. 마치 땅에 돌을 놓은 것과 같은 자세입니다. 그리고 숨을 일곱 번 들이마시고, 일곱 번 내시면서 마음을 차분히 내려놓습니다. 이렇게 마음을 기해(氣海)에 내려놓습니다. 아랫배로 기

---

* 〔불교용어〕육식(六識)을 낳는 여섯 가지 근원으로 눈·귀·코·혀·몸·뜻의 총칭.

해에 있는 마음을 누른다는 것은 스스로 기(氣)를 깨끗하게
하는 것입니다.

육근(六根)을 멀리한다는 것은 상(相)을 보는 동안 모든 감
각과 의식에서 벗어나 새 울음소리, 바람 소리조차 들리지
않는 아무것도 느끼지 않는 상태를 말합니다. 이런 마음 상
태가 된 후에 비로소 상(相)을 보게 되면 하늘로부터 내려진
선한 좋은 기운과 악한 나쁜 기운을 알게 됩니다. 마음으로
육근을 받아들인다는 것은 이것을 말합니다.」

사람의 상(相)을 볼 때는 처음 방문한 그 날, 서서 들어오는 모습
과 행동을 보고, 그 사람이 지닌 전체적인 상을 살펴야 합니다.
그 후에 기력의 강약과 충성스러운 마음가짐(忠), 부모와 이웃에
대한 효(孝)의 정신, 사람들이나 생명체에게 음덕(陰德)을 베풀
마음이 있는지, 생각은 어느 정도 안정된 상태인지를 살펴야 합
니다. 그리고 지식, 정보, 말하는 태도 등을 관찰해야 합니다. 이

것을 본 후에 골격, 혈색, 유년(流年)
의 상태를 파악합니다. 마지막으로 상
(相)이 좋은지 나쁜지 선악(善惡)을
판단합니다.

〈음양의 그림〉

　　　　　　　전편

천(天)은 공(空)에서 수(水)를 생(生)하고, 지(地)는 풍(風)에서 화(火)를 생(生)합니다. 이것이 지(地), 수(水), 화(火), 풍(風), 공(空) 5대(大)입니다. 이것을 이해할 필요가 있습니다.

천(天)은 공(空)에서 정신을 낳고, 지(地)는 어머니로 인간의 형태를 만듭니다. 그래서 사람의 몸은 부모로부터 생겨나는 것이고, 태어난 처음에 '상(相)'은 없습니다.

'상(相)'은 자신의 욕심에서 생겨납니다. 사람이 태어났을 때는 나쁜 악(惡)이 존재하지 않습니다. 좋지 않은 악(惡)은 자기 욕심에서 만들어집니다. 욕심은 부모로부터 물려받은 신체를 스스로 괴롭히는 것입니다. 즉 사람의 모습에 나타나는 상(相)은 선천적인 것이 아닙니다. 자기 스스로 욕심을 극복하면 좋지 않은 나쁜 상(相)도 사라집니다.

신체는 지(地)입니다. 몸속을 돌고 있는 피와 체액은 수(水)입니다. 몸을 따뜻하게 하는 것은 화(火)이며, 호흡하는 것은 풍(風)이고, 마음은 공(空)이라고 합니다.

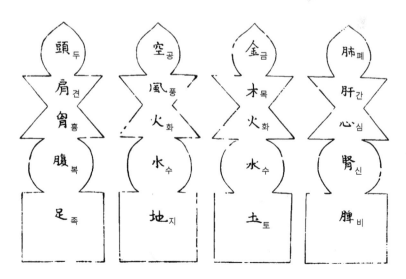

2. 수상에 관하여

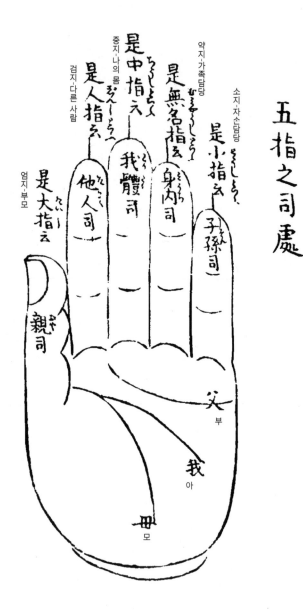

〈다섯 손가락의 명칭과 담당하는 것〉

1) 다섯 손가락과 틈

손은 신체에서 나뭇가지입니다. 나무는 올곧게 뻗은 가지들이 잘 나 있어야 좋은 나무입니다. 나뭇가지 모양이 좋지 않은 것은 잡목밖에 되지 않습니다. 마찬가지로 사람의 손도 상(相)이 좋지 않으면 사회적 지위가 낮아집니다. 잡초라도 시절을 잘 맞추면 꽃은 아름답게 핍니다. 사람도 역시 때를 잘 만나면 손의 상(相)이 자연스럽게 윤기를 띠기 시작합니다. 곤란한 시기가 오면 손의 상(相)은 어두워집니다. 이것이 자연스러운 자연의 법칙이라고 생각합니다.

- 엄지와 검지 사이가 떨어져 많이 벌어진 사람은 부모와 인연이 적고 부모로부터 받은 은혜를 자손에게 전하지 못해서 불효자가 됩니다.

- 엄지와 검지 사이가 빈틈없이 붙어있는 사람은 충성스러우며 효도하는 마음을 지닌 정직한 사람입니다.

- 검지와 중지 사이에 작은 틈이 있는 사람은 협력하려는 마음이나 이해심이 조금 적습니다. 대단히 많이 벌어진 사람은 다른 사람과 해야 하는 사회생활을 원활하게 하지 못하고 적을 만듭니다.

- 검지와 중지 사이가 틈 없이 밀착된 사람은 다른 사람과의 교제가 원만합니다. 그러나 다른 사람에게 신세지는 일이 많으며 자신에 관한 일을 가족이 아닌 다른 사람과 상의합니다.

- 중지와 약지 사이가 조금이라도 벌어진 사람은 가족과의 인연이 약하고 가족 간에 사이도 좋지 않습니다. 이혼 또는 재혼할 수 있습니다. 특히 많이 벌어진 사람은 도와주는 가족도 없고 자식과 인연이 약해집니다.

- 중지와 약지 사이에 틈이 조금도 벌어지지 않고 밀착된 사람은 가족 간의 유대감도 좋고, 부부 사이도 원만하며 자식 복도 있습니다. 결혼 후에 운기(運氣)가 상승합니다.

- 약지와 소지와의 사이가 조금의 틈도 없고 붙어있는 사람은 자식과 인연이 있고, 자기가 낳은 자식이 아니고 양자를 얻더라도 그 자식이 끝까지 곁에 있습니다.

- 약지와 소지 사이가 크게 틈이 벌어져 있는 사람은 자식과 인연이 약하며 비록 자식이 있어도 의지가 되지 않습니다. 작은 틈이 있어도 자식과 인연이 멀어집니다.

- 다섯 손가락이 모두 벌어진 상태로 손을 내미는 사람은 이때 마음이 동요하고 있고 근심과 걱정이 있습니다.

- 다섯 손가락 모두 확실하게 붙여서 손을 내미는 사람은 이때 마음이 차분하고 온화합니다.

- 손가락을 오므려서 내는 사람은 주의가 깊고 사려가

깊은 사람이기 때문에 인생에서 큰 실패가 없습니다.

- 손가락을 젖혀서 넓게 펴내는 사람은 마음이 크고 넓어서 모든 것을 긍정적으로 생각하고 큰 것만을 바라보고 생각합니다. 그러나 이 커다란 마음가짐으로 인해 집안을 망가트릴 수도 있습니다.

- 중지와 검지 사이 밑부분에 틈이 벌어져 있는 사람은 다른 사람의 일로 인해 손실이 있고 다른 사람들에게 신세 지는 일이 많습니다. 자세히 보려면 손의 틈새를 봅니다.

- 중지와 약지의 아랫부분에 틈이 조금 벌어져 있는 사람은 가족의 일로 손해보고 가족들을 보살필 일이 많이 있습니다.

- 검지, 중지, 약지 사이의 아랫부분에 틈이 보이는 사람은 재산을 잃고 고생이 끊이지 않습니다.

- 엄지의 밑부분이 가느다란 사람은 빈상이더라도 큰 변화나 가난으로 고생하지 않으며 먹는 것에 있어서는 한평생 자유롭습니다.

이상과 같은 손가락에 관한 판단은 육체노동자나 손을 많이 사용하는 직업을 가진 사람에게는 손가락 형태로만 단순하게 판단하기 어려운 점이 있습니다. 일반적인 생활방식으로 살아가는 사람을 기준으로 해서 판단하는 것이 좋습니다.

2) 손바닥과 세 개의 주름에 관하여

① 손바닥

중지의 마지막 마디를 본인으로 판단합니다.

- 중지 가장 윗마디가 위를 향하는 사람은 뜻이 높고 강합니다. 그러나 구부러진 사람은 뜻이 낮을 수 있습니다.

- 중지 가장 윗마디가 약지를 향해 내려다보는 사람은 가족 위에 서서 군림하려 합니다. 또한 가족들과는 의견이 잘 맞지 않아 사이가 좋지 않습니다.

- 중지 가장 윗마디가 검지를 내려다보는 사람은 뜻이 높고 다른 사람 위에서 지휘하려고 합니다.

- 검지가 중지로 기대고 있는 사람은 다른 사람에게 많은 신세를 집니다.

- 약지가 중지에 기대고 있는 사람은 가족들에게 많은 신세를 집니다.

- 중지가 약지에 의지하고 있는 사람은 의지할 가족이 있습니다.

- 중지 끝이 검지나 약지 방향으로 가지 않고 정면으로 휘어져 있는 사람은 다른 사람을 목표로 하지 않고 자영업으로 성공하여 자수성가합니다.

이상의 것들은 다섯 손가락에 관한 상법(相法)입니다. 사람들을 볼 때 이것을 기본으로 해서 판단합니다. 그러나 손을 주로 사용하는 직업을 가진 사람은 각각 일에 따라서 다양한 습관이 쌓이기 때문에 고려해서 판단해야 합니다.

- 높은 직위에 있는 사람, 부자, 하루하루 즐겁게 생활하는 사람들은 손바닥에 작은 근육이 많이 있습니다. 그러나 가난하고 직업이 빈천한 사람인데도 작은 근육이 많이 보이는 사람은 언뜻 고생하지 않고 산 것처럼 보입니다만 항상 주변에 신경 쓸 일이 많아 속으로는 심한 고생을 하고 있습니다. 또 나름대로 지위가 있으며 직원을 고용할 정도의 위치에 있는 사람인데 손바닥에 작은 근육이 많지 않은 사람은 속으로는 빈천하고 절약하는 사람입니다. 직원을 고용하여 일을 시켜도 무의식적으로 일일이 간섭하는 사람입니다.

- 손바닥에 살집이 두텁고 부드러운 사람은 자기 처지에 맞는 행운이 오는 강한 운입니다.

- 손바닥에 살집이 적은 사람은 고생이 많고, 돈과 인연이 적습니다.

② 손바닥의 세 주름

- 손바닥 안에 있는 큰 3개의 주름을 3문(紋)이라고 합니다.

- 천문(天紋)은 윗사람을 말하며 운세를 담당합니다.

- 인문(人紋)은 자신을 말하며 신체와 운세에 따른 복의 기회를 담당합니다.

- 지문(地紋)은 집안을 말하며 일생의 흥망성쇠를 담당합니다.

- 천문(天紋)이 두텁고 힘이 강하면 위험한 일이 있어도 피할 수 있습니다.

- 천문(天紋)이 가늘고 약하면 운세도 약하고 고생이 끊이지 않습니다. 부모와의 인연이 적습니다.

- 천문(天紋)에 끊김이나 엉클어져 있으면 일생 흥망 기복이 심하고 직업이 자주 바뀌게 됩니다.

- 인문(人紋)이 두껍고 힘이 있으면 신체가 튼튼하고 병을 모릅니다. 또 자신의 위치나 지위에 어울리는 생활을 할 수 있습니다.

- 인문(人紋)이 힘이 강하고 힘이 있으면 현재 순조롭게 행운의

기회가 찾아옵니다. 또 병도 없습니다.

- 인문(人紋)이 가늘고 약하면 신체도 약하며 고생이 끊이지 않습니다. 모든 일이 잘 진행되지 않을 수 있습니다.

- 인문(人紋)이 끊어지고 얽혀있으면 고생이 많고 파란 많은 인생으로 집안이 기울어질 수 있습니다. 기다릴 줄 아는 인내와 많은 노력이 필요합니다.

- 인문(人紋)의 맨 앞쪽이 위를 향하고 있으면 현재 모든 일이 순조로우며 운이 좋아지고 발전해 갑니다. 나이 들수록 좋아집니다만, 미묘한 부분은 자세히 보고 판단해야 합니다.

- 인문의 앞부분이 내려가 있는 사람은 발전 가능성이 작아집니다. 늙어도 고생을 하는 편으로 좋은 운이 다소 적습니다.

- 인문의 앞부분이 깊으면 현재 강한 운입니다.

- 지문(地紋)의 뿌리 부분에 줄기가 많으면 가정이 정리되어 있지 않습니다.

- 인문은 자기 신체를 의미합니다. 인문을 인생 60년에 적용하여 끊어진 부분과 얽힌 부분이 어떤 상태인지에 따라 일생의 길흉을 알 수 있습니다. 손의 주름을 볼 때는 충분한 고찰이 필요합니다.

손금 보는 방법은 이대로 봅니다만, 가는 손금에 속지 말아야 합니다. 천지인(天地人) 세 가지 손금만을 중심으로 보아야 합니다. 이것은 힘든 노동을 하는 사람의 손바닥이 금석처럼 딱딱해져서 세줄 이외에 손금이 없기 때문입니다. 따라서 손금은 이 세 줄을 중심으로 해서 봐야하며 가느다란 손금은 버립니다.

③ 수상법(手相法)

- 손을 보는 방법은 우선 손을 잡고, 손목 조금 위를 살피도록 모양을 잡고, 손가락과 손바닥을 봅니다. 그러면 상대방의 신경이 손가락에서 떨어지기 때문에 본래의 길흉이 나타나고, 자세히 볼 수 있습니다. 또 남성은 왼손을 초년, 오른손을 만년으로 합니다. 여성은 오른손은 초년, 왼손을 만년으로 합니다.

- 왼손의 손가락 사이가 모두 통과하여 보이는 남성은 초년 운이 나쁘고, 오른손이 모두 통과해서 보이는 사람은 말년 운이 좋지 않습니다.

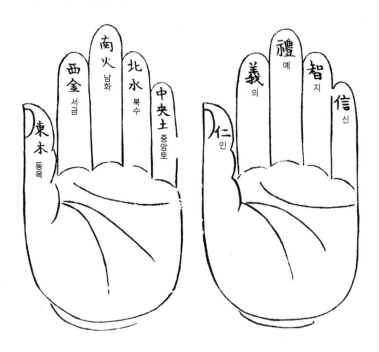

야마자키시우에몽과의 문답

야마자키시우에몽이 엄지와 검지에 대해 질문합니다.

질문

「 엄지를 어째서 인(仁)이라 하고, 동쪽이며 나무라고 말씀하십니까? 」

대답

「 엄지는 다른 4개의 손가락에 비해서 잘 움직일 수 있고 다룰 수 있어서 인(仁)이며, 엄지를 동쪽이며 나무라고 합니다. 그 이유는 태양이 동쪽에서 떠올라 만물을 비추고, 또 모든 것을 양육합니다. 그리고 태양을 받고 자란 나무는 자연스럽게 인간 생활에 도움을 주도록 전념합니다. 그래서 동쪽이며 나무라는 것은 인(仁)과 같은 의미입니다. 」

「 "검지를 의(義)라고 하고 서쪽이며 금(金)이라고 하는 것은 어떤 이유입니까?"

거사께서는

"검지는 눈앞에 있는 것을 확실하게 가리킬 수 있습니다. 바르게 지적하는 것은 의(義)로서 가치가 있습니다. 그리고 금(金)은 단단하고 순수한 것이기 때문에 의(義)에 딱 맞습니다." 」

츠지이우에몽과의 문답

츠지이우에몽은 중지와 약지에 대해 질문합니다.

「 "중지를 예(禮)라고 하고, 남쪽이며 화(火)라고 말하는 것은 무슨 이유 때문입니까?"

거사께서는

"중지는 다섯 손가락의 중앙에 있어서 다른 4개의 손가락이 얽혀서 교차하는 것을 미리 알고, 그것을 겸허한 마음으로 예의를 갖추어 받아들이기 때문입니다.

중지를 남쪽이라 하는 것은 남쪽이 군자의 방위이며 화(火)이기 때문입니다. 특징은 시간의 흐름에 따라 더욱 넓어지고 누구에게나 평등하며 하루라도 예(禮)를 벗어나지 않기 때문입니다."」

「 "약지를 지(智)라고 하고, 북쪽이며 수(水)라고 하는 것은 왜입니까?"

거사께서는

"손을 움직일 때는 약지를 중심으로 움직입니다. 그래서 약지는 지(智)의 의미에 합당한 손가락입니다. 약지는 북쪽이며, 북(北)은 수(水)입니다. 또한 음(陰)이고 밤입니다. 음(陰)은 정숙한 가운데 만물을 생산하기 때문에 지(智)와 같습니다. 만물은 무(無)에서 만들어지고 그 존재를 명확하게 합니다. 지(智)가 무(無)에서 만들어지는 까닭은 음(陰)이 지(智)를 담당하기 때문입니다."」

「 "소지인 새끼손가락을 신(信)이라 하고, 중앙의 토(土)라고 하는 것은 어째서 그렇습니까?"

거사께서는

"사람들은 약속할 때 약지인 새끼손가락을 서로 겁니다. 이것은 약지가 신(信)을 담당하기 때문입니다. 또 신(信)을 담당하는 것은 토(土)입니다. 토(土)는 만물의 어머니입니다. 어머니는 만물을 보살피고 온 맘으로 정성을 다합니다. 그래서 토(土)를

신(信)이라고 합니다." 」

「 *"엄지와 약지는 어째서 인(仁)과 신(信)이라고 말씀하십니까?"*
거사께서는
*"엄지와 약지는 5개의 손가락의 각각 끝에 있으면서 양(陽)과
음(陰)을 나타내며 이것은 가족 중 부모에 해당합니다. 아버
지와 어머니의 인(仁)과 신(信)은 우열을 가릴 수 없습니다. 그
리고 다음으로 큰 자식, 중간 자식, 막내입니다. 그래서 자식
들은 부모님께 예의를 다하고, 부모님의 가르침으로 지(智)를
활용하고 이룰 수 있게 됩니다. 이것은 자식으로서 당연한 도
리라고 생각합니다.* 」

3) 손톱에 관하여

- 손톱은 신체의 강약과 신장 기능(정력)에 대한 길흉을 볼 수
  있다.

- 손톱이 두껍고 윤기가 나는 사람은 정력이 강하고 병이 적은
  사람입니다.

- 손톱이 두껍더라도 형태가 나쁜 사람은 병은 없습니다만 좋
  은 상(相)은 아니고 낮은 상(相)입니다.

- 손톱이 얇은 사람은 선천적으로 정력이 약한 사람입니다.

- 손톱이 얇아도 손톱 밑에 하얀 반달 모양이 있는 사람은 정력
  이 약한 것을 극복할 수 있습니다.

- 손톱이 거울처럼 빛날 때는 만사가 순조롭게 가지 않습니다.

- 손톱에 세로줄이 있는 사람은 정력이 약하고 손톱이 두껍고 항상 세로줄이 있는 사람은 낮은 격을 가집니다.

- 손톱이 벗겨져 떨어지는 것은 빈혈기가 있으며 마음이 초조한 상태입니다.

- 손톱 밑부분에 하얗고 작은 손톱이 있는 사람은 신체가 건강하고 정력도 강한 사람입니다.

- 손톱의 밑부분에 작은 손톱이 마른 듯이 엷게 되었을 때는 만사가 순조롭게 진행되지 않으며 마음도 풍요롭지 않습니다.

- 손톱이 굽어진 듯이 안쪽으로 돌아가 있는 사람은 기분이 항상 답답합니다. 신체도 약해서 사회에 나가 활약하는 기회가 다소 적습니다. 그렇다고 모든 사람이 그렇다고 단언해서는 안 됩니다.

- 손톱이 깨지는 사람은 신체가 약하기 때문에 사회에서 강하고 활동적으로 움직일 기회는 다소 적습니다.

- 손톱이 둥근 모양인 사람은 사회생활에서 큰 활약은 없습니다만 애교가 있습니다.

- 손톱이 곧으며 확장하고 있는 사람은 운세가 좋습니다.

제자 히가시와의 문답

「 "손톱이 두껍고 윤기 있는 사람은 몸이 건강한 사람이라고 말씀하신 것은 어째서 그렇습니까?

거사께서는

"손톱은 뼈가 남아서 몸 밖으로 나온 것이기 때문에 신장과 연결되어 있습니다. 그래서 손톱이 두껍고 윤기가 난다는 것은 신장도 활발하고 좋은 상태라는 것을 나타냅니다. 결국 오장육부도 건전하니 신체가 건강하다고 말할 수 있습니다. 손톱이 부서지는 것은 신장과 뼈가 메말라 있는 것과 같아서 정력도 약합니다." 」

「 "손톱 밑부분에 있는 하얀 색이 옅어지면 모든 일이 순조롭게 진행되지 않는다고 말씀하신 것은 무슨 이유입니까?"
거사께서는
"손톱 아래 작은 손톱 모양인 하얀 것은 정력이 강하다는 의미입니다. 그 하얀 것이 충실하고 확실할 때는 몸과 마음을 잘 보양해 주고 있다는 의미로 모든 것이 좋습니다. 반대로 그 하얀 부분이 메마를 때는 정력이 쇠하고 있다는 증거여서 기력도 체력도 시들고 있습니다. 그래서 만사가 순조롭지 않다는 것입니다." 」

「 "손톱이 둥그런 모양을 하고 있으면 사회적으로 활약은 못하지만 애교가 있다고 말씀하신 것은 왜입니까?"
거사께서는
"손톱은 신장의 싹이기 때문에 물이 필요합니다. 물의 성질은 높은 쪽으로 향하는 것이 아니고 낮은 쪽으로 향해 갑니다. 그 이치와 같은 것으로 운세도 위로 상승하는 것이 아닙니다. 그러나 물은 인간의 생활에 필요한 것이며 누구나 사랑하는 것이기 때문에 애교가 있다고 말할 수 있습니다." 」

「 "손톱이 똑바로 올라가고 있는 사람은 운세가 좋다고 말씀 하신 것은 어째서 그렇습니까?"

거사께서는

"손톱은 간에 속하며 신장과도 연결되어 있습니다. 손톱이 똑 바로 올라가는 형태는 나무가 힘차게 쑥쑥 크는 것과 같은 모습이기 때문에 그것이 좋은 운으로 이끈다고 보는 이유입니 다. 자세한 것은 잘 살핀 후에 신중하게 판단해야 합니다. 여 기서는 겉에 나타난 것만으로 이야기하고 있습니다." 」

3. 얼굴의 상(相)에 대하여

1) 얼굴의 삼정(三停)

• 상정(上停)은 눈의 윗부분입니다. 상정은 천(天)과 운(運)을
  주관하고, 초년을 담당합니다.

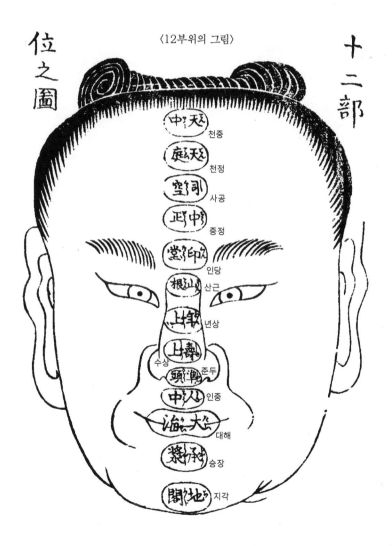

〈12부위의 그림〉

- 상정 부위에 살집이 두툼하고 풍성하게 보이는 사람은 운기가 강합니다. 이것은 눈의 윗부분인 상정에서 내려오는 흐름이 좋아서 복이 있습니다. 특히 청소년기의 운세가 좋습니다.

- 상정에 있는 살집이 마치 뼈가 드러나듯 얇아 쓸쓸하게 보이는 사람은 운기가 약해서 윗사람이나 상사로부터 오는 혜택을

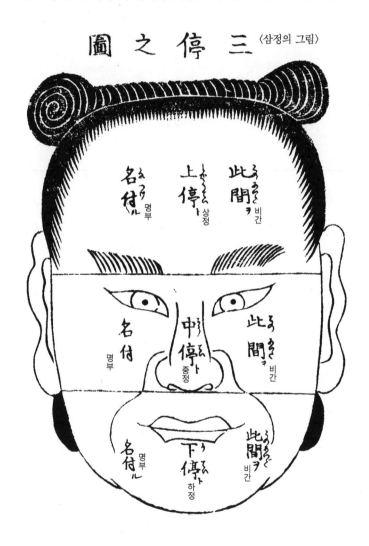

圖之停三 〈삼정의 그림〉

받지 못하고 의견도 맞지 않습니다. 특히 청소년기의 운세가 좋지 않습니다.

- 중정(中停)은 눈 아래부터 코 부위까지입니다. 중정은 자신의 신체, 권위, 행운, 중년의 운세를 담당합니다.

- 중정 부위에 살집이 두텁고 윤택해 보이는 사람은 행운을 얻습니다. 특히 중년기에 운이 좋으며 다른 사람들로부터 존경을 받습니다.

- 중정 부위에 살이 얇고 각진 것처럼 보이는 사람은 중년기에 노고가 많으며 행운의 기회도 많지 않습니다. 다른 사람들이 얕봅니다.

- 하정(下停)은 코 아래부터 턱까지입니다. 하정은 지(地)이며 주거 문제, 아랫사람, 노년을 담당합니다.

- 하정 부위에 살집이 단단하고 풍부하게 보이는 사람은 가정생활에 질서가 있고 온화하며 노후가 좋습니다.

- 하정 부위에 살집이 많아 보여도 통통하고 살집이 늘어진 사람은 노년에 고생이 많습니다. 아랫사람과 인연이 적고, 가정이 정리되지 않습니다. 하정에 있는 살집에 관해서는 다양한 견해가 있기 때문에 개인차를 고려해서 생각해야 합니다.

이상으로 삼정에 관해서는 옛 서적에서 기록하고 있는 것을 서술했습니다. 그러나 삼정 부위에 있는 다양한 형태의 살집은 맑은 상태와 탁한 상태, 두터운지 얇은지에 대한 판단은 구전으로 전해 내려오고 있습니다.

2) 이마의 삼문(三紋)에 대하여

• 이마에 있는 세 주름을 삼문(三紋)이라고 합니다.

1. 제일 위에 있는 주름은 천문(天紋), 가운데 있는 주름은 인문 (人紋), 가장 아래에 있는 주름은 지문(地紋)입니다. 이것은 천 지인(天地人)을 의미합니다.

1. 천문은 운세와 윗사람과의 관계, 인문은 자기 자신과 행운, 지 문은 가정과 아랫사람을 담당합니다. 그리고 이 세 주름은 의 (衣), 식(食), 주(住)를 주관합니다.

1. 삼문(三紋)이 잘 갖추고 있는 사람은 일생을 통해 큰 활약은 기대할 수 없습니다. 그러나 먹을 것, 입을 것, 생활할 주거에 관한 걱정은 없습니다. 천지인(天地人)이 갖추어져 있으면 의 식주(衣食住)는 충분하게 마련되어 있다는 뜻입니다. 그러나 가득 차 있는 것은 부족함도 포함한다는 의미이며 이것이 세 상의 이치입니다. 그래서 이런 사람은 사회활동은 크게 기대할 수 없습니다. 천지인(天地人)이 잘 구성되지 않은 사람은 의식 주(衣食住)가 충분하지 않은 것으로 자신의 처지와 환경이 완 전하지는 않은 것으로 볼 수 있습니다.

1. 천문이 끊어진 사람은 윗사람과 충돌하기 쉬우며, 윗사람과의 인연도 약해서 운기가 순조롭지 않습니다.

1. 천문이 강해 보이지 않는 사람은 윗사람이 보내는 응원이 적 습니다.

1. 천문이 깊고 힘이 강한 사람은 윗사람을 끌어당김이 강한 운 입니다.

1. 인문(人紋)이 끊어져 있는 사람은 생애 한번은 큰 파탄이 있고 고생도 많습니다.

1. 인문에 힘이 없는 사람은 신체가 약하고 고생이 끊이지 않습니다.

1. 인문이 깊은 사람은 처지에 맞는 행운이 오고, 사회생활에서 활약할 가능성도 있습니다.

1. 천문이나 지문보다 인문이 깊고 힘이 강한 사람은 인문이 천지(天地)보다 뛰어나기 때문에 발전할 수 있습니다. 그러나 인문이 천지(天地)보다 뛰어나다는 것은 부모님 곁에서 오래 있을 수 없다는 것을 의미합니다. 그러나 공적인 일에 종사하는 사람은 가정을 유지하면서 승진을 합니다.

1. 지문(地紋)이 끊어져 있는 사람은 가정과 인연이 약해서 가정도 안정되지 못합니다. 또 고용인이나 아랫사람과도 인연이 적습니다.

• 지문(地紋)이 힘없이 약한 사람은 집 때문에 고생이 많고 어려움이 끊이지 않습니다.

1. 지문이 깊고 풍부하게 보이는 사람은 빨리 집이 안정되고 따뜻하게 살아갈 수 있습니다. 그러나 아랫사람에게 신세를 많이 지게 됩니다.

1. 일반적으로 힘있게 뻗어 있던 천문이 끊기고 틈이 만들어질 때는 그즈음 운세가 나빠집니다. 또 윗사람과 이별할 수 있습니다. 인문에서 끊어지는 현상이 나타날 시기에 자신의 사회적 위치를 상실하는 등 큰 어려움이 생깁니다. 또 지문이 끊어질 때도

이 시기에 집안에 파란이 일거나 가족들이 헤어지게 됩니다.

1. 일반적으로 얕고 힘이 없는 천문이 때때로 깊고 강해질 수 있습니다. 이것은 그즈음부터 운세가 열린다는 의미입니다. 또 얕고 힘이 없는 인문이 깊고 힘이 강해질 즈음부터 자신의 처지가 상승하고 좋은 일이 일어나며 지위가 확고해지는 등 안정된 상태가 됩니다.

1. 천문에 새로운 천문이 하나 더 생길 때는 자신의 처지에 변화가 일어납니다. 직장을 옮길지도 모릅니다. 또 지문 아래 새롭게 하나가 생길 때는 이사합니다. 역시 이마에 주름이 생길 때는 어떤 경우에도 좋지는 않습니다. 주의가 필요합니다.

　이마에 주름이 많은 사람은 천지인 세 주름이 어떤 것인지 판단이 어렵게 됩니다. 이럴 때는 아래, 위에 있는 주름은 버리고 중앙에 있는 3개의 주름을 삼문으로 봅니다. 예를 들어 줄이 열 개있을 경우는 위에 3줄과 아래 4줄을 제외하고 중앙에 3개 주름을 삼문으로 합니다. 주름의 전체 개수가 짝수일 경우에는 위에서부터 홀수로 주름을 제외하고 아래 주름은 짝수를 제외하면 됩니다.

3) 십혈의 혈자리

- 천양(天陽)궁 ⋯ 천중(天中)에서 왼손 손가락 끝을 4개를 붙이고 그 네 번째 손가락 끝이 닿는 부분.

1. 신광(神光)궁 ⋯ 천정(天庭, 이마의 중앙)에서부터 왼손 손가락을 다섯 개를 붙인 그 다섯 번째 손가락 끝부분.

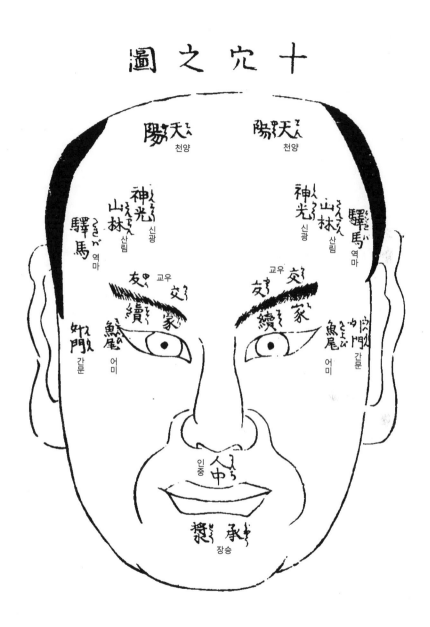

〈열개의 혈자리 그림〉

1. 산림(山林)굴 ··· 사공(司空)에서 왼손 손가락 끝을 7등분 하고 7등분의 끝부분.

1. 교우(交友)궁 ··· 중정(中正)에서 왼손의 3개 손가락을 붙여서 세 번째 손가락 끝이 닿는 부분.

• 역마(驛馬)궁 ··· 중정에서 왼손 손가락을 9등분으로 나누어 9등분이 되는 손가락 끝부분.

1. 어미(魚尾)궁 ··· 눈꼬리 끝에 다섯 손가락을 붙였을 때 첫 번 손가락의 끝부분.

1. 간문(奸門)궁 ··· 눈꼬리에서 뒤로 다섯 번째 손가락을 붙이고 손가락이 닿는 끝부분.

1. 인중(人中)궁 ··· 코 밑에 가운데 손가락을 세로로 붙이고 그 손가락 아랫부분.

1. 승장(承漿)궁 ··· 아랫입술 밑에 새끼손가락을 옆으로 붙인 손가락 아랫부분이며 또 귀 아래 뼈를 해골(害骨)이라고 한다.

1. 가속(家續)궁 ··· 눈 위에 뼈 없는 부분. (전택궁)

이것들을 열 개의 혈이라고 합니다만 관상 보는 능력이 아직 미숙한 경우에는 활용하기 쉽지 않습니다.

• 머리 뒤 즉 명궁(命宮)(양쪽 눈 사이에 있는 부분) 뒤쪽을 진골(鎮骨)이라고 하고, 운세, 행운을 담당합니다.

1. 귀 뒤에 있는 뼈는 수골(壽骨)이며, 수명이 길고 짧음을 담당합니다.

4) 십혈의 혈자리에 있는 상처와 점

1. 상처나 점이 옅은 것은 제외합니다. 상처나 점이 작아도 눈에 띄는 것은 보고 판단해야 합니다. 큰 상처가 있는 사람은 단순하게 보아서는 안 되며 자세히 보고 판단해야 합니다. 일반적인 근거를 가지고 판단해서는 제대로 되지 않습니다. 마맛자국이 많은 사람은 제외해도 괜찮습니다만, 2개나 3개 정도 있을 때는 보고 판단해야 합니다.

1. 천양에 점이나 사마귀 또는 상처가 있는 사람은 우연히 사고가 발생할 수 있습니다.

1. 신광에 점이나 사마귀 또는 상처가 있는 사람은 가족과 헤어지거나 집안을 몰락하게 할 수 있습니다.

1. 역마에 점이나 사마귀 또는 상처가 있는 사람은 안정된 생활이 어렵고 집안일 때문에 고생이 많습니다.

1. 산림에 점이나 사마귀 또는 상처가 있는 사람은 상속받은 것을 잃어버리고 재산이 흩어지기 쉽습니다.

1. 교우에 점이나 사마귀 또는 상처가 있는 사람은 친구의 도움이 작고 손실과 언쟁에 휘말릴 수 있습니다.

1. 가속*에 점이나 사마귀 또는 상처가 있는 사람은 상속받은 유산을 자기 것으로 하지 못하고 가족을 흩어지게 하거나 집안을 몰락시키기 쉽습니다.

1. 어미에 점이나 사마귀 또는 상처가 있는 사람은 이혼, 재혼을

---

* 진희이 선생의 『마의상법』에서는 '전택궁'이라 한다.

할 수 있고 부부 사이가 좋지 않습니다.

1. 인중에 점이나 사마귀 또는 상처가 있는 사람은 마음이 차분해 보여도 곧 불안정해집니다.

1. 승장에 점이나 사마귀 또는 상처가 있는 사람은 음식을 단식하는 것을 즐깁니다. 예를 들어 절에서 불공을 드릴 때 자주 단식을 하거나 특정한 음식을 먹지 않습니다.

5) 18혈의 혈자리

• 얼굴에는 130개의 혈이 있습니다. 대단히 많아서 간단하게 이해할 수 없습니다. 또 혈자리의 위치를 이해하기 위해서는 어두운 면, 밝은 면, 음혈(陰穴), 양혈(陽穴)로 나누어 이해하고 배워야만 각각의 자리를 판단할 수 있습니다.

얼굴의 정면을 양면(陽面), 얼굴의 옆면을 음면(陰面)이라고 합니다. 더욱 자세하게 설명하자면 양면의 중앙에서 얼굴 중심선을 전체로 돌린 것을 대양(大陽)이라고 하며 그 좌우를 소양(小陽)이라고 합니다. 또 음면(옆 얼굴)에서 중간을 세로로 나누어 끝부분의 옆얼굴을 대음(大陰)이라 하고 정면에 가까운 곳을 소음(小陰)이라 합니다.

얼굴에 있는 130개의 혈자리 명칭에 대해서는 대음, 소음, 대양, 소양이라는 글자의 의미를 생각해 주십시오. 양(陽)이라는 의미와 관련지어 양면(陽面)에 해당하며 똑같이 음(陰)의 의미와 관련지어 글자를 음면(陰面)에 해당합니다. 이렇게 해서 음혈과 양혈을 각각 구별할 수 있습니다.

〈18개 혈의 자리 그림〉

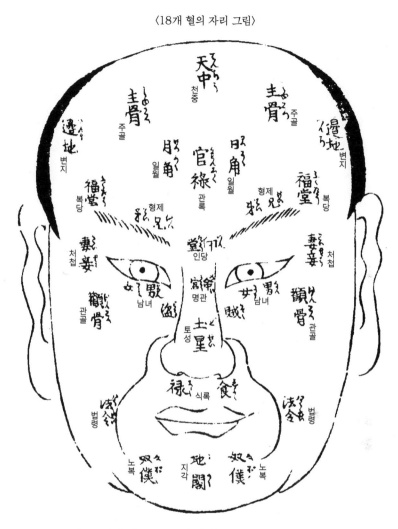

또 얼굴 전체적으로는 천지인(天地人)을 구별합니다. 그리고 각각의 명칭과 관련된 글자의 의미를 부위별 명칭에 맞게 지었습니다. 천(天)의 의미를 지닌 명칭에는 천(天)의 글자를 넣고 지(地)의 의미를 가진 명칭에는 지(地)를 넣고 인(人)의 의미를 가진 명칭에는 인(人)을 넣은 것입니다. 따라서 이것들을 이해하려면 명칭을 보고 부위를 이해하도록 해야 합니다.

얼굴 130혈자리에서 기본이 되는 것은 13부위의 13혈자리입니다. 각각의 명칭은 천중을 중심으로 해서 왼쪽으로 열 손가락을 맞추고 한 손가락 한 손가락의 손 끝에 해당하는 부분을 하나의 혈로 봅니다. 손가락이 열 개이기 때문에 10혈입니다. 이것을 13부위에 맞추면 130혈이 됩니다.

　　또 이마를 대양(大陽), 코를 중양(中陽), 아래턱을 소양(小陽)이라고 구별합니다. 더욱이 얼굴에는 음(陰) 중의 음(陰), 양(陽) 중의 양(陽), 양(陽) 중의 음(陰), 음(陰) 중의 양(陽) 등도 있으며 나머지는 이해하면서 하겠습니다. 여기서는 큰 부위에 대해 전체적인 것만을 이해하려 하십시오.

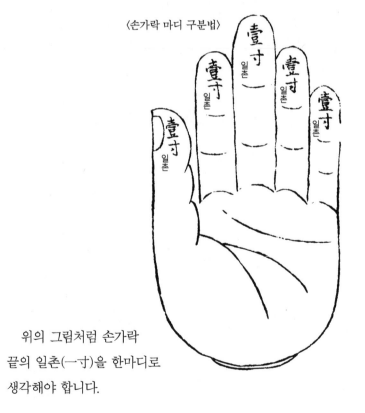

〈손가락 마디 구분법〉

　　위의 그림처럼 손가락 끝의 일촌(一寸)을 한마디로 생각해야 합니다.

1. 천중(天中) 궁 … 중지를 세로로 맞추고 손가락 한 마디 폭 안에 들어오는 부분.

1. 관록(官祿) 궁 … 이마 중앙에서 중지 둘째 마디 부분.

1. 인당(印堂) 궁 … 양쪽 눈썹 사이에 엄지손가락을 대고 손가락 마디와 마디사이에 있는 부분.

1. 토성(土星) 궁 … 인당 아래에서 코끝 앞까지의 부분.

1. 식록(食祿) 궁 … 코 아래에서 다섯 손가락을 맞추고 중지를 제외한 나머지 네 손가락의 좌우에 해당하는 부분.

1. 지각(地閣) 궁 … 아래턱의 중앙에서 검지를 대고 손끝에 해당하는 부분.

1. 일월각(日月角) 궁 … 사공(司空)에 세 손가락을 대고 왼쪽으로 세 번째 손가락 끝에 해당하는 부분이 일각(日角)이다. 같은 방법으로 오른쪽에서 세 번째 손가락 끝부분이 월각(月角).

1. 변지(邊地) 궁 … 사공(司空)에서 왼쪽으로 손가락을 대고 약지가 닿는 부분(관자놀이).

1. 복당(福堂) 궁 … 중정(中正)에서 왼쪽으로 다섯 손가락을 대고 다섯 번째 손가락 끝으로 눈썹 조금 윗부분.

 • 형제(兄弟) 궁 … 엄지손가락을 옆으로 눈썹 위에 댄 부분.

1. 처첩(妻妾) 궁 … 눈꼬리 뒤쪽으로 다섯 손가락을 대고 그중 3번째 손끝이 닿는 부분.

1. 관골(觀骨) 궁 … 눈꼬리에서 아래로 손가락 3번째가 닿는 부분.

1. 적도(賊盜) 궁 ⋯ 눈 위에서 아래로 손가락 3번째 손끝이 닿는 부분.

1. 법령(法令) 궁 ⋯ 입 양끝에서 좌우로 손가락 2번째의 손가락 끝이 닿는 부분.

1. 노복(奴僕) 궁 ⋯ 입 끝에서 아래로 3번째 손가락이 닿는 부분.

• 남녀(男女) 궁 ⋯ 눈 아래에 뼈가 없는 부분.

이상으로 서술한 얼굴에 있는 18개의 혈 자리는 상(相)을 볼 때 가장 먼저 봐야 할 부분입니다. 자세한 것을 이해하고 알기 위해서는 오랜 시간 신중하게 수련을 쌓아야 합니다. 이 혈들이 있는 자리는 관상가의 손가락이 아닌 보러 온 사람의 손가락으로 판단해야 합니다.

그리고 옛 서적에서도 130 부위의 혈 자리가 있습니다만 그것들 모두 이해하기는 어렵습니다. 이 혈의 자리를 모두 배울 수 없습니다. 이상의 18개의 혈 자리는 130개 혈 자리에 해당하는 위치를 지나가고 있습니다.

오랜 세월 수행하는 동안에 나는 실수를 한 적도 있으며, 사람들을 현혹한 적도 있었습니다. 그러나 이런 수많은 경험을 통해 18혈자리에 대한 결과를 얻을 수 있었습니다. 아직 저는 수행을 더 해야 합니다만 이 경험을 여기에 씁니다.

6) 18개 혈자리에 있는 점 또는 상처

1. 천중(天中)에 점이나 상처가 있는 사람은 윗사람과 의견이 맞지 않고 충돌합니다.

1. 관록(官祿)에 점이나 상처가 있는 사람은 좋은 일이 있어도 반드시 문제가 생깁니다.

1. 인당(印堂)에 점이나 상처가 있는 사람은 모든 일이 거의 완성되더라도 마지막에는 허무하게 되는 운이 없는 사람입니다.

1. 명궁(命宮)에 점이나 상처가 있는 사람은 신체가 약하기 때문에 주의가 필요합니다. 또 집안이 몰락하거나 가족들이 흩어질 수도 있습니다.

1. 토성(土星)에 점이나 상처가 있는 사람은 모든 일이 순조롭게 진행되지 않으며 고생이 끊이지 않습니다.

1. 식록(食祿)에 점이나 상처가 있는 사람은 집을 소유하는 것이 늦고 가난하면서 자주 이사 다닙니다.

1. 주골(主骨)에 점이나 상처가 있는 사람은 고용주나 윗사람과 의견이 맞지 않아 자주 충돌하기 때문에 주의가 필요합니다.

1. 복당(福堂)에 점이나 상처가 있는 사람은 재산이 흩어지고 집안을 몰락시킵니다.

1. 형제(兄弟)에 점이나 상처가 있는 사람은 가족과 인연이 작고 가족들과 외국으로 멀리 떨어질 수 있습니다.

1. 처첩(妻妾)에 점이나 상처가 있는 사람은 처와 인연이 작아 이혼과 재혼을 반복할 수 있습니다.

1. 남녀(男女)에 점이나 상처가 있는 사람은 자식과의 인연이 작습니다. 비록 자식이 있더라도 의지하기 어렵습니다.

1. 관골(觀骨)에 점이나 상처가 있는 사람은 다른 사람 일로 고생이 끊이지 않고 다른 사람 때문에 재난이 많이 생길 수 있습니다.

1. 적도(賊盜)에 점이나 상처가 있는 사람은 물건이 손실되거나 분실합니다.

1. 법령(法令)에 점이나 상처가 있는 사람은 부모에게 물려받은 가업이 맞지 않아 바꾸어 버립니다. 손아랫사람 일로 손해를 봅니다.

1. 변지(邊地)에 점이나 상처가 있는 사람은 먼 곳이나 다른 나라로 가면 연락이 없습니다.

하늘과 땅이 있으므로 비로소 인간의 마음이 있습니다. 마음이 있으므로 인간이 있기 때문에 마음과 상(相)은 둘이 아닙니다. 사람 마음과 하늘과 땅의 상(相)은 본래 하나이며 둘이 아닙니다. 즉 '무의(無意)의 상(相)'입니다.

사람에게는 각각 본래 갖추어진 상(相)이 있고 상(相)이 있으면 상(相)을 보는 법도 있습니다. 상(相)과 법(法)도 두 개가 아닙니다. 사람의 상(相)은 마음가짐에 따라 생기기 때문에 이것은 '유의(有意)의 상(相)'입니다.

상법(相法)을 배우려는 사람은 우선 마음가짐에 대해 스승으로부터 확실하게 습득하고, 많은 관련 서적을 읽어야 합니다. 그러면 스승은 항상 자기 안에 있게 되어 이해가 깊어집니다. 이렇게 되면 서적은 더 이상 필요하지 않게 될 것입니다.

또 초보자는 스승으로부터 상법에 관한 큰 줄기를 배우면서 많은 사람의 말과 행동, 자세, 그 외의 모든 만물의 생김새를 끊임

없이 관찰해야 합니다. 이것이 상법의 근본입니다.

나는 공부는 배우지 못했습니다만, 해상(海常)선생님의 가르침으로 상법의 큰줄기를 3일간 배웠습니다. 그 후 하늘과 땅에 있는 모든 만물을 사람과 바꾸어 놓고 생각하고서야 겨우 그 도(道)의 이치를 반쯤 이해했다고 생각하였습니다. 그것을 여기에 적어 놓았습니다.

한, 두 가지 예를 들어보겠습니다.

남자와 여자가 섹스할 때 웃으면서 행위를 할까요?

웃지 않습니다. 왜냐하면 남녀가 섹스할 때는 근육과 혈액이 긴장하고 정력이 소모되기 때문에 슬픈 듯한 표정이 됩니다. 이것은 인간의 감정과 의지를 넘어선 자연의 섭리입니다.

또 나무는 어리고 작은 나무가 꽃도 아름답고 열매도 크고 맛있습니다만, 늙은 나무는 쇠약해져서 열매도 작고 맛도 없습니다.

또 3세 정도의 어린이가 성기를 가지고 놀 때 보면 여자 어린이는 음(陰)이기 때문에 성기를 숨깁니다만, 남자는 양(陽)이기 때문에 드러냅니다.

이것은 천지 음양이 자연의 이치와 맞는 본래의 모습입니다. 이것을 배우지 않은 관상가는 자신을 이해할 수 없습니다. 자기를 이해할 수 없는 사람은 책을 읽어도 도움이 되지 못하여 읽지 않은 것과 마찬가지입니다.

따라서 관상가는 먼저 자신을 이해한 후에 다른 사람의 상(相)을 봐야 합니다. 이것은 관상가에 있어서 대단히 중요한 요점입니다.

남보쿠상법 1권의 끝.

제 2 권

머리에 관하여

1. 머리는 마음의 깊이를 봅니다.

1. 머리가 큰 사람은 결단력이 없어서 모든 일이 80내지 90퍼센트
   까지 순조롭게 가더라도 마지막은 실패하는 경우가 많습니다.

1. 머리가 작은 사람도 마찬가지로 운세가 발전하지 않아서 많은
   일이 성공하지 못합니다.

1. 머리가 뒤로 길게 길이감이 있는 사람은 사고가 깊고 의지도
   강합니다.

1. 머리가 뒤로 길게 길이감이 없는 사람은 경솔하고 소심한 사
   람으로 기분이 쉽게 변하는 성격입니다.

마츠오쿠와의 질문

「 "머리가 마음을 담당한다는 것은 무슨 이유입니까?"
 거사께서 말씀하시기를
 "머리는 하늘과 같아서 둥근 모양입니다. 양(陽)이 모인 곳으
로 기쁨, 분노, 사랑, 즐거움 등 모든 감정을 움직이는 곳이기
때문에 마음을 담당한다고 합니다. 머리가 뒤로 길게 긴 것
은 마음의 깊이를 드러내는 것으로 이런 머리 형태를 지닌 사
람은 마음도 차분하고 깊고 차분합니다. 반대로 머리 뒤통수
에 길이가 짧은 사람은 마음의 깊이도 작아 경솔하고 소심합
니다. 또 머리가 큰 사람은 마음에 구분이 없어서 자신의 처지
나 몸이 머물 거주지를 결정하는 것이 늦습니다. 머리가 작은

사람은 마음이 협소해서 운세 발전이 늦습니다. 이것은 당연
한 일입니다." 」

머리 정수리에 대하여

1. 정수리는 고귀한 것이 머무는 곳입니다. 만물을 지탱할 수 있
   는지 어떤지를 볼 수 있습니다.

1. 정수리가 높고 뾰족하게 돌출된 사람은 일생 고생이 많으며
   붙임성이 없습니다.

1. 정수리에 살집이 있고 둥글게 높은 사람은 다른 사람 위에 서
   서 지휘하고 활약합니다. 또 성실한 성품이기 때문에 학자나
   종교가가 적합한 직업입니다.

1. 정수리가 낮은 사람은 부인과 자식과의 인연이 적으며 고생이
   끊이지 않습니다. 또 집안을 유지하려는 생각이
   적고 고생을 해도 성과가 없는 상입니다. 조금 낮
   은 경우는 걱정할 필요는 없습니다.

1. 정수리가 뒷부분이 높고 이마와 정수리의 경계가
   없는 것 같이 보이는 사람은 성격이 강하고 붙임
   성이 없습니다. 집안을 몰락시키고 매사가 순조롭
   게 진행되지 않습니다. 처자식과의 인연도 약하며
   고향을 떠나게 됩니다.

1. 이마는 이마로 확실하게 있으면서 정수리 뒤쪽이 높은 사람은
   운세가 강하고 처지에 맞는 운이 찾아오며 다른 사람들로부터
   존경을 받습니다. 그러나 정수리에 큰 상처나 대머리 또는 올

통불퉁한 사람은 맞지 않습니다.

1. 정수리가 평평한 사람은 운세가 강하며 위험한 일이 생겨도 피할 수 있습니다.

1. 정수리에 큰 상처나 대머리인 사람은 윗사람과 의견이 맞지 않고 충돌합니다. 재산을 비롯한 그 외의 것을 손에 넣더라도 오래 유지할 수 없습니다. 또 좋은 사람과 교제해도 길게 지속하지 못합니다. 그러나 종교인은 이런 것과는 맞지 않습니다.

나라하야시요켄의 질문

「 "머리 정수리에 고귀한 것이 머물고 만사를 지탱한다는 것은 무슨 이유입니까?"
거사께서 말씀하시기를
"정수리는 신체의 최고봉으로 깨끗하고 맑은 곳이기 때문에 고귀함이 머무는 곳입니다." 」

「 "노나라의 공자는 정수리 가운데가 낮았기 때문에 평생 고생했습니다만, 나중에는 이름을 드높였습니다. 이것은 왜입니까?"
거사께서 말씀하시기를
"공자는 그 어머니가 자식을 얻지 못해 니구산(尼丘山)에 가서 기도를 드린 결과로 공자를 낳았습니다. 공자의 정수리 모양이 니구산를 닮았기 때문에 그 모습에 맞게 공자의 자(字)는 '중니(仲尼)'라고 하고, 이름은 '구(丘)'라고 했습니다. 공자는 정수리 한가운데가 꺼져있었지만, 덕을 많이 베푼 인물입

니다. 그래서 정수리 모양 때문에 고생도 많았습니다만 나중
에는 이름을 남기게 되었습니다. 그렇지만 지금 시대에 이런
상(相)이 있다면 역시 일생 고생이 끊이지 않으며 집이나 처자
식과 인연이 적어 고생을 많이 해도 이루어지는 공적은 적습
니다. 언제나 '마음의 상(相)'을 생각해야 합니다.'」

「 "호렌(法然)*이라는 스님도 후지산을 닮아서 정수리의 가운
데가 역시 꺼져있었죠?"
거사께서 말씀하시기를
"호렌스님의 출신에 대해서는 모릅니다. 그 종파의 스님들에
게 묻는 것이 좋겠습니다.'」

우에몬의 질문

「 "정수리 뒤쪽이 높고 이마와 정수리가 연결되어 경계가 없이
보이는 사람은 어떻습니까?"
거사께서 말씀하시기를
　"정수리는 신체의 산에 해당합니다. 이마는 남양(南陽)을
담당합니다. 이마와 정수리가 연결되어 경계가 없이 보일 때는
산이 남양(南陽)을 정복한 것과 같아서 산의 정상이 되어버린
것입니다. 이렇게 되면 이 산은 음(陰)이 많은 높은 산이 됩니
다. 그래서 이 산은 음(陰)의 기운이 강해져서 사람들이 가까
이하지 않습니다. 이런 상(相)을 가진 사람은 마음이 예민하
며 붙임성이 없습니다."」

코우모토토쿠다이지로의 질문

---

* 　헤이안(平安) 시대 정토종(淨土宗)를 창시한 스님.

「 "이마가 확실하게 있고 정수리의 뒷부분이 높은 사람은 어떤 상(相)을 가진 것입니까?"

거사께서 말씀하시기를

"남자에게 정수리는 '임금의 본분'이라고 합니다. 그래서 정수리 뒷부분이 높은 것은 남양(南陽)의 기운을 받고 있다는 의미가 됩니다. 또 정수리는 하늘로부터 내려오는 양기(陽氣)를 받는 곳으로 정수리의 뒷부분이 높은 것은 하늘의 양기(陽氣)와 남쪽의 기운을 풍성하게 받을 수 있습니다. 그러니 당연히 이런 모습을 한 상(相)은 운기가 강합니다. 정수리로 내려오는 하늘의 양기(陽氣)는 만물을 유지하는 기(氣)입니다. 그 부분이 평평하지 않고 울퉁 불퉁한 사람은 양기(陽氣)를 채우고 있는 그릇이 깨진 것과 같아서 모든 일을 지속해서 유지하지 못합니다. 그래서 이런 상(相)을 재물이 흩어진다고 합니다." 」

나라하야시요켄의 질문

「 "머리 정수리에 큰 상처나 대머리인 사람은 어떻습니까?"

거사께서 말씀하시기를

"정수리는 맑고 깨끗한 부분으로 고귀한 것이 머무는 부분입니다. 그 정수리에 큰 상처나 대머리 경우에는 귀인의 자리에 장애가 생긴 것으로 좋은 사람과의 만남이나 교제가 오래가지 못합니다. 당연히 윗사람과의 의견도 맞지 않습니다. 그리고 정수리가 둥근 사람은 신체의 산이 둥근 것으로 하늘의 양기(陽氣)를 균등하게 받기 때문에 좋은 상(相)이라고 합니다." 」

머리카락과 수염에 대하여

- 붉은 머리카락을 가진 사람은 신장(신장은 생명을 지탱하는 근원이며 정수)에 있는 피가 적어서 끈기가 없습니다. 또 부모의 유업을 지속하지 못합니다.

- 말려들어 가는 머리카락을 가진 사람은 신장의 피가 적기 때문에 자식과의 인연이 적습니다. 또 집안을 몰락시키고 끈기가 없습니다.

- 머리카락이 두꺼운 사람도 신장에 피가 적은 것입니다.

- 머리카락이 얇고 부드러운 사람은 자식과의 인연이 좋습니다. 끈기가 있고 장수하며 마음이 풍요롭습니다.

- 나이에 걸맞지 않을 만큼 머리카락이 풍성하고 검은 사람은 윗사람과 의견이 맞지 않아서 충돌합니다. 집안이 몰락하고 운기도 좋지 않습니다.

- 나이에 맞게 머리카락이 적은 사람은 운세도 강한 것입니다.

- 머리카락이 생길 어렸을 때부터 적당히 대머리인 사람은 운세가 강하고 출세도 빠릅니다.

- 머리카락이 나올 즈음에 머리카락이 듬성듬성 나면서 대머리인 사람은 윗사람과 의견이 맞지 않고 운세도 나쁩니다.

- 귀하지 않은 상(相)은 머리카락이 많으며 머리카락이 나올 때 검습니다. 귀한 상(相)은 머리카락이 적고 머리카락이 나올 때도 진하지 않습니다.

- 처지가 좋지 않은 사람일지라도 머리카락이 나올 시기인 어렸을 때부터 완전히 대머리일 경우에는 출세가 빠릅니다. 비록 출세하지 못하더라도 끝까지 다른 사람 밑에 있지는 않습니다. 이런 사람은 처지가 좋지 않더라도 종업원이나 지배인 정도는 합니다. 어렸을 때부터 머리카락이 나오는 시기에도 머리숱이 적습니다.

- 노인이 되어서도 머리카락이 검고 이마가 넓어지지 않는 사람은 재산상 손해가 있으며 말년이 되면 될수록 운이 별로 없습니다.

- 항상 머리카락을 아끼고 귀중하게 여기는 사람은 신장에 피가 적고 끈기가 없습니다.

- 머리카락이 날 즈음에 머리에 가마가 있는 사람은 윗사람과 의견이 맞지 않고 매사가 순조롭지 않습니다.

- 어려서부터 흰머리가 있는 사람은 신장에 피가 적은 것으로 가업을 계승하지 못합니다. 비록 자녀를 많이 낳더라도 힘겨워합니다.

- 붉은 수염이 날 때는 매사에 장애가 있으며 심한 고생이 끊이지 않습니다. 또 기력을 상실하거나 정력이 감퇴할 때 수염이 붉어집니다. 그러나 오랫동안 병을 앓고 있는 사람은 맞지 않습니다.

- 태어나면서부터 신장에 피가 적은 사람은 조금만 고생을 해도 수염이 붉어지기 때문에 주의 깊게 봐야 합니다.

- 보통 정력이 강하고 왕성한 사람이 붉은 수염이 갑자기 생길

경우에는 나쁜 위험이 닥칠 경고입니다. 많은 돈을 잃게 되며 아무튼 심한 고생을 할 수 있습니다.

- 수염이 가늘게 틈 없이 나는 사람은 마음이 풍성합니다. 처지에 알맞은 행운이 찾아오고 정력도 강합니다.

- 수염이 파랗게 드문드문 나는 사람은 고생이 끊이지 않습니다.

- 수염이 적은 사람은 신장의 기운이 적으며 끈기도 없습니다.

- 수염 끝부분이 구부러지는 때는 만사가 순조롭게 가지 않고 고생이 있습니다.

- 수염이 많고 먹처럼 검은 사람은 운과 기가 안 좋고 귀하지 않은 상(相)입니다. 집안을 몰락시키거나 뜬구름 쫓는 인생이 될지도 모릅니다.

나라하야시요켄의 질문

「 "머리카락이나 수염도 신체의 한가지이지만 무엇과 관련이 있습니까?"

거사께서 말씀하시기를

"머리카락과 수염은 초목과 관련됩니다. 피로 만들어진 묘목으로 심장을 담당하고 신장과 대응하고 있습니다. 심장과 신장은 양(陽)과 음(陰)으로 음양(陰陽)이 서로 작용을 해서 머리카락과 수염을 성장시킵니다. 그래서 이것들은 부모의 혈통이라고 합니다. 이것들로 신장에서 피가 강한지 약하지도 볼수 있습니다. 피가 말랐을 때는 신장도 말랐을 때입니다. 나이가 들어서 피가 적어지면 흰머리가 납니다. 이것은 초목이 마르는 것과 같습니다. 또 피는 신체에서 물입니다. 물이 나무를 성장시키는 것처럼 피에서 머리카락과 수염이 생깁니다."」

「"머리가 굵은 사람은 신장에 피가 적은 것이라고 말씀하신 것은 무슨 이유입니까?"

거사께서 말씀하시기를

"머리카락은 피로 만들어진 묘목으로 신장과 깊은 관련이 있습니다. 굵은 머리카락은 잡아당기면 늘어나지 않고 도중에 끊어져 버립니다. 그러나 얇은 머리카락을 잡아당기면 늘어나기 때문에 끊어지지 않습니다. 두꺼운 머리카락은 신장에 피가 적어서 끊어지는 것입니다. 이 이치를 잘 이해해 보십시오. 또 머리카락이 가늘고 부드러운 사람은 정력이 왕성하고 끈기가 있어서 끊어지지 않고 늘어납니다. 신장의 피와 정력은 오장육부를 키우는 원천으로 강할 때는 오장육부가 건강해서 사람의 신체도 강하고 장수하리라고 생각합니다."」

후지에사이뇨의 질문

「"머리카락 나는 주변이 진한 사람은 어째서 그렇습니까?"

거사께서 말씀하시기를

"이마는 하늘이기 때문에 머리카락 나는 주변이 진한 사람은 하늘에 구름이 걸려 막힌 모양입니다. 결국 이 사람의 운이 아직 다가오지 않은 것으로 봅니다. 또 이마는 윗사람을 담당하기 때문에 머리카락이 나는 언저리가 진한 사람은 윗사람이 너그럽지 않아서 윗사람과 의견이 맞지 않습니다."」

「"연령에 맞추어서 머리카락 숱이 적어지고, 대머리가 되는 것은 왜입니까?"

거사께서 말씀하시기를

"나이에 맞게 머리카락 숫이 적어지면서 대머리가 되는 것은 자연과 인간이 사는 세상에서 맞이하는 계절의 순환과 같은 의미로써그 사람의 운세도 순조롭게 갑니다. 또한 앞머리 주변이 드문드문 벗겨지는 것은 하늘에서 구름이 일어나는 것과 같은 의미입니다. 하늘에 구름이 있을 때는 기후도 불순한 것처럼 그런 사람의 운세 역시 좋지 않습니다. 그리고 젊었을 때 대머리가 되는 사람은 하늘이 빨리 청명해진 것과 같아서 사회에서 활동하는 시기가 빠르고 좋은 운도 빨리 만납니다. 그러나 나이가 들어서도 이마가 벗겨지지 않는 사람은 하늘에 검은 구름이 있는 것과 마찬가지로 운세가 늦게 열립니다." 」

이토기요구에의 질문

「 "나이가 어린데 백발이 되는 것은 어떻습니까?"

거사께서 말씀하시기를

"피가 적어서 머리카락이 마른 것입니다. 그 때문에 백발이 된다는 것은 부모의 혈통이 끊어지기 쉬운 것으로 자식과 인연이 적어져 후손 잇기가 어렵습니다. 」

「 "머리숱이 많은 편인데 왠지 적게 보이는 사람은 어떻습니까?"

거사께서 말씀하시기를

"머리카락은 많은데 적게 보인다는 것은 하늘이 풍성한 것으로 이런 경우에는 다른 사람의 마음도 자연히 풍성하게 되기 때문에 행운이 다가올 것입니다." 」

모리나와의 질문

「 "좋은 상이 아니어서 지위가 낮은 사람은 머리카락이 검고 이마를 덮고 있습니다만 무슨 이유에서 그렇습니까?"

거사께서 말씀하시기를

"그런 사람은 자기 자신에 관한 것을 이해하지 못합니다. 그래서 처지가 낮은 것입니다. 또 고용인일지라도 수석 종업원이나 지배인 등은 그 나름대로 지위를 가지고 있는 사람이기 때문에 머리카락 숱이 적어서 하늘이 맑게 갠 것처럼 지혜가 있고 자신을 이해할 수 있습니다. 결국 낮은 처지일지라도 자신의 역할을 다할 수 있습니다. 이것은 지위가 높은 사람에게도 적용이 됩니다." 」

후쿠이요스케의 질문

「 "푸른 수염은 길(吉)하고 검은 수염은 흉(凶)하다는 것은 왜 그럴까요?"

거사께서 말씀하시기를

"수염은 피가 만든 묘목으로 심장의 화(火)에 해당합니다. 수염이 검고 진한 것은 음(陰)으로 수(水)가 됩니다. 수(水)는 화(火)를 극하는 관계이기 때문에 좋지 않은 것으로 봅니다. 또 푸른 수염은 목(木)으로 목(木)은 화(火)를 생(生)하기 때문에 길(吉)이 됩니다. 또한 붉은 수염은 심장의 색으로 화(火)입니다. 화(火)는 피를 의미하는 색입니다. 이처럼 근원이 되는 것이 쇠퇴해져서 수염의 색으로 나타난 것입니다. 그래서 매우 힘든 수고가 있다고 말합니다." 」

얼굴에 대하여

- 얼굴은 정신과 신체의 모습이 확실하게 드러나는 부위로 그 사람의 길흉(吉凶)을 볼 수 있습니다.

- 얼굴 정면이 넓고 뒤쪽이 좁은 사람은 부인과 자식의 인연이 적으며 재산뿐 아니라 모든 것을 모아 놓을 수 없습니다. 또 의지할 곳도 없습니다.

- 정면보다 뒤쪽이 넓어 보이는 사람은 자식과 인연이 있습니다. 비록 자식이 없더라도 좋은 양자를 맞이합니다.

- 얼굴 가운데가 낮은 사람은 마음은 저속하지만, 붙임성은 있습니다.

- 얼굴 가운데가 높은 사람은 마음이 고귀합니다.

- 얼굴 구성이 틈이 없는 사람은 마음도 틈이 없습니다.

- 얼굴이 느긋한 사람은 마음도 느긋합니다.

노부타켄노쇼의 질문

「 "얼굴 정면이 넓지 않고 뒷부분이 넓은 사람은 어떤 사람입니까?"

거사께서 말씀하시기를

"얼굴 정면은 양(陽)이며 옆면은 음(陰)으로 양(陽)의 면과 음(陰)의 면이라고 합니다. 정면보다도 뒤가 넓은 사람은 음(陰)이 양(陽)을 감싸고 있는 것과 같아서 '음양(陰陽)이 화합한 얼굴'이라고 하고 처자식과 인연이 있습니다. 음(陰)의 면이 양

(陽)의 면을 감싼다는 것은 음(陰)이 양(陽)의 뒤에서 버티고 있는 것과 같은 모양으로 이런 사람은 몰락할 여지가 없습니다. 그러나 뒤쪽이 좁고 정면이 넓은 사람은 음(陰)의 면이 적은데 양(陽)의 면이 더 번성한 것입니다. 그래서 이런 사람은 양기(陽氣)를 발휘하고 모든 일을 할때는 개방된 상태가 됩니다. 즉 항상 무대 앞에 서 있는 것처럼 곤란한 사람입니다."」

노부타켄우에몬의 질문

「 "얼굴 한가운데가 낮은 것은 어떤 상(相)을 말하는 것입니까?"

거사께서 말씀하시기를

"얼굴 한가운데는 군자의 자리입니다. 그런 군자의 자리가 낮은 것은 그 사람의 마음이 저속한 것입니다. 그렇지만 붙임성은 있습니다. 얼굴 한가운데가 낮은 사람으로 고귀한 사람은 없습니다. 이것은 지위가 높은 사람은 심성이 고귀해도 붙임성이 없다는 것과 같습니다. 또한 지위가 낮은 사람의 상(相)은 얼굴 한가운데가 낮은 사람이 많고, 붙임성은 있습니다. 반대로 고귀한 사람이라도 붙임성이 있으면 지위가 낮은 사람에 가깝습니다."」

목에 대하여

- 목은 생명의 길고 짧음을 볼 수 있습니다.

- 목이 두꺼운 사람은 장수하고 병도 적은 사람입니다.

- 목이 얇은 사람은 단명하고 신체도 약한 사람입니다.

- 목이 굵더라도 뒤에서 보았을 때 강건하지 않고 쓸쓸한 듯이 보이는 사람은 죽을 때가 가까이 와 있습니다. 만약 죽지 않는다면 대단히 힘든 일을 만날 것입니다. 이런 사람을 '그림자가 없는 사람'이라 합니다. 원래 마른 사람은 목이 가늘어도 이처럼 보이지는 않습니다.

- 목이 긴 사람은 지위가 있고 안락한 생활을 합니다.

- 목이 짧고 돼지 목인 사람은 신체가 튼튼하며 장수합니다. 또 체격이 좋으며 성품도 좋습니다. 사람의 목이 두껍고 돼지 목 덜미 같을 때는 행운이 옵니다. 군인이라면 지위가 올라갑니다. 나라에서 월급을 받는 사람이라도 수입이 증가하는 대단히 길한 상(相)입니다.

- 돼지 목이더라도 천한 상(相)을 가진 사람은 일생 안락한 생활은 할 수 없으며 좋은 사람들과 교제하지 못합니다.

- 목젖이 높은 사람은 고집이 셉니다. 그래서 사람들이 부러워할 만한 출세는 어렵습니다만 조금 높은 지위라면 걱정할 필요는 없습니다.

노부타기요자에몬의 질문

「"목이 두꺼운 사람이 장수한다는 것은 어째서 그렇습니까?"

거사께서 말씀하시기를

"사람은 사람 초목이라고 말할 수 있습니다. 신체를 나무에 적용해 보면 머리는 뿌리이고, 목은 나무줄기이며 팔과 다리는 나무의 가지가 됩니다. 나무는 어린나무였을 때부터 줄기가 두껍고 힘이 강한 것이 큰 나무가 되고 세월이 흘러서 늙은 나무가 되도 계속해서 성장해 갑니다. 사람도 이와 같아서 목이 두껍다는 것은 장수한다는 의미와 같습니다."」

데라이시치로우에몬의 질문

「 "목이 두껍더라도 뒤에서 볼 때 활력이 없고 쓸쓸하게 보이는 사람은 죽을 때가 가까워진 것이라고 말하는 것은 무슨 이유입니까?"

거사께서 말씀하시기를

"수목이 말라가고 있을 때는 줄기에 활기가 없고 쓸쓸해 보입니다. 사람도 이와 같아서 목이 두꺼워도 활기가 없고 쓸쓸해 보일 때는 죽음이 가까운 것입니다. 수목이 말랐을 때와 같습니다. 또 비록 마르지 않았어도 강한 바람에 노출될 수 있어서 심한 고통을 받을 수 있습니다. 사람도 대단히 힘든 일을 만납니다. 또 줄기가 두꺼운 나무는 매우 강하기 때문에 사람도 목이 두껍다면 신체가 강건하다고 말할 수 있습니다."」

니치메츠의 질문

「 "옛 서적에 목의 아래와 좌우에 살이 늘어져 내려 온 사람은 장수한다고 합니다만 어째서 그렇습니까?"

거사께서 말씀하시기를

"좌우로 늘어져 내려온 살집은 젊은 사람이 아니고 노인이 되었기 때문에 생긴 모습입니다. 젊었을 때 목덜미에 붙어있던 살이 노인이 되어 목덜미 아래로 쳐진 것입니다. 그래서 목살이 늘어져서 아래로 쳐진 사람을 장수할 사람이라고 합니다. 옛사람들도 이러한 노인의 모습을 보고 장수할 상(相)이라고 말한 것입니다."」

에이겐의 질문

「"목젖이 특히 높이 있는 사람은 어떻습니까?"
거사께서 말씀하시기를
"목젖은 나무의 마디와 같습니다. 마디가 있는 나무는 똑바로 성장하지는 못합니다. 인간이라면 고집이 셉니다. 또한 마디가 큰 나무는 집을 건축할 때 사람 눈에 띄지 않는 곳의 목재로 사용합니다. 이런 사람 역시 다른 사람들 눈에 띌 만큼 활약하지 못합니다. 결국 나무에 있는 큰 마디는 보기 흉해서 집의 바닥이 되어 밝은 곳에서는 보이지 않습니다. 사람으로 보자면 '힘든 일을 많이 해도 돌아오는 공은 적다'라고 할 수 있습니다. 그렇지만 목젖이 높게 나와 있더라도 전체적으로 모습이 좋다면 활약할 가능성이 있습니다. 결국 마디가 있는 나무는 마룻바닥 정도로만 사용할 수 있듯이 사람도 똑같아서 비록 활약하더라도 안락한 생활은 못 하고 고생은 많습니다. 이런 사람들이 지닌 마음가짐 역시 이러합니다."」

진골(鎭骨)에 대하여

옛날 선인의 책에서는 '베게뼈'라고 쓰여있습니다만 저는 진골로 바꾸어 표기하겠습니다.

이부분이 진골(鎭骨)

• 진골은 수명의 길고 짧음과 복에 대해 볼 수 있습니다.

• 진골이 높은 사람은 장수하고 처지에 알맞은 복을 누립니다.

또 위험한 일이 있더라도 피할 수 있습니다.

- 진골이 없는 사람은 위험한 일이 많고 수고가 끊이지 않습니다.

- 진골에 큰 상처가 있는 사람은 모든 일에 파란이 많고 장애가 끊이지 않습니다.홍법(弘法)스님의 머리처럼 진골이 있는지 없는지 모르는 사람은 평범하게 태어났어도 큰 승려나 종교가가 될지도 모릅니다. 그러나 상인이 된다면 성공하지 못합니다.

- 수골(壽骨, 귀 뒤에 있는 뼈)이 높은 사람은 장수하고 운세가 강합니다.

- 수골(壽骨)이 없는 사람은 운세 흥망이 심하고 끈기가 없습니다.

쇼게츠토베츠토의 질문

「 "진골이 머리 뒤에 있는 것은 어째서 그렇습니까?"

거사께서 말씀하시기를

"진(鎭)은 "가라앉다"라는 의미입니다. 또 진골은 남극성에 속합니다. 남극성의 위치는 지평선 아래 36도이며 보통은 눈에 띄지 않습니다. 그래서 머리 뒤에 보이지 않는 부분을 진골이라고 합니다. 또 남극성은 복(福)과 수명을 수호하는 별입니다. 진골이 높은 사람은 남극성이 신체 표면에 드러난 모습으로 수명과 복을 타고난 것입니다. 남극성에 큰 상처가 있다는 것은 별에 상처가 생긴 것으로 '재난이 많다'라고 봅니다." 」

다츠고케타치의 질문

「 "귀 뒤에 있는 뼈를 수골(壽骨)이라 하는 것은 왜입니까?"

거사께서 말씀하시기를

"귀 뒤에 있는 뼈는 진골과 연결된 뼈입니다. 따라서 남극성과 연결된 세 개의 별입니다. 그 때문에 수골이라 부릅니다. 이 뼈가 높게 나와 있는 사람은 장수합니다. 또 진골과 수골의 양쪽이 높게 드러나 있는 사람은 세 개의 별을 가지고 있는 것과 같아 대단히 길(吉)한 상(相)입니다." 」

어깨에 대하여

- 어깨는 평생의 운세와 부자와 가난함을 알 수 있습니다.

- 어깨가 두텁고 자태가 좋은 사람은 처지에 맞는 행운이 오며, 위험을 만나도 피할 수 있습니다.

- 어깨가 얇고 자태가 나쁜 사람은 고생이 끊이지 않고 운이 나쁩니다. 또 일반적으로 어깨로 물건을 운반하는 것과 상관없이 목덜미가 튼튼하여 물건을 나르는 사람처럼 혹 같은 살집이 어깨에 있는 경우는 부모를 뛰어넘어 집안을 일으킵니다. 장수합니다.

- 목덜미가 튼튼한 사람은 보통 물건 운반하는 일에 종사합니다만 그런 어깨가 아닌 사람은 결국은 다른 일에 종사합니다. 또 물건 운반에 관계된 일에 종사하더라도 신체를 혹사하지는 않습니다.

- 보통은 물건을 운반하는 일에 종사하지 않는데 물건을 운반

하고 있는 듯한 어깨를 가지고 있는 사람은 육체노동을 하면서 생활합니다. 또 유복한 사람이더라도 어깨가 물건을 감당하는 모습이라면 이와 같습니다.

- 어깨 살이 적고 뼈가 보이는 사람은 육체노동은 하지 않습니다. 정신적 노동은 있습니다만 신체는 편안한 생활을 합니다.

- 어깨 살이 두텁고 뼈가 내려가 있는 사람은 육체를 혹사합니다만 편안하게 생활하는 낮은 상(相)입니다.

- 보통은 신체를 사용하지 않고 편안한 생활을 하는 사람인데 어깨 힘이 좋고 나와 있을 때는 운세가 왕성해지고 모든 것이 순조롭게 갑니다.

- 처지고 움츠려진 어깨를 가진 사람은 자식과 인연이 적고 사회에서 큰 활약은 없습니다.

- 왼쪽이든 오른쪽이든 어깨의 어딘가가 화가 난 듯이 올리고 걷는 사람은 대단히 가난해지지는 않습니다. 처지에 맞는 복이 있습니다. 이런 모습일지라도 고개를 숙이고 걷는 사람은 그렇지 않습니다.

- 바른 어깨로 모습이 좋은 사람은 성실하고 다른 사람으로부터 인기가 있습니다. 또 지위가 높은 사람을 우연히 만납니다. 그러나 움츠린 어깨는 적용되지 않습니다.

- 어깨가 쓸쓸한 듯하고 초라하게 보이는 사람은 자식과 인연이 적고 구두쇠입니다.

- 어깨는 힘이 있지만 쓸쓸한 듯이 보이는 사람은 힘든 노고가

많은 사람입니다. 또 걱정거리와 고민이 있을 때도 이같이 보입니다.

- 어깨가 열려있는 사람은 한번 실패해도 부활할 수 있습니다.

- 고귀한 사람은 어깨에 살이 적고 뼈의 골격이 바르게 드러납니다.

- 비천한 사람은 어깨에 살이 많고 골격도 잘 보이지 않습니다.

- 육체노동을 하지 않고 생활하는 사람은 어깨살이 적습니다.

- 데릴사위인 사람은 어깨가 자연스럽게 오므라듭니다. 이것을 '어깨가 좁다'고 합니다.

고노테라센쿠라의 질문

「 "어깨가 쓸쓸하게 보인다는 것은 어떤 것입니까?"
거사께서 말씀하시기를
"머리는 몸이 지탱하기 때문에 마음과 연결되어 있습니다. 어깨는 머리와 같이 신체 위에 있어서 항상 하늘을 떠받치며 하늘의 양기(陽氣)를 자연스럽게 받아들입니다. 마음이 탁할 때는 하늘의 양기(陽氣)를 얻을 수 없습니다. 그래서 사람의 마음이 깨끗하고 올바를 때만이 하늘에서 오는 양기(陽氣)가 어깨에서 마음으로 전달됩니다. 그런 까닭으로 어깨는 양기(陽氣)를 건강하게 드러냅니다. 어깨에 양기(陽氣)가 있을 때는 '어깨로 바람을 가른다'라고 말할 수 있는 것처럼 절대적으로 좋은 운세입니다. 어깨 형태가 나쁜 사람은 운이 좋지 않습니다. 이런 모습의 어깨를 '어깨가 나쁜 사람'이라고 말하고 어깨 형태가 좋은 사람을 '어깨가 좋은 사람'이라고 합니다." 」

팔과 손목에 대하여

- 손은 고용한 사람이 있는지와 인원수 그리고 본인이 귀한 사람인지에 대해 볼 수 있습니다.

- 왼손잡이인 사람은 다른 사람 위에 서서 하는 역할을 하지 못합니다. 혹시 고용한 사람이 많이 있어도 자기 스스로 무슨 일이라도 하지 않으면 마음을 놓지 못하는 낮은 상(相)입니다. 거기에다 손이 길어서 무릎까지 내려오는 사람은 그다지 좋지 않은 상입니다.

- 손은 신체에 비해서 넉넉하게 긴 것이 좋습니다. 이런 사람은 좋은 부하를 두고 다른 사람에게 고용되지 않고 존경받습니다.

- 손끝이 마르고 팔에 힘이 들어있는 사람은 육체를 혹사하면서 생활합니다. 또 활약하지 못합니다. 다만 군인은 적용되지 않습니다.

- 손끝이 크고 팔이 짧아 보이는 사람도 같습니다. 다른 사람에게 존경받지 못하고 다른 사람을 고용하지 못합니다. 비록 다른 사람을 고용하는 고용주가 되어도 생각대로 되지 않습니다. 다만 군인에게는 적용되지 않습니다.

- 손의 모습이 좋고 넉넉한 사람은 다른 사람에게 고용인이 되지 않고 스스로 하거나 다른 사람에게 존경받습니다.

- 손끝에 살이 적고 뼈가 보일 듯한 사람은 마음고생이 있습니다만 육체노동은 하지 않고 편안한 생활을 합니다. '버들가지에 눈 쌓여도 가지는 꺾이지 않는다'라는 의미입니다.

- 귀한 사람은 손 마디가 길고 넉넉하게 보입니다. 천한 사람은 손마디가 짧아 보입니다.

- 귀한 사람이라도 손 마디마디가 짧아 보이는 사람은 마음이 천합니다. 또 집안을 몰락시키거나 지위를 낮출 수 있습니다. 그러나 직업이 군인일 경우에는 잘 생각하고 판단해야 합니다. 군인일 경우는 용감은 하지만 학문(교양)이 없습니다.

가바타우치쿠라의 질문

「 "사람이 귀한지를 구별하거나 고용인이 있는지 없는지를 손으로 알 수 있다는 것은 왜입니까?"

거사께서 말씀하시기를

"손은 몸의 좌우에 있으며 잘 움직일 수 있어서 '용과 호랑이와 같은 신하'와 같습니다. 그래서 손이 용과 호랑이와 같은 신하에 걸맞은 상(相)을 지니고 있는지에 따라서 그 사람의 기량을 엿볼 수 있습니다.

손의 형태가 가지런하면 용과 호랑이를 신하로 얻은 것과 같아서 그 신체도 고귀합니다. 손의 형태가 비천하면 용과 호랑이를 신하로 얻지 못한 것과 같아서 신체 역시 낮고 천합니다. 사람의 귀천과 고용인의 유무를 손으로 알 수 있다는 것은 이것 때문입니다. 그러나 손은 마음가짐과도 관계가 있어서 신중하게 생각하고 판단해야 합니다." 」

산도고지로의 질문

「 "옛날 고서에는 '팔을 용과 호랑이로 나누고 어깨에서 팔꿈치까지를 용으로, 팔꿈치에서 손끝까지를 호랑이'라고 쓰여 있습니다. 그것은 어떤 이유에서 그렇습니까?"

거사께서 말씀하시기를

"저는 미숙해서 그와 같은 책을 본 적이 없습니다. 저의 상법 (相法)으로는 어깨에서 팔꿈치까지가 짧더라도 힘이 있는 부분이기 때문에 '호랑이'라고 말하고, 팔꿈치에서 손끝까지는 길고 온화해서 '용'이라고 합니다. 그래서 용은 길고 풍부한 것이 길상(吉相)이며 호랑이는 짧고 힘이 강한 것이 길상(吉相)입니다. 또 손은 왼쪽과 오른쪽을 임금과 신하의 관계로 생각합니다. 그래서 왼쪽 팔은 임금이며 오른쪽 팔은 신하입니다." 」

다쿠이야나기헤에의 질문

「 "왼손잡이는 어떻습니까?"

거사께서 말씀하시기를

"왼쪽은 임금입니다. 그 임금이 스스로 신하처럼 움직이는 것은 위치에 어울리지 않기 때문에 그런 사람을 낮은 상 (相)이라고 합니다." 」

「 "남성은 오른손잡이가 좋다는 것은 어째서 그럴까요?"

거사께서 말씀하시기를

"왼손이 임금입니다. 그 임금을 도와야 하는 것이 오른쪽 손입니다. 오른손인 신하는 열심히 할 일을 해야 합니다. 그래서 '오른손잡이가 좋다'라고 합니다." 」

진센겐슈샤몬게쇼의 질문

「 "중국 촉(蜀)나라 유비는 팔이 길어서 무릎까지 닿았다고

합니다만 이런 모습은 어떻습니까?"

거사께서 말씀하시기를

"촉(蜀)나라 유비는 팔이 길어서 무릎까지 닿았다고 말합니다

만 이것은 팔길이가 아니고 신체에 비해서 넉넉하게 길어 보였

다고 말할 수 있습니다. 이같이 보일 때는 좌우에 용과 호랑

이의 신하를 잘 갖추고 있다는 의미로써 유비가 팔이 길었다

고 말하는 것입니다." 」

가슴에 대하여

- 가슴은 마음의 궁전이며 육근(六根)**이 모인 곳입니다. 그래
  서 가슴의 모습으로 마음이 고귀한지 어떤지를 볼 수 있습니
  다.

- 가슴이 넓고 풍부한 사람은 마음이 풍성해서 사려 깊으며
  정신력도 강합니다.

- 가슴에 살이 적고 뼈가 보이는 사람은 신체가 약하며 어떤
  일에도 순조롭지 않습니다. 끈기도 부족합니다. 다만 이런 것
  들은 노인일 경우에는 맞지 않습니다.

- 앞가슴이 높고 멍울이 있는 사람은 마음이 초조한 사람입니
  다. 가슴이 두근두근하며 기분이 막히는 느낌이 있습니다. 끈

** 육식(六識)을 낳는 여섯 가지 근원《눈·귀·코·혀·몸·뜻의 총칭》.

기도 없습니다. 그렇지만 골격이 다부지고 신체가 건강한 사람이거나 씨름선수 등은 멍울이 높게 있어도 여기에 해당하지 않습니다.

- 앞가슴에 있는 멍울이 부드러워지면 마음도 풍성해지고 기분도 상쾌해집니다. 더불어 운세도 열립니다.

- 앞가슴이 높은 시기에는 배가 작습니다. 앞가슴이 부드러워지면서 배가 커집니다. 배가 커지면 운이 좋아집니다. 그래서 앞가슴이 딱딱한 시기에는 운세가 열리지 않습니다. 그러한 원인은 자기 자신에게 있는 것이기 때문에 잘 생각해서 판단해야 합니다.

- 씨름선수일지라도 앞가슴이 높게 멍울이 있는 시기에는 힘의 세기가 안정되지 않습니다. 그래서 씨름할 때도 위치가 불안정합니다. 그렇지만 앞가슴이 부드러워지면서 배도 커지고 배가 커지면 힘의 세기도 안정됩니다. 그런 이후 씨름을 한다면 비로소 위치가 안정됩니다.

무라타슈베의 질문

「 "가슴이 넓고 풍부한 사람은 마음도 풍성하다는 것은 어떤 이유에서 그렇습니까?」
거사께서 말씀하시기를
"가슴은 신(神)의 궁전입니다. 그래서 가슴이 넓고 풍성해지는 시기에는 신이 내려와 머무는 것과 같습니다. 육근(六根)도 신(神)을 따라서 움직이므로 자연스럽게 마음이 풍성해집니다."」

「"가슴에 있는 살이 적어 갈비뼈가 보이는 사람은 정신력이 약하다는 것은 어째서 그렇습니까?"
거사께서 말씀하시기를
"가슴에 살이 적어 갈비뼈가 보인다는 것은 신의 궁전이 쇠락하고 있는 것과 같아서 정신력도 쇠약한 것입니다."」

고림사 주지스님의 질문

「"앞가슴의 좌우가 높고 멍울이 있는 사람은 어떻습니까?"
거사께서 말씀하시기를
"그곳에 간의 기운이 모여서 가슴을 막았기 때문에 기분이 막힌 것입니다."」

「"힘이라는 것은 어디에 있으며 어디서 생기는 것입니까?"
거사께서 말씀하시기를
"인간의 힘은 배에 있습니다. 배는 신장과 연결되어 신장의 기운이 약해질 때는 힘도 약해집니다. 또한 간의 기운도 힘을 발생하기 시작하는 곳으로 간의 기운이 왕성할 때 큰 힘이 생깁니다."」

유방에 대하여

- 유방은 자식이 있는지 없는지와 착한지 착하지 않은지를 볼 수 있습니다.

- 유방이 작은 사람은 자식과의 인연이 적고 비록 자식이 있어도 의지처가 되지 않습니다.

- 왼쪽 유방과 오른쪽 유방의 크기가 다른 사람은 자식들과 인연이 적습니다.

- 유방이 위를 향해 있는 사람은 자식들과 인연이 있습니다.

- 유방이 아래로 향한 사람은 자식들과 인연이 적어서 비록 자식이 있더라도 의지처가 되지 않습니다.

- 유방에 점이나 사마귀, 상처가 있는 사람은 자식들과 인연이 적어집니다.

- 유방에 털이 나 있는 사람은 자식과 인연이 적고 양자를 맞이합니다.

- 유방은 넉넉하고 넓으며 광택이 나는 것이 좋은 모습입니다.

- 유방은 살이 넉넉하고 탄력이 있는 것이 좋은 모습입니다.

- 젖꼭지 주변은 붉고 검은 것이 좋은 상입니다. 또 유방은 신체에서 음(陰)과 양(陽)을 나타내기 때문에 좌우의 크기가 조금 달라도 상관없습니다. 작은 차이일 경우에는 굳이 말할 필요가 없습니다.

쇼코켄의 질문

「 "유방으로 자손의 유무를 알 수 있는 것은 어째서 그렇습니까?"
거사께서 말씀하시기를
"유방은 몸통에 있어서 해와 달이며 비장의 묘목이기도 합니다. 비장은 토(土)와 같아서 만물을 성장시키는 근원이 됩니다. 자신의 몸에서 만들어진 것이 자식입니다. 젖은 그 자식을 키우는 양식입니다. 그러니 젖의 상을 보면 자식의 유무를 알 수 있습니다. 또 임신하면 젖을 만들기 위해서 기(氣)를 사용합니다. 그런데 기(氣)를 좋지 않게 사용한다면 자식은 성장하지 못합니다. '하늘은 복록이 없는 사람은 만들지 않는다'라는 말은 이런 이치를 뜻하는 것입니다."」

다나카요산에몬의 질문

「"유방이 작은 사람은 자식과 인연이 작은 것은 무슨 이유일까요?"

거사께서 말씀하시기를

"유방은 자식을 담당하고 양육하는 곳입니다. 유방이 작은 사람은 자식을 키울 음식이 부족하다는 의미입니다. 그래서 자식과 인연이 적은 것입니다."」

쿠마이토모시의 질문

「"유방에 털이 난 사람은 양자를 맞이한다는 말씀은 어째서 그렇습니까?"

거사께서 말씀하시기를

"털은 혈통입니다. 그 혈통이 자손을 담당하는 유방에 있다는 것은 혈통이 나중에 더해지는 모양새입니다. 이것은 혈통인 자식을 이어붙이는 것입니다. 그래서 양자를 맞이할 수 있습니다. 다시 말해서 본인과 다른 혈통을 유방으로 연결한 것입니다. 유방에 사마귀, 점, 상처가 있을 때는 자식을 담당하는 곳에 문제가 생기며 자식과 인연이 약해집니다."」

「 "젖꼭지 주변이 붉고 검은 것이 좋은 상이라고 말씀하시는
것은 무슨 이유입니까?"
거사께서 말씀하시기를
"검은 것은 음(陰)이고 붉은 것은 양(陽)입니다. 음(陰)과 양
(陽)의 색이 자식을 담당하는 부위에 잘 드러나 있는 것을 좋
은 상이라고 합니다." 」

배에 대하여

• 배는 신체의 강약과 일생의 부귀 빈천을 볼 수 있습니다.

• 배가 크고 둥글고 풍부한 사람은 처지에 맞는 복을 맞이하고
병도 적습니다.

• 배가 작고 없는 듯한 사람은 신체가 약하며 마음이 초조합니
다. 복도 적습니다.

• 배가 없는 듯하게 보이는 사람이 행운을 맞이하는 시기에 단
명합니다. 만약 장수한다면 그 자식은 재산을 상속할 수 없습
니다. 다만 그런 사람은 좋은 일을 많이 해서 보이지 않게 음
덕을 쌓을 필요가 있습니다.

• 부모 대부터 많은 복을 누리고 있는데도 배가 없는 듯한 사람
은 재산을 잃어버립니다. 비록 그 재산을 유지하고 있더라도
신체가 약해집니다. 좋은 일을 많이 해서 음덕을 쌓는 것이
좋을 것입니다.

• 배가 없는 것처럼 보이는 사람도 때로 배가 커질 때가 있습니

다. 이런 시기에는 매사가 순조롭게 진행하며 오랜 병은 낫기 시작합니다.

- 배 모양이 나쁜 시기에는 돈을 얻지 못하며 모든 일이 순조롭게 진행하지 않습니다. 그러나 배 모양이 좋아진다면 그때부터 순조로워집니다.

- 앞가슴이 볼록 나오면서 배가 작아지는 시기에는 마음이 어지럽고 모든 일이 안정되지 않습니다. 때로 앞가슴이 낮아지고 배가 커질 때가 있습니다. 이 시기부터 모든 일이 만족스러워집니다.

- 뱃가죽이 얇은 사람이 간혹 두꺼워질 때가 있습니다. 그 시기부터 운이 열리고 나름대로 돈이 손에 들어옵니다. 병이 든 사람도 쾌유하기 시작합니다.

- 뱃가죽이 얇은 시기에는 돈이 손에 들어오지 않으며 모든 일이 순조롭지 않습니다. 또 뱃가죽이 얇은 사람이 돈이 많이 들어올 때는 단명하기 쉽습니다. 비록 장수하더라도 신상에 큰 변동이 생깁니다. 자신의 모습을 잘 보고 생각하면서 처신해야 합니다.

- 뱃가죽이 얇은 시기에는 배가 작아지고 점차 배가 커지면서 뱃가죽도 두꺼워집니다.

메시무라쥰페의 질문

「 "배로 신체의 강약과 일생에 걸친 빈부를 알 수 있다는 것은 어떤 이유에서 그렇습니까?"

거사께서 말씀하시기를

"배는 수(水)와 같아서 신장에 속하며 신장은 사람의 온몸인 오체(五體)를 키우는 근본입니다. 신장과 연결된 배는 오체의 보석으로 전 생애에 걸쳐서 나타나는 빈부의 형세를 드러내는 곳입니다. 배가 오체의 근본이기 때문에 배가 작은 사람은 신체가 약하고 큰 사람은 건강합니다. 배의 모습만으로도 신체의 강약을 볼 수 있습니다."」

「 "배가 작고 없는 것처럼 보이는 사람이 마음도 조급한 것은 어떤 이유일까요?」

거사께서 말씀하시기를

"배는 신장의 근원이기 때문에 수(水)에 대응하고 있습니다. 배가 없는 것처럼 보이는 것은 수(水)가 없는 것과 같습니다. 수(水)가 없으면 심장의 화(火)가 높아져서 조급해집니다."」

마가라지몬의 질문

「 "앞가슴이 높고 배가 작은 사람이 때로 앞가슴이 낮아지고 배가 커지게 되면 모든 일이 만족스럽게 진행된다는 것은 어째서 그렇습니까?"

거사께서 말씀하시기를

"간의 기운이 강해지면 마음이 배와 가슴의 사이에 머물러 있으면서 앞가슴이 높아집니다. 또 앞가슴이 낮아지고 배가 커질 때는 마음이 단전으로 내려가 있는 것입니다. 마음이 단전으로 내려갔을 때는 세상의 중심이 잘 보이는 시기를 맞이합니다. 이때는 자신과 천지(天地) 세상이 하나가 된 것입니다. 그래서 모든 일이 만족스럽게 진행된다고 말할 수 있습니다."」

긴타가라란야쿠진쇼의 질문

「 "배에 있는 '세 줄기 임(壬)'이라는 것은 무엇을 의미할까
요?"

거사께서 말씀하시기를

"배에 있는 세 줄기의 임(壬)은 배가 풍성하고 둥글며 가득 차
있고, 앞가슴에 파도처럼 있는 세 줄기의 근육을 말합니다. 또
배가 풍성하고 둥글게 가득 차 있을 때는 수(水)와 잘 연결되
어 있어서 앞가슴에 파도와 같은 근육이 만들어집니다. 이처럼
배에 세 줄기의 임(壬)이 있는 사람은 운세가 아주 좋아서 나
쁜 일이 일어나도 모든 일이 잘 처리된다고 말합니다." 」

배꼽에 대하여

- 배꼽은 신체의 강함과 약함 그리고 일생의 빈부를 볼 수 있습
니다.

- 배꼽의 오므라진 모습이 나쁜 사람은 끈기가 없어서 운이 좋
지 않습니다.

- 배꼽 구멍이 깊은 사람은 마음이 강하고 처지에 맞는 행운이
따릅니다.

- 배꼽 구멍이 깊더라도 쭈그러지듯이 힘이 없는 사람은 끈기가
없고 모든 일이 순조롭지 않습니다. 단지 노인은 해당하지 않
습니다.

- 배꼽이 위쪽에 있는 사람은 재능이 많고 생활이 곤란하지 않

으며 다른 사람 밑으로 들어가지 않습니다.

- 배꼽이 아래에 있는 사람은 출세하지 못합니다. 소심한 사람이며 무지합니다. 고생도 많으며 다른 사람 위에서 지휘할 수 없습니다.

- 배꼽이 큰 사람은 신체가 건강하고 마음도 풍성합니다.

- 배꼽이 작은 사람은 끈기가 적어서 모든 일이 순조롭지 않습니다.

- 배꼽 구멍이 얕은 사람이 때로는 깊어지기도 합니다. 이것은 그 시기부터 운세가 좋아진다는 것을 의미하고 오랜 병을 앓던 사람은 쾌차하기 시작합니다.

- 배꼽 구멍이 얕은 시기에는 운세가 열리지 않으며 마음도 안정되지 않습니다.

- 배꼽이 위쪽에 있는 사람은 다재다능한 사람입니다.

- 배꼽이 아래에 있는 사람은 재물을 소유하기 어려우며 재산도 흩어지는 경우가 많습니다.

겐부죠의 질문

「 "배꼽은 어느 것과 관련되며, 무엇을 담당합니까?"
거사께서 말씀하시기를
"배꼽은 신체의 근원이고, 대극(大極)이며 중심입니다. 그래서 신체의 강약과 평생의 빈부를 담당하는 곳입니다. 배꼽의 오므라든 모양이 좋지 않은 사람은 신체의 근원이 오므라들지 않는 것과 같아서 신체가 약한 것입니다."」

「 "배꼽이 위쪽에 붙어있는 사람은 무지하지 않다는 것은
왜입니까?"
거사께서 말씀하시기를
"배꼽이 위에 붙어있다는 의미는 신체의 근원인 배꼽이 밝은
쪽인 양(陽)의 방향을 향하고 있다는 뜻입니다. 그래서 이런
사람이 무지할 리가 없습니다."」

「 "배꼽이 큰 사람은 어떻습니까?"
거사께서 말씀하시기를
"배꼽이 큰 사람은 신체의 근원이 크고 강하기 때문에 신체
도 건강합니다."」

「 "배꼽이 아래쪽에 있는 사람은 물건을 소유하기 어렵다는
것은 어째서 그렇습니까?"
거사께서 말씀하시기를
"배꼽은 신체의 대극(大極)이며 중심이기 때문에 평생의 복
록을 담당합니다. 배꼽이 아래쪽을 향한다는 것은 신체의 중
심과 생애의 복이 땅으로 내려가고 있는 것과 같은 의미입니다.
그래서 이런 모양을 한 사람은 물건을 소유하기 어렵고 재산
이 흩어진다고 말합니다."」

야지마죠안의 질문

「 "배꼽의 구멍이 얕았던 것이 깊어지기 시작하면 그 시기부
터 운이 좋아지기 시작한다는 것은 왜입니까?"

거사께서 말씀하시기를

"구멍이 얕은 배꼽이 깊어질 때는 신체의 근원이 강해지고 오므라든다는 의미이기 때문에 이 시기부터 운이 좋아집니다. 또 아팠던 사람도 쾌차하기 시작합니다. 이런 시기에는 생활기반이 만들어지고 장래도 안정되겠죠."」

허리에 대하여

- 허리에서 엉덩이 사이는 단전이 있고 마음이 머무는 성(城)이기 때문에 마음의 움직임과 거주지의 안정된 상태를 볼 수 있습니다.

- 허리에서 엉덩이 사이가 좁아서 허리가 없는 것처럼 보이는 사람은 마음이 머물 성이 없는 것과 같습니다. 이런 사람은 마음 차분하지 못하고 직업도 일정하지 않습니다. 자식과도 인연이 적으며 이혼이나 재혼을 합니다.

- 허리에서 엉덩이 사이의 모습이 좋고 풍부한 사람은 자신의 마음이 단전에 안주하고 있습니다. 따라서 마음도 풍성하며 지위도 높고 처지에 알맞은 행운이 있습니다.

- 허리에서 엉덩이 사이에 살이 지나치게 많아서 보기 싫은 사람은 낮은 상(相)입니다만 일상생활은 즐겁게 합니다.

- '노예 엉덩이'처럼 크고 뒤가 나온 엉덩이를 가진 사람은 일생 다른 사람들 위에서 지휘하지 못하며 편안한 생활도 어렵습니다. 대단히 나쁜 상(相)입니다.

- '버드나무 같은 허리'를 가진 사람은 자기 일을 열심히 하지

않으며 집안을 몰락시킵니다. 또 여자를 좋아하기도 합니다.

남성 성기에 대하여

- 남성 성기로 정력의 세기와 자식의 유무를 볼 수 있습니다.

- 포경은 남성 성기의 장해입니다. 남성 성기는 사람의 싹이 나오게 하는 곳입니다. 성기의 가죽을 자른다는 것은 대단히 나쁜 것입니다. 이것으로 자손과의 인연도 약해지고, 또 음(陰)과 관련된 여자 문제로 인해 어려움을 겪는 상(相)이 됩니다.

- 남성 성기의 앞부분이 특히 좁은 것은 좋지 않습니다. 역시 음(陰)과 관련한 문제이기 때문에 자식과의 인연이 적으며 여자 문제로 어려움을 당할 상(相)입니다.

- 남성 성기가 큰 사람은 간 기능이 강하고 마음도 풍부합니다. 단지 지나치게 큰 것은 좋지 않으며 음(陰)과 관련된 문제로 봅니다.

- 남성 성기가 작은 사람은 간 기능이 약해서 마음이 초조합니다. 작은 일에 마음이 좌우되는 소심한 사람입니다.

- 남성 성기의 앞부분이 큰 사람은 간의 기운은 강하지만 자식과 인연이 적고 이혼과 재혼을 합니다.

- 남성 성기가 위쪽으로 뒤집힌 사람은 정력이 약하고 마음이 초조합니다. 끈기도 없고 처자와 인연이 적으며 인연이 쉽게 바뀌겠습니다.

• 남성 성기가 아래쪽으로 뒤집힌 사람은 처자와 인연이 약해서 부인과의 인연이 바뀝니다.

기타무라진산로의 질문

「 "남성 성기의 모양으로 신장의 기능인 정력이 강한지 약한지와 자식의 유무를 알 수 있다는 것은 어째서 그렇습니까?"

거사께서 말씀하시기를

"남성 성기는 신장의 기능이 모인 곳으로 신체의 꽃입니다. 남성의 성기에 모인 신장의 기능이 잘 활동하고 있을 때는 신체에 꽃이 핀 것과 같습니다. 노인이 되면 신장의 기능이 약해져서 기능이 활발하게 작동하지 않기 때문에 신체의 꽃도 피지 않습니다. 이런 이유로 남성 성기를 보면 신장 기능의 강약과 자식의 유무를 알 수 있습니다." 」

고니시기츠우에몬의 질문

「 "남성 성기는 무엇과 연관되어 있습니까?"

거사께서 말씀하시기를

"남성 성기는 라후성(羅睺星)[***]에 속하고 '라'의 음(陰)을 가지고 있습니다. 또 음(陰)의 문은 계도성(計都星)에 속하고 '계'의 이름을 가지고 있습니다. 또 구요성(九曜星)의 별자리를 돌고 있는 것이 남성이라면 라후(羅睺)의 별자리에서 여성은 음의 문으로 계도성을 돌기 시작합니다. 이것은 천지자연의 이치입니다. 남성 성기가 위로 향해 돌아가 있는 사람은 태어나면

[***] 구요성(九曜星)의 하나로, 해와 달을 가리어 일식(日蝕)·월식(月蝕)을 일으킨다고 함.

서 양기가 풍성하고, 신장의 기(氣)는 약한 사람입니다. 마음이 떠 있어서 성기가 자연히 위로 돌아갑니다. 결국 이런 사람은 항상 양(陽)의 기가 넘쳐흘러서 마음이 초조합니다. 또 태어나면서 음(陰)의 기가 강한 사람은 남성 성기가 아래로 향합니다. 이런 까닭으로 이 사람은 항상 음기(陰氣)에 끌려서 사색적(思索的)입니다. 그리고 남성 성기가 위로 돌아간 사람은 음문과 합체할 때 정액이 외부로 흘러버리기 때문에 자식과의 인연이 적다고 말하는 것입니다."」

아사미쥬지로의 질문

「"남성 성기가 작은 사람은 마음이 초조한 것은 왜 그렇습니까?"
거사께서 말씀하시기를
"남성 성기가 작은 사람은 신장의 기운은 적어지고 간 기능이 왕성해져서 마음이 초조한 것입니다."」

허벅지에 대하여

- 허벅지는 단전의 좌우에 연결되어 있어서 "가장 믿을 만한 수족과 같은 신하"라고 말합니다. 그래서 허벅지로 신하나 아랫사람의 유무를 볼 수 있습니다.

- 앉았을 때 무릎이 넉넉하고 바르며 앉는 자세가 좋은 사람은 '신하의 관성을 이루다'라고 합니다. 이런 사람은 비록 혼자 일을 해도 고용인을 둘 수 있습니다. 그러나 다른 사람 밑에서 일하지는 않습니다. 이런 사람은 여유가 있으며, 바르게

앉았을 때 두 무릎에 양기가 있을 때는 '신하의 관록(官祿)'이 많아서 현재 운세가 좋으며 힘이 되는 부하를 얻을 수 있는 대단히 좋은 길상입니다. 그러나 여유있게 바르게 앉았어도 무릎에 양기가 없는 사람은 '신하의 관록'이 약한 것입니다. 또 집안에 어려움이 생길 때는 '아랫사람이 크지 않는다'라고 합니다만, 이것은 '신하의 관록'이 이미 약해진 것입니다. 이런 사람은 현재 운세도 약하고 힘이 되는 아랫사람도 만나기 어렵습니다.

- 무릎에 살집이 있는 사람은 좋은 상입니다.

- 무릎에 살집이 거의 없는 사람은 '신하의 관록이 없다'라고 합니다. 대단히 좋지 않습니다. 만일 이런 사람에게 부하나 고용인이 많다면 이 사람은 단명합니다.

- 무릎에 살집이 있어도 자세가 바르지 않고 나쁜 사람은 좋지 않습니다.

다리에 대하여

- 다리는 신체의 아래쪽에 있어서 '노복의 관록'에 속합니다. 다리는 상반신을 지키기 위해서 움직입니다. 또 임금이 바르게 정치를 할 때는 백성도 풍부한 것처럼 마음이 올바른 사람은 다리도 풍부하고 모습도 좋습니다. 마음이 비천한 사람은 다리도 못 생기고 비천합니다.

- 장딴지가 벌어져 보일 정도만큼 허벅지 살집이 적은 사람은 마음도 몸도 약합니다.

- 다리가 얇고 가는 사람은 신체도 약하고 끈기도 없습니다. '노복의 관록'이 약한 것입니다.

- 다리가 얇아도 양기(陽氣)가 있는 사람은 '노복의 관록'이 왕성하게 보입니다.

- 다리가 두껍고 허세 부리듯이 서 있는 사람은 몸 안에 '노복의 관록'이 진을 치고 있는 것으로 낮은 상(相)입니다. 다른 사람 위에서 지휘하지는 못합니다.

- 의복을 입었을 때 허리 아래가 넉넉하고 바른 모습을 이루는 사람은 자기의 재산을 가진 사람이거나 몸에 덕을 갖춘 사람입니다. 집안이 일어날 것입니다.

- 장딴지에 살집이 있고 모양이 좋은 사람은 처지에 맞는 행운이 있습니다.

- 장딴지에 살집이 지나치게 많은 사람은 좋은 사람들과 교제하기 힘든 낮은 상입니다.

- 발등이 높은 사람은 나쁜 상입니다. 특별히 낮은 사람도 나쁜 상(相)입니다.

- 발이 대단히 큰 사람은 집안일로 고생이 끊이지 않습니다.

- 발이 작은 사람은 좋지 않습니다.

- 발은 길지도 짧지도 않으며 두껍지도 가늘지도 않으면서 신체에 맞도록 적당한 살집이 있으며 약간 풍성한 상태를 좋은 길상이라 합니다.

- 발가락이 특히 짧은 사람은 오행(五行)의 땅이 적은 것으로 좋지 않습니다. 가족과의 인연이 적으며 고생이 끊이지 않습니다.

- 발가락이 떨어져 있는 사람은 오행이 갖추어져 있지 않은 것으로 좋지 않습니다. 집안이 시끄럽고 가족과 의견이 맞지 않습니다.

- 엄지발가락과의 틈이 크게 벌어져 있는 사람은 아버지와 인연이 적습니다. 또 새끼발가락이 크게 벌어진 사람은 자식과의 인연이 적어서 자식이 있어도 의지하지 못합니다.

제3권

몸의 삼정(三停)에 대하여

- 머리는 둥글어서 하늘(天)이라 합니다. 윗사람, 운세, 초년을 담당합니다.

- 몸은 사람(人)이라 합니다. 자신, 빈부, 중년을 담당합니다.

- 허리에서부터 그 아랫부분은 땅(地)이라 합니다. 집, 아랫사람, 노년을 담당합니다.

- 머리가 큰 사람은 초년 운세가 좋지 않습니다. 또 이런 사람은 윗사람과 의견이 맞지 않습니다. 작은 사람도 같습니다. 이런 사람은 부모와 인연이 작고 운세도 좋지 않습니다.

- 몸이 크고 넉넉한 사람은 한 가족의 중심인물이 되어 출세할 것입니다. 또한 몸이 작은 사람은 몸에 덕이 없고, 신체도 약해서 끈기가 없습니다.

- 허리부터 그 아래가 얇은 사람은 집안일로 고생이 끊이지 않으며 신체도 약합니다. 허리부터 그 아래의 모습이 좋으며 넉넉한 사람은 집안을 잘 다스리고 마음도 풍요롭습니다. 또 허리부터 그 아래가 두껍고 모습이 좋지 않은 사람은 다른 사람 위에 서서 지휘하지 못합니다.

쓰기모토시로헤의 질문
「 "몸이 크고 머리가 작은 사람은 윗사람과 거리를 둔다는 것은 어째서 그렇습니까?"
거사께서 말씀하시기를

"몸은 자신입니다. 머리는 윗사람을 담당합니다. 그래서 머리가 작은 사람은 '자기가 윗사람을 이긴다'라는 의미입니다. 또 하늘(天)과 땅(地)이 크고 몸이 작은 사람은 하늘(天)과 땅(地)의 기(氣)에 자신이 꺾여서 나설 수가 없습니다. 이것을 '덕(德)이 없는 몸'이라고 합니다. 덕을 갖춘 사람은 몸이 건강하고 넉넉합니다. 몸이 넉넉한 것은 '건강함'을 말합니다. 몸이 크고 넉넉하게 보이는 시기에는 몸 전체가 하늘과 땅인 천지(天地)를 넓게 드러낸 것으로 '출세한다'라고 말할 수 있습니다."」

츠지다로헤의 질문

「 "허리부터 그 아래가 가는 사람은 집안일로 인해 고생이 끊이지 않는 것은 무슨 이유일까요?"

거사께서 말씀하시기를

"허리에서 아래가 가는 사람은 땅(地)의 도리가 약해 아직 준비되어 있지 않아서 주거하는 문제로 인해 고생이 끊이지 않습니다. 또 허리부터 그 아래가 두껍고 넉넉한 사람은 땅(地)이 풍부하다는 의미이기 때문에 집안을 잘 다스립니다."」

뼈와 살에 대하여

• 뼈는 몸의 기둥이기 때문에 몸의 강약과 수명의 장단을 볼 수 있습니다.

• 큰 뼈를 가진 사람은 신체가 강하고 장수합니다.

• 가는 뼈를 가진 사람은 몸의 기둥이 가는 것과 같아서 몸도

약하고 단명합니다.

- 가는 뼈일지라도 견고하며 두껍게 살집이 있는 사람은 몸이 건강합니다. 그러나 몸은 편안하게 생활하고 있어도 마음고생은 끊이지 않습니다.

- 굵은 뼈일지라도 역도선수나 운동선수처럼 살이 혹처럼 딱딱하게 부풀어 오른 사람은 몸을 괴롭히지 않고는 생활하지 못하며, 다른 사람 위에 서지 못합니다.

- 몸의 살집은 평생 누릴 운의 기회와 자손의 여부를 볼 수 있습니다.

- 몸에 살이 적고 비쩍 마른 사람은 땅이 마른 것과 같아서 모든 것을 키우는 힘이 약해집니다. 그래서 행운이 올 수 없고, 자식과의 인연도 작아집니다.

- 몸이 두툼하고 살집이 좋은 사람일지라도 뚱뚱한 돼지처럼 살이 여물지 않은 사람은 현재 처지가 안정되지 않은 사람입니다. 모든 일이 순조롭지 않으며 자식과 인연도 적어집니다. 비록 자식이 있어도 의지처가 되지 않습니다.

- 몸이 균형 잡힌 살집으로 윤기가 있으며 다부진 체형을 한 사람은 처지에 맞는 운이 오고 대단히 길(吉)합니다. 그렇지만 다른 사람들이 기대며 신세 지려고 하는 경우가 많습니다.

- 살집이 좋지 않고 몸이 마른 듯하며 윤기가 없는 사람은 대단히 좋지 않습니다. 모든 일이 조화롭지 않으며 단 한 가지도 자기가 계획한 대로 되지 않습니다.

- 몸에 살집이 적고 말랐어도 윤기가 날 때는 모든 일이 순조롭게 진행됩니다. 또 마음도 적극적으로 움직입니다.

아카호타이스케의 질문

「 "'가는 뼈라도 다부지게 살이 붙은 사람은 몸이 강하다'라는 것은 어째서 그렇습니까?"

거사께서 말씀하시기를

"살가죽과 뼈가 보기 좋고 넉넉하게 붙어있는 것을 '다부진 모습'이라고 합니다. 가죽은 바깥쪽에 있어서 '신하'라 하고, 살은 안쪽에 있어서 '군주'라고 합니다. 이것은 몸에 군주와 신하가 풍성하게 균형을 이룬 사람이기 때문에 몸은 건강합니다. 굵은 뼈라도 살집이 혹처럼 딱딱하고 부풀어 있는 사람은 그 몸에 있는 군주가 비천한 것과 같습니다. 이런 사람은 자기 스스로 몸을 괴롭혀서 편안하게 생활하지 못합니다." 」

스케모토시로베의 질문

「 "살집이 좋더라도 돼지의 살처럼 살에 탄력이 없는 사람은 '처지가 안정적이지 않다'라는 것은 무슨 이유입니까?"

거사께서 말씀하시기를

"살에 탄력이 없고 살집이 돼지의 살처럼 보이는 사람은 땅에 수기(水氣)이 지나치게 많아서 땅이 푸석푸석한 것과 같습니다. 이런 사람은 처지가 불안정하고 모든 일이 순조롭지 않습니다. 신체에 윤기가 있으며 살집이 좋은 사람은 '목숨을 유지할 수 있는 생기 있는 땅인 생지(生地)의 살'이라고 말합니다. 비옥한 토지에서 모든 작물이 잘 자라는 것처럼 사람도 마찬가지입니다. 자연과 만물은 은혜롭고 순조로워야 합니다."」

「"살집이 없어 몸이 마르고 윤기도 없는 사람은 어떻습니까?"
거사께서 말씀하시기를
"그런 살을 가진 사람은 '죽은 땅과 같은 살'이기 때문에 작물이 순조롭게 성장하지 못하니까 결실이 작습니다."」

피부에 대하여

- 몸에서 피부는 하늘(天)입니다. 그래서 운세의 길흉과 평생의 빈부를 볼 수 있습니다.

- 두껍고 풍부한 피부를 가진 사람은 하늘(天)이 안전하고 풍성한 것으로 운세도 강하고 처지에 맞는 운이 옵니다. 몸도 건강합니다.

- 얇은 피부를 가진 사람은 운세도 약하고 운도 없으며 끈기도 없습니다.

- 피부에서 윤기가 날 때는 그 시기에 맞은 흐름을 타고 있어서 현재 순풍에 가득 찬 만선처럼 운세가 강하다는 의미입니다. 피부에 윤기가 없을 때는 자신의 시기에 맞는 흐름이 좋지 않은 것으로 운세도 저조하고 매사 순조롭지 않습니다.

미지마타다야스의 질문
「"피부를 하늘(天)에 비유한 것은 무슨 이유입니까?"
거사께서 말씀하시기를

"몸 전체를 덮고 있는 것이 피부입니다. 하늘은 만물을 덮고 있습니다. 그래서 몸에 있어서 피부는 하늘이며 운세의 길흉과 평생에 걸친 빈부를 볼 수 있는 것입니다. 하늘이라는 것은 완전무결함을 의미하고, 땅은 넉넉함을 의미합니다. 이렇듯이 피부는 두껍고 넉넉한 것이 길상(吉相)입니다."」

털에 대하여

- 털이 지나치게 많아서 손과 발까지 검게 보이는 사람은 집안이 몰락하고 자식과의 인연도 적은 사람입니다.

- 가슴에 털이 많은 사람은 작은 일에도 잘 놀래는 소심한 사람입니다.

- '손가락에 난 부드러운 털'이 길고 많이 난 사람은 일신은 편안하게 생활합니다만 매서운 고생이 끊이지 않습니다. 그렇지만 부유하거나 지위가 높은 사람에게는 해당하지 않습니다.

- 음모가 배꼽까지 난 사람은 섹스를 즐깁니다만 강한 호색한은 아닙니다.

- 음모에 털이 많은 사람은 색정이 강합니다.

- 음모가 적은 사람도 색정이 강합니다.

- 허벅지 뒤쪽, 장딴지, 항문 주위, 이 세 부분에 털이 많이 난 사람은 길상(吉相)입니다. 또 엉덩이에 털이 많이 난 사람은 몸이 건강합니다.

츠지타로헤의 질문

「 "온몸에 털이 많이 난 사람은 어떻습니까?"

거사께서 말씀하시기를

"몸은 땅이고 털은 초목입니다. 또 신체 앞부분은 양(陽)이며 도시에 해당합니다. 뒷부분은 음(陰)이며 시골에 해당합니다. 시골은 나무와 풀이 잘 자라 풍성한 땅을 좋은 토지라고 합니다. 그래서 허벅지 뒷부분과 장딴지 주변에 털이 많이 나 있을 때는 시골 땅에 초목이 무성한 것과 같습니다. 또 털이 신체 앞부분에 많이 있다는 것은 도시에 초목이 지나치게 무성한 것과 같습니다." 」

「 "음모가 배꼽까지 난 사람은 섹스를 즐기는 사람이라고 한 까닭은 무엇입니까?"

거사께서 말씀하시기를

"털은 신장에 속하며 피의 묘목입니다. 그 묘목이 음부에 모여 있는 모습이기 때문에 섹스를 즐긴다고 합니다." 」

푸른 핏대에 대하여

• 푸른 핏대는 기(氣)와 혈(血)을 둘러싸고 있는 것으로 '피의 순환'을 알 수 있습니다.

• 푸른 핏대가 얼굴과 손발에 많이 드러나 있는 사람은 마음이 초조한 사람입니다. 몸은 편안하게 생활하고 있어도 걱정이 많고 자식과 인연이 적은 사람입니다.

• 푸른 핏대가 살로 덮여 있는 사람은 아픈 곳이 없는 건강한 몸으로 자식과 인연이 있습니다.

- 마른 사람은 푸른 핏대가 드러나고 살찐 사람은 푸른 핏대가 밑으로 숨어있습니다. 그러나 감정이 고조될 때는 푸른 핏대가 겉으로 드러납니다.

- 마른 사람인데도 핏대가 보이지 않는 사람은 몸이 건강하고 처지에 맞는 운이 옵니다.

- 살이 쪄있고 푸른 핏대가 많이 드러나 있는 사람은 낮은 상(相)이고 대흉(大凶)입니다. 단지 군인에게는 해당하지 않습니다.

- 꼬불꼬불 구부려져 벌레처럼 보이는 푸른 핏대가 다리에 드러나 있는 사람은 장수합니다.

미지마타다야스의 질문

「 "푸른 핏대가 많이 드러난다는 것은 어떤 의미입니까?"

거사께서 말씀하시기를

"푸른 핏대는 간을 담당하고 살집은 땅(地)에 해당합니다. 푸른 핏대가 많이 나타날 때는 땅이 마르고 간의 기운이 끊어져 가는 것과 같습니다. 결국 푸른 핏대라는 것은 '간의 묘목'이며 '기와 혈이 다니는 길'이라고 생각해 주십시오." 」

언어에 대하여

- 사용하는 언어로 사람의 품위를 볼 수 있습니다.

- 언어가 비천한 사람은 마음도 비천한 사람입니다.

- 지위가 높은 사람은 언어도 중후합니다.

- 귀한 마음을 가진 사람은 언어도 귀하게 사용합니다.

- 바쁘게 말을 하는 사람은 마음도 바쁘고 차분하지 않습니다. 경솔한 사람입니다.

- 언어가 풍부한 사람은 마음도 안정되고 끈기가 있고 풍성합니다.

- 언어가 상쾌한 사람은 마음도 상쾌하고 붙임성이 있습니다.

- 언어가 맑은 사람은 마음도 맑습니다.

- 언어가 지저분한 사람은 험한 고생이 끊이지 않습니다.

- 언어가 활기찬 사람은 마음도 활기찹니다.

- 말이 빠른 사람은 마음이 조급하고 깊이가 없습니다.

- 과장해서 말하는 사람은 지혜와 재주가 없습니다. 비록 있어도 바로 드러나 버립니다.

- 말이 풍성한 사람은 마음에 아량이 있지만 나쁜 생각도 있습니다.

- 상쾌하고 부드러운 말투를 사용하는 사람은 큰일을 획책합니다. 말로 나타내는 것은 온화하지만 내면은 교활한 사람입니다.

- 여성처럼 말하는 사람은 아량이 없고 사회에서 활약하기 어려운 사람입니다.

- 말끝이 올라가고 크게 말하는 사람은 길상(吉相)입니다. 사람들로부터 대접을 받습니다.

- 머리 아래에서 말이 나오는 사람은 결단력이 없습니다. 이런 사람은 안정된 가정을 갖는 것이 늦고 자식과도 인연이 적습니다.

- 몸통에서 날카롭고 쉰목소리로 말을 하는 사람은 몸이 건강하고 병에 걸리지 않습니다.

- 입에서 말이 나오는 사람은 경솔하고 마음도 좀처럼 차분하지 않습니다.

- 말을 할 때 발음이 막히는 사람은 마음이 초조하고 작은 일에도 걱정합니다.

- 어색하게 말하는 사람은 마음에 덕이 없고 깊이가 적은 사람입니다.

- 말이 탁한 사람은 중풍에 걸리게 됩니다. 중풍에 걸린 사람의 말투를 들어보면 알 수 있습니다.

숨에 대하여

- 숨은 단전에서 나오기 때문에 신장의 기운(정력)에 해당합니다. 따라서 신장에 있는 기운의 강약과 마음가짐에 관한 좋고 나쁨을 볼 수 있습니다.

- 풍부하게 숨을 쉬는 사람은 신장이 튼튼하고 끈기가 있습니다.

- 커다란 배를 가진 사람은 숨도 풍부하게 쉽니다. 작은 배를 가진 사람은 숨을 바쁘게 쉬는 사람입니다.

- 신장의 기운이 약해졌을 때는 숨도 약해지고 빨라집니다.

- 코로 숨을 쉬는(복식호흡) 사람은 기력을 유지하기 때문에 병이 생기지 않습니다. 장수합니다.

- 입으로 숨을 쉬는 사람은 기력이 빠져나가기 때문에 신장이 약해지고 끈기도 없습니다. 단명합니다.

- 수면 중 코를 고는 사람은 신장이 튼튼하고 몸도 건강한 사람입니다.

- 수면 중 코를 골지 않는 사람은 신장이 약하고 끈기도 없습니다.

- 풍부하게 긴 숨을 쉬는 사람은 마음도 풍요롭고 신체도 건강해서 장수합니다.

- 바쁜 숨을 쉬는 사람은 몸이 약하고 긴 숨을 쉬는 것을 길(吉)이라 합니다.

언어에 담긴 오행(五行)에 대하여

- 언어가 깨끗하고 솔직한 사람은 '목(木)의 언어'입니다. 이런 사람은 성품이 좋아서 사람들로부터 소중하게 대접받으며 운도 찾아옵니다.

- 언어가 부산스럽고 인정머리 없는 사람은 '화(火)의 언어'입니

다. 항상 마음이 부산스럽고 다른 사람들로부터 소중하게 대접받지 못합니다. 때로는 다른 사람에게 말로 상처를 주기도 합니다.

- 언어가 몸에서 중후하게 나오는 사람은 '토(土)의 언어'입니다. 다른 사람의 이야기를 듣고 눈물짓는 사람입니다. 이런 사람은 먹는 것 때문에 곤란을 겪지는 않습니다.

- 언어가 잘 진행되고 시원하게 말하는 사람은 '금(金)의 언어'입니다. 성실하고 다른 사람이 당한 슬픔을 자기 일처럼 느낍니다.

- 언어가 맑고 풍부하고 시원시원한 사람은 '수(水)의 언어'입니다. 몸은 건강하지만 작은 일에도 깜짝 놀라며 애교가 있는 사람입니다.

마츠기요센페이지의 질문

「 "언어로 사람의 품성을 알 수 있다는 것은 어떤 의미입니까?"

거사께서 말씀하시기를

"말은 단전에서 나옵니다. 이것은 자연계에서 들려오는 소리와 같습니다. 예를 들어 바람 소리는 숲속 나무 사이를 스치며 내는 소리이고, 파도 소리도 자연 속에서 서로 부딪치면서 생깁니다. 바람이 불지 않는다면 나뭇잎은 소리를 내지 못하고, 파도가 치지 않는다면 사막에서 나는 돌 치는 소리도 없습니다. 말은 자신 안에 존재하고 있는 것으로 자신을 드러내는 수단입니다. 그래서 말을 들으면 그 사람의 품위를 알 수 있습니다." 」

걷는 것에 대하여

- 사람이 길을 나서서 걸을 때는 전쟁터로 나가는 것과 같습니다. 그래서 항상 바른 자세로 넉넉한 보행을 해야 합니다. 이렇게 걷는 사람은 전쟁에 나갈 준비가 흐트러지지 않은 것과 같아서 마음이 넉넉하며 처지에 맞는 생활을 하고 있습니다.

- 신체가 불안정하고 들뜬 것처럼 걷는 사람은 전쟁터로 나갈 준비가 무너진 것입니다. 그래서 이런 사람은 마음도 안정되지 않아서 처지도 불안정합니다.

- 두리번거리며 위를 보고 걷는 사람은 '하얗다(白)'라고 표현합니다. 이런 사람의 생활은 무관심하고 무감동입니다. 모든 일이 불안정하고 패기가 없습니다.

- 넉넉한 신체로 눈을 조금 아래에 두고 어깨를 너무 흔들지 않으며 걷는 사람은 '검다(黑)'라고 표현합니다. 이런 사람은 단전에 마음이 차분하게 머물러 있는 대단히 좋은 길상(吉相)입니다. 이런 사람은 다른 사람을 지휘하고, 격에 맞는 생활을 할 수 있으며 또한 패기도 있습니다.

- 빈약한 신체로 고개를 숙이고 걷는 사람은 자식과 인연이 약하고, 고생이 끊이지 않습니다. 다만 근검절약하는 사람입니다.

- 빈약한 신체로 뛰듯이 걷는 사람은 자식과 인연이 약하고 비록 자식이 있어도 의지처가 되지 않습니다. 운은 와도 마음은

가난한 사람입니다.

- 도로의 가장자리 끝으로 걷는 사람은 마음이 불안정하며 현재 처지가 좋지 않습니다. 마음이 저급한 사람입니다.

- 신체가 불안정하고 수시로 뒤를 돌아보면서 걷는 사람은 가까운 시일 내에 사랑의 도피를 할 것입니다.

- 머리는 하늘(天)에 해당합니다. 도와주는 귀인은 하늘을 본뜬 것입니다. 귀인은 귀하게 생각하면서 머리는 흔들지 말고 빠르게 걸어야 합니다. 하늘은 귀하고 넉넉한 것을 의미합니다. 그래서 귀인(머리)은 하늘의 싹을 갖추고 있어야 합니다. 천하고 낮은 사람은 땅의 싹을 갖추고 있는 것과 같아서 발바닥을 안 움직이고 머리를 움직이면서 걷습니다.

앉은 모습에 대하여

- 앉는 모습은 태연하고 전쟁터에서 군사들이 전투에 임할 태세를 갖추고 있는 듯한 모습의 자세가 '잘 갖추어져 있다'라고 합니다. 마음이 깨끗하고 솔직한 사람은 앉는 자세도 자연스럽고 바릅니다. 앉는 모습에 따라 마음의 맑고, 탁함을 알 수 있습니다. 이것으로 자기의 사회적 위치가 결정되고 정신력을 엿볼 수 있습니다.

- 넉넉한 신체로 방바닥에서 나온 듯이 안정감 있게 앉는 사람은 마음이 넉넉하고, 처지에 맞는 복도 받습니다. 또 이런 사람은 다른 사람으로부터 선망의 대상이 됩니다. 이런 모습은 '생명을 지탱할 수 있는 생명의 땅인 생지(生地)에 진지를 구

축하고 있다'라고 합니다.

- 신체가 불안정해서 차분하지 않으며 그 모습 그대로 방바닥에 앉는 사람은 마음도 차분하지 못한 것으로 집안 문제로 고생이 끊이지 않습니다. 이런 모습은 '생명을 지탱하지 못하는 죽을 땅인 사지(死地)에 진지를 구축하고 있다'라고 합니다.

- 신체가 불안정하고 사지(死地)에 진지를 구축하고 있어도 마음이 정직하고 바른 행동을 하는 사람은 복을 받습니다.

- 신체가 안정되어 있으며 '생지(生地)에 진지를 구축'하고 있어도 마음이 차분하지 않고 자기 일을 열심히 하지 않는 사람은 '사지(死地)에 있는 진지'보다 떨어집니다. 말할 필요도 없이 대단히 나쁜 흉한 상입니다.

- 처지가 낮은 사람은 귀한 사람을 만나면 반드시 무릎을 오므립니다. 이런 모습은 '진영을 모으는 것'입니다. 앉았을 때 무릎을 모으는 사람은 자신이 귀인에게 붙어가겠다는 생각으로 윗사람을 모시는 사람입니다. 그러나 이미 예의를 배워서 알고 있는 사람일 경우에는 잘 살펴보고 판단해야 합니다.

- 자기보다 아랫사람을 대할 때는 아무렇지도 않게 무릎을 벌립니다. 이것은 '진영을 이미 강하게 구축하고 있다'라는 의미입니다. 앉았을 때 무릎을 벌리는 사람은 다른 사람 밑에 있지 않습니다.

- 앉는 자세가 다리를 꼬고 신체가 뜬 것처럼 하는 사람은 집

안도 마음도 안정되지 않았습니다. 이런 앉는 자세는 '진영 구축'이 준비되지 않았으며 낮은 상(相)입니다.

- 앉는 자세가 엉덩이를 딱 붙여서 차분하며 신체가 전혀 움직이지 않는 사람은 마음이 넉넉하고 집안도 안정적입니다. 또 긴 시간 바르게 앉는 자세가 고통인 사람은 마음속에 악의는 없습니다만 집안에 관한 일은 잘 알지 못합니다.

- 앉은 자세가 여유 있고 신체가 좋아 안정되어 있더라도 시들시들해 보이는 사람은 '갖추어진 진영'이 쇠약해 가고 있는 사람이기 때문에 집안도 재산도 잃어버립니다. 곧 커다란 고생을 만날 것입니다. 그리고 고독한 상(相)입니다.

자는 모습에 대하여

- 자는 모습에서는 마음의 정직함과 정신의 강약을 볼 수 있습니다.

- 잠들었을 때 웃는 모습을 보이는 사람은 마음에 악의가 없습니다. 한번은 출세를 할 수 있는 운이 있습니다.

- 잠들었을 때 슬픈듯하거나 쓸쓸한 듯이 보이는 사람은 끈기가 없으며 단명합니다.

- 잠들었을 때 그 모습에서 양기(陽氣)가 있는 사람은 현재 운이 좋고 마음이 긍정적입니다.

- 잠들었을 때 이불을 걷어내는 사람은 출세합니다. 그러나 이불 속으로 들어가는 사람은 출세하지 못합니다.

- 잠들었을 때 걱정하는 얼굴이 되는 사람은 출세할 가능성은 없으며 고생이 끊이지 않습니다.

- 쪼그리고 자는 사람은 끈기가 없고, 신체도 약한 사람입니다.

- 느긋하게 자는 사람은 신체가 건강하고 마음도 온화합니다.

- 잠들었을 때 옆으로 누워 머리를 구부리고 자는 사람은 정신력으로 지탱하기 때문에 끈기가 있습니다. 신체도 운세도 강한 사람입니다.

- 잠들었을 때 벌렁 누워 자는 사람은 정신력이 약해서 끈기가 없습니다. 간의 기운은 강합니다.

- 입을 닫고 자는 사람은 정신력이 유지되기 때문에 끈기가 있으며 처지에 맞는 운이 있습니다.

- 입을 열고 자는 사람은 정신력이 약해집니다만 그러나 이것은 정신력의 길흉에 따라 생각해야 합니다.

- 잠잘 때 자는 모습이 대단히 나쁜 사람이라도 정신력이 강할 때는 힘이 있습니다. 그리고 정신력이 약해질 때 자는 모습도 나빠지게 됩니다.

오행(五行)의 상(相)에 대하여

- 오행(五行)에 관한 것은 관상학의 옛날 고서에도 쓰여 있습니다. 그러나 번잡하고 배우기 어려워서 이 책에서는 목(木), 화(火), 토(土), 금(金), 수(水)의 형태과 의미를 오행의 다섯 가지 상(相)으로 나누어 쓰겠습니다.

- 목(木)형의 상(相)은 모습이 평온하고 허리가 반듯하며 윗부분이 넓습니다. 이것은 나무가 무성하다는 의미를 지닌 것입니다.

- 화(火)형의 상(相)은 살이 적고 뼈가 나와 보이기 때문에 시끄럽고 예민한 사람입니다. 이것은 화(火)의 성질과 통하기 때문입니다.

- 토(土)형의 상(相)은 두꺼운 뼈대로 마디가 짧고 모습은 눌린 느낌입니다. 이것은 토(土)의 성질과 통하기 때문입니다.

- 금(金)형의 상(相)은 신체가 단단하고 모습이 정돈되어 있습니다. 서서 움직일 때도 단정하고 팔팔하며 명쾌합니다. 이것은 금(金)의 성질과 통하기 때문입니다.

- 목(木)형의 상(相)은 입, 엉덩이, 배가 크며 수기(水氣)를 머금은 듯 보입니다. 이것은 나무의 성질과 통하기 때문입니다.

- 앞에서 말한 오행(五行)의 상(相)은 각각 청(靑), 적(赤), 황(黃), 백(白), 흑(黑)의 색을 사용합니다. 그러나 예를 들어 화(火)의 형태를 가진 모습이 지닌 색은 적색입니다. 그러나 심성을 어떻게 사용하는지에 따라 얼굴에 적색과 자색으로 나타나기도 합니다. 그래서 오행의 모습을 볼 때는 기색을 보지 않는 것이 좋습니다. 기색은 얕은 이치로만 드러납니다.

- 하늘과 땅 사이에는 오행(五行) 이외에 가치 있는 것은 없습니다. 따라서 하늘에는 오행이 있으며 땅에도 오행이 있습니다. 인간에게도 오행이 있습니다. 그리고 사람의 오행이 가장 귀중한 것이기 때문에 이것에 대해서 상세히 밝히고자 합니다.

- 목(木)형의 모습을 가진 사람은 모든 일이 실패나 좌절로 끝나더라도 후회하지 않습니다. 한번 실패 해도 부활합니다.

- 화(火)형의 모습을 가진 사람은 모든 일을 파괴하거나 사람에 대해서 탐욕적입니다. 또 경사스러운 일이 있어도 만족하지 못하며 기쁨을 느끼지 않습니다. 실패에 대해서는 대단히 후회합니다.

- 토(土)형의 모습을 가진 사람은 다른 사람을 키웁니다. 다른 사람을 많이 돕지만 자신은 즐겁게 살 수 없습니다.

- 금(金)형의 모습을 가진 사람은 매사 실패가 있습니다만 다른 사람을 키우기도 합니다. 마음이 넓은 사람으로 재능도 풍부합니다.

- 수(水)형의 모습을 가진 사람은 사람들에게 물건을 줍니다. 붙임성 있고 교제가 넓으며 누구와도 사귈 수 있습니다. 사람을 배신하지 않고 매사 실패해도 후회하지 않습니다.

- 이상과 같은 오행의 상(相)일지라도 하나의 상(相)이 아닌 여러 가지 오행이 섞여 있는 상(相)이 있으니 주의하십시오.

- 옛날 고서에서는 상극(相剋)은 나쁘고 상생(相生)은 좋다고 합니다. 그러나 오행(五行)의 모습은 서로 섞여 있으며 오행의 섞임이 많음과 적음에 따라서 상극을 한 후에 만들어지기도 하고, 만들어진 후에 서로 극을 하기도 합니다.

오행(五行)의 체용(體用)에 대하여

• 화(火)형의 모습이 많고 수(水)형의 모습이 조금 있을 때는 운이 강합니다.

• 토(土)형의 모습이 많고 수(水)형의 모습이 조금 있을 때는 운이 강합니다.

• 금(金)형의 모습이 많고 화(火)형의 모습이 조금 있을 때는 운이 강합니다.

• 토(土)형의 모습이 많고 목(木)형의 모습이 조금 있을 때는 운이 강합니다.

• 목(木)형의 모습이 많고 금(金)형의 모습이 조금 있을 때는 운이 나쁩니다. 금(金)은 목(木)을 극해서 금극목(金克木)하기 때문입니다.

• 금(金)형의 모습이 많고 목(木)형의 모습이 적게 있을 때는 대단히 운이 나쁩니다.

• 목(木)형의 모습이 많고 수(水)형의 모습이 조금 있을 때는 운이 나쁩니다.

• 화(火)형의 모습이 많고 목(木)형의 모습이 조금 있을 때는 운이 나쁩니다.

• 토(土)형의 모습이 많고 화(火)형의 모습이 조금 있을 때는 운이 나쁩니다.

• 수(水)형의 모습이 많고 금(金)형의 모습이 조금 있을 때는

운이 나쁩니다.

앞에서 말한 오행에 관한 상은 오행의 상생과 상극에 관한 이치를 생각해 보면 평생 운의 길흉(吉凶)과 환경에서 오는 득(得)과 실(失)을 볼 수 있습니다.

오행의 모습은 두 가지나 세 가지가 섞여 있어서 잘 생각해서 판단해야 합니다. 또한 상생은 좋고, 상극은 나쁜 것이 아닙니다. 하늘과 땅 사이에는 항상 상생과 상극이 일어나기 때문에 처음부터 잘 관찰하고 이해할 수 있도록 노력해야 합니다.

1. 목(木)은 금(金)에 의해 활동을 하고 위치를 결정한다.
1. 화(火)는 수(水)에 의해 활동을 하고 위치를 결정한다.
1. 토(土)는 목(木)에 의해 활동을 하고 위치를 결정한다.
1. 금(金)은 화(火)에 의해 활동을 하고 위치를 결정한다.
1. 수(水)는 토(土)에 의해 활동을 하고 위치를 결정한다.

이것은 상극관계입니다만, 먼저 극(克)을 한 후에 상생(相生)하고, 그 후에 각각 활동합니다. 사람의 경우도 이와 같아서 좋은 일이 있으면 나쁜 일도 있고, 나쁜 일이 있으면 좋은 일도 있음을 깨달아야 합니다. 또한 음덕을 쌓는다면 자연히 나쁜 일은 생기지 않습니다. 오랜 기간 나쁜 일만 지속해서 일어날 때는 자기 자신에게 질문해 보는 것이 마땅합니다.

미나미오켄의 질문

「 "왜 토(土)형의 모습이 많고 수(水)형의 모습이 적게 있을 때는 길상이라고 합니까?"

거사께서 말씀하시기를

"토(土)가 많이 있어도 수기(水氣)가 없으면 만물은 생길 수 없습니다. 흙 속에는 물기가 적게라도 섞여야 초목이 생존하기 쉬워집니다. 이것은 수기(水氣)가 활동해야 토(土)의 체(體)를 양육하고, 토(土)의 체(體)를 배양할 수 있기 때문입니다."」

- 수(水)형의 모습이 많고 토(土)형의 모습이 적게 있을 때는 흙이 물을 탁하게 만들기 때문에 수(水)의 체(體)를 극하는 토(土)로 인해 제대로 활동을 하지 못합니다. 그 때문에 나쁜 상(相)입니다.

스키모토시로베의 질문

「"왜 화(火)형의 모습이 많고 수(水)형의 모습이 적을 때를 길상이라고 합니까?"

거사께서 말씀하시기를

"화(火)는 수(水)의 기를 포함하고 있습니다. 수기(水氣)가 없는 것은 석탄에 핀 불꽃처럼 불꽃이 활활 타지 않습니다. 화(火)에는 수(水)의 기(氣)가 있고 불꽃의 형태를 유지하기 위해 수(水)가 역할을 합니다. 그래서 길상이라고 합니다. 화(火)가 왕성할 때 수(水)가 조금이라도 더해지면 화(火)는 강해집니다.

그러나 수(水)가 많을 때와 수(水)의 상(相)에 화(火)의 상(相)이 조금 섞여 있을 때는 수(水)가 많아서 적은 화(火)를 극해서 없어져 버립니다. 결국 수(水)의 작용은 사라지며 조금 있는 화(火)마저 꺼버립니다. 그래서 나쁜 상(相)이라 합니다."」

야지마타다야스의 질문

「 "금(金)의 모습이 많고 화(火)형의 모습이 조금 있을 때는 어떻습니까?"

거사께서 말씀하시기를

"금(金)은 화(火)의 따뜻함으로 수(水)를 만듭니다. 화(火)로 인해 금(金)이 작용하여 수(水)를 만들기 때문에 좋다고 합니다. 또 화(火)의 모습이 많고 금(金)의 모습이 적을 때는 화(火)가 많아서 조금씩 금(金)을 극해서 사라집니다. 결국 화(火)의 작용으로 조금 섞여 있는 금(金)은 없어져 버리기 때문에 좋지 않은 상입니다."」

스키모토키타야마의 질문

「 "왜 토(土)의 모습이 많고 목(木)의 모습이 적은 상(相)은 길상이라고 합니까?"

거사께서 말씀하시기를

"나무인 목(木)은 토(土)가 있어야 번성합니다. 또 나무가 번성하는 시기에는 흙의 기운을 빼앗아버립니다. 그러나 나무는 물을 끌어들이고 흙을 윤택하게 하는 힘이 큽니다. 이처럼 토(土)가 작용을 하면 목(木)의 체(體)는 자연스럽게 충실한 나무로 성장할 수 있기 때문에 좋은 길상이라 합니다. 그리고 목(木)의 모습은 많은데 토(土)의 모습이 적게 있는 상(相)은 목(木)인 나무를 키우기 위한 토(土)의 기운이 적습니다. 그래서 목(木)은 제대로 성장하지 못하고 자연스럽게 쇠락해 버립니다. 결국 토(土)의 작용이 사라지고 목(木)의 체(體)를 끊어 버리기 때문에 나쁜 상이라고 합니다."」

토요타히가야마의 질문

「 "어째서 화(火)의 모습이 많고 목(木)의 모습이 조금 있을 때는 좋지 않다는 것입니까?"

거사께서 말씀하시기를

"화(火)는 목(木)이 있어야 체(體)를 만듭니다. 목(木)이 적으면 화(火)는 자연히 꺼져버립니다. 목(木)이 작용해도 목(木)의 기운이 적어서 화(火)가 꺼져버리기 때문에 나쁘다고 합니다. 또 목(木)의 모습이 많고 화(火)의 모습이 조금 있을 때는 화(火)의 작용을 도와주는 나무가 많아서 화(火)가 왕성해집니다. 따라서 목(木)이 작용하여 화(火)를 왕성하게 해주어야 길상입니다."」

세츠하라자몬의 질문

「 "왜 토(土)의 모습이 많이 있고 화(火)의 모습이 적게 있을 때는 나쁜 상이라고 합니까?"

거사께서 말씀하시기를

"토(土)는 화(火)가 생(生)하기 때문에 화(火)가 적으면 토(土)가 충실하지 못합니다. 그리고 화(火)가 적어서 그 작용이 사라집니다. 토(土)가 충실하게 역할을 하지 못해서 나쁜 상이라 합니다. 또 화(火)의 모습이 많고 토(土)의 모습이 조금 있을 때는 화(火)가 많아서 토(土)가 충실해집니다. 이것은 화(火)가 작용하여 토(土)의 체(體)가 충실하게 이루어지기 때문에 좋은 길상입니다."」

나가이신고의 질문

「"왜 금(金)의 모습이 많고 토(土)의 모습이 조금 있을 때는 나쁜 상입니까?"

거사께서 말씀하시기를

"금(金)은 토(土)에서 생깁니다. 토(土)가 적으면 금(金)을 충실하게 생(生)하지 못합니다. 따라서 토(土)의 작용이 사라지고 금(金)이 충실하지 못하기 때문에 나쁜 상입니다. 또 토(土)의 모습이 많고 금(金)의 모습이 적을 때는 토(土)가 많아서 금(金)이 충실합니다. 따라서 토(土)가 작용하여 금(金)을 충실하게 생(生)하기 때문에 길상(吉相)입니다."」

마츠시타슈진의 질문

「"왜 수(水)의 모습이 많고 금(金)의 모습이 적을 때는 나쁜 상이라고 합니까?"

거사께서 말씀하시기를

"수(水)는 금(金)이 생(生)을 합니다. 금(金)이 적으면 수(水)를 만들 수 없습니다. 따라서 금(金)의 작용은 사라지고, 수(水)의 체(體)가 충실할 수 없어서 나쁜 상(相)이라고 합니다. 또 금(金)의 모습이 많고 수(水)의 모습이 적을 때는 금(金)이 많아서 수(水)를 만들기 쉽습니다. 이것은 금(金)이 작용하여 수(水)를 충실하게 만들기 때문에 길상(吉相)입니다."」

진세이니로의 질문

「"왜 목(木)의 모습이 많고 수(水)의 모습이 적을 때는 좋은 상이 아니라고 합니까?"

거사께서 말씀하시기를

"목(木)은 수(水)가 생(生)을 합니다. 수(水)가 적으면 목(木)이 번성할 수 없습니다. 따라서 수(水)가 작용하지 않으면 목(木)의 체(體)를 충실하게 만들 수 없기 때문에 나쁜 상이라 합니다. 또 수(水)의 모습이 많고 목(木)의 모습이 적을 때는 목(木)을 도와 주는 수(水)가 많은 것으로 목(木)은 자연스럽게 번성합니다. 따라서 수(水)가 작용하여 목(木)의 체(體)를 충실하게 만들기 때문에 길상(吉相)입니다."」

다카하시리츠뉴의 질문

「"왜 목(木)의 모습이 많고 금(金)의 모습이 적은 상(相)을 나쁜 상이라고 합니까?"

거사께서 말씀하시기를

"목(木)의 모습은 많고 금(金)의 모습이 적게 있을 때는 금(金)이 목(木)을 극을 하게 됩니다. 그것은 적은 금(金)이 큰 나무를 넘어뜨리는 것과 같습니다. 금(金)의 작용은 목(木)의 본체를 절멸시키는 것으로 '금극목(金克木)'이라 해서 대단히 나쁜 상입니다. 그러나 목(木)을 극을 한 후에는 상생을 합니다. 또한 금(金)의 모습이 많고 목(木)의 모습이 적게 섞여 있을 때는 금(金)이 섞여 있는   나무를 넘어뜨려 버립니다. 이것은 금(金)이 작용하여 나무를 절멸시키는 것이기 때문에 나쁜 상이라고 합니다. 역시 금(金)의 기운을 많이 품은 산은 초목도 자라지 못해서 큰 나무도 없습니다. '금극목(金克木)'이라 대단히 나쁜 상입니다."」

고니시큐헤의 질문

「"왜 목(木)의 모습이 반, 수(水)의 모습이 반으로 똑같이 있을 때는 '부모와 자식의 상생(相生)'이 되어 대단히 좋은 길상이 됩니까?"

거사께서 말씀하시기를

"그와 같을 때는 수(水)는 부모가 되어 목(木)을 만듭니다. 이것은 부모와 자식의 상생(相生)이 됩니다. 수(水)가 작용을 해서 목(木)을 충실하게 만들기 때문에 부모와 자식의 상생은 대단히 좋은 길상입니다." 」

다카하시도이치의 질문

「 "왜 화(火)의 모습이 반이고 토(土)의 모습이 반으로 똑같이 있을 때는 부모와 자식의 상생으로 대단히 좋은 길상이라고 합니까?"

거사께서 말씀하시기를

"화(火)는 부모이고 토(土)를 생(生)합니다. 이것은 부모와 자식 간의 상생이라고 합니다. 화(火)가 작용을 해서 토(土)를 충실하게 생을 하기 때문에 대단히 좋은 길상(吉相)입니다." 」

이토미치우에몬의 질문

「 "토(土)의 모습이 반이고 금(金)의 모습이 반씩 있을 때는 어떻습니까?"

거사께서 말씀하시기를

"토(土)는 부모로서 금(金)을 만듭니다. 이것은 부모와 자식의 상생이며, 토(土)가 작용을 하여 금(金)을 충실하게 만들기 때문에 길상이라 합니다." 」

마츠시타신페의 질문

「"왜 금(金)의 모습이 반이고 수(水)의 모습이 반씩 똑같이 있을 때는 부모와 자식의 상생이라 해서 길상이 됩니까?"

거사께서 말씀하시기를

"금(金)은 부모이고 수(水)를 생(生)합니다. 이것은 부모와 자식의 상생이고 금(金)이 작용해서 수(水)를 충실하게 만들기 때문에 길상이라 합니다."」

고바야시긴구라의 질문

「"화(火)의 모습이 반, 목(木)의 모습이 반이 있을 때는 어떻습니까?"

거사께서 말씀하시기를

"목(木)은 부모이고 화(火)를 생(生)합니다. 이것은 부모와 자식의 상생(相生)입니다. 목(木)이 작용해서 화(火)를 충실하게 만들기 때문에 길상입니다. 또 서로 극을 할 경우에도 이것들과 마찬가지로 같은 이치로 움직입니다. 예를 들어 금(金)의 모습과 화(火)의 모습이 반씩 똑같이 있을 때 이것은 서로 '상극(相克)'을 하기 때문에 대단히 나쁘게 봅니다. 이것은 화(火)가 작용하지 않아서 금(金)이 약해지기 때문에 대단히 나쁜 것입니다. 오행(五行)에서 상생상극은 다른 책에서 설명하고 있는 것과는 차이가 있습니다. 나만의 독창적인 생각을 기초로 한 것입니다."」

- 오행의 모습이 섞여 있지 않고 순수한 오행의 상이 갖추어진 사람은 '대길상(大吉相)'입니다. 예를 들어 전체가 목의 모습을 지닌 상(相)일 때는 '진짜 상생(相生)'이라 하며 대길상입

니다. 왜냐하면 체(體) 전체가 목(木)형의 상이라면 그 목(木)은 화(火)를 생(生)해서 '목생화(木生火)'가 되어 상생하기 때문입니다. 이것이 진정한 상생이며 대단히 좋은 길상입니다.

- 전체가 화(火)의 모습일 때는 진짜 상생이라 하고 대단히 좋은 길상입니다. 이것은 화(火)가 토(土)를 생(生)하는 '화생토(火生土)'가 되기 때문입니다.

- 전체가 토(土)의 모습일 때는 진짜 상생이라 하고 대단히 좋은 길상입니다. 그것은 토(土)가 금(金)을 생(生)하며 '토생금(土生金)'이 되기 때문입니다.

- 전체가 금(金)의 모습일 때는 진짜 상생이라 대단히 좋은 길상입니다. 그것은 토(土)에서 금(金)을 만들기 때문에 '화생토(火生土)'가 되기 때문입니다.

- 전체가 수(水)의 모습일 때는 상생이라 대단히 좋은 길상입니다. 그것은 수(水)에서 목(木)을 만들기 때문에 '수생목(水生木)'이 되기 때문입니다.

나카신이류나리의 질문

「 "사고, 화재, 재난, 사고 또는 좋은 일이 생기는 것은 골격을 통해서 볼 수 있습니까?"
거사께서 말씀하시기를
"그것은 혈색으로 보는 것입니다." 」

「 "저는 아직 공부가 미숙한 사람이라 혈색은 보지 못합니다. 어떻게 하면 혈색을 볼 수 있을까요?"

거사께서 말씀하시기를

"혈색이 보이지 않을 때는 마음가짐이나 움직임을 보고 관찰합니다. 예를 들면 사고가 가까운 시일 내에 일어날 것 같을 때는 그 사람은 그 사람의 모습에서 심하게 놀라거나 이유 없이 원망하는 듯한 의외의 모습이 관상가의 머릿속에 떠오릅니다. 이런 사람은 반드시 사고를 당할 것입니다. 잘 관찰하고 생각해서 관상의 이치에 도달해 주십시오." 」

· 재난을 만나는 상(相)은 사람을 만났을 때 그 사람의 시선이 안정적이지 않습니다. 또 관상가의 마음에 하늘이 갑자기 어두워지고 사건이 일어나는 듯한 모습이 눈에 떠오릅니다. 이와 같은 사람은 반드시 재난을 만납니다. 자세한 것은 나중에 관상가가 계속해서 관찰해 가면서 관상의 이치에 도달해야 합니다.

· 화재를 당할 상(相)은 어떤 사람을 만났을 때 차분하지 않고 시선도 안정적이지 않습니다. 앉았을 때의 모습도 심하게 움직거리고 마음도 놀란 듯이 초조하게 행동을 합니다. 이 같은 행동을 하는 사람은 반드시 화재를 당합니다.

· 좋은 일이 있을 상(相)을 가진 사람을 만났을 때 관상가의 마음이 상쾌해지고 뭔가 모르게 화사해집니다. 사람의 얼굴을 본다고 해서 확실하게 보이는 것은 아닙니다만, 단지 관상가의 마음에 좋은 일이 생길 거 같은 느낌이 듭니다. 이런 사람에게는 가까운 시일 안에 좋은 일이 생깁니다.

팔상(八相)에 대하여

- 나쁜 상(惡相)은 대면했을 때 관상가의 마음에는 뭔가 모르게 예리한 것이 떠오릅니다. 어딘지 모르게 난폭하게 느껴집니다. 그래서 관상가는 멸시를 당하는듯한 느낌이 듭니다. 이런 사람을 악상(惡相)이라 합니다.

- 귀인의 상(相)은 대면했을 때 관상가의 마음이 마치 귀한 신사나 불당에 들어설 때와 같은 기분이 듭니다. 이 같은 사람을 귀상(貴相)이라 합니다.

- 위엄이 있는 상(威相)은 대면했을 때 관상가의 마음은 평범한 서민이 마치 높은 지위의 장관이나 대통령 앞에 서 있을 때와 같은 위엄을 느끼는 기분이 듭니다. 이런 모습을 말합니다.

- 빈상(貧相)은 대면했을 때 관상가의 마음이 뭔지 모르게 쓸쓸하고 그늘에 숨어서 늦게 핀 꽃이 그곳에서 시들고 있는 듯한 모습이 떠오릅니다. 이 같은 사람은 빈상입니다.

- 복상(福相)은 대면했을 때 관상가의 마음에 사람의 모습이 따뜻하고 좋은 계절에 산과 들에서 즐거워하는 듯한 모습이 떠오릅니다. 또 고생하지 않은 모습에서 관상가도 풍성한 기분이 듭니다. 이런 사람을 복상(福相)이라 합니다.

- 단명(短命)할 상은 대면했을 때 관상가의 마음은 그 사람의

---

* 팔상 (八相) : 사람 얼굴 생김새의 여덟 가지 모양.《위(威)·후(厚)·청(淸)·고(古)·고(孤)·박(薄)·자(慈)·속(俗)》.

모습이 마치 메마른 꽃처럼 생각이 들고 기세가 있어도 등불에 기름이 없어 불이 꺼질 거 같은 느낌이 떠오릅니다. 이런 사람을 단명(短命)이라 합니다.

• 고독한 상은 대면했을 때 관상가의 마음은 사람의 모습이 쓸 쓸한 듯 보이고 마치 닭이 비에 젖은 모습이 떠오릅니다. 또 관상가도 어쩐지 의지할 곳 없는 노후를 걱정해야 할 것 같은 기분이 듭니다. 이와 같은 사람을 고독한 상이라 합니다.

• 장수할 상은 대면했을 때 관상가의 마음은 풍성하며 따뜻해 집니다. 또 그런 사람의 신체는 건강하고 어떤 일에도 주눅 들지 않을 것 같이 느껴집니다.

• 팔상(八相)은 관상가들에 따라 다르게 생각합니다. 역시 팔상(八相)이란 것 중에 '진짜 팔상'은 적습니다. 이 팔상(八相) 중 어느 것인가에 해당한다 해도 섞여 있는 경우가 많아서 잘 보고 판단해야 합니다. 또 관상가가 갖추어야 할 덕(德)의 유무에 따라서 귀한 사람인데 천한 사람으로 보기도 하고, 천한 사람인데 귀한 사람으로 보고 말하는 경우도 있습니다. 그래서 관상가는 먼저 자기 자신을 알아야 합니다. 그런 이후에 다른 사람을 보는 것이 중요합니다.

지역에 따른 풍습과 습관에 대하여

• 살고 있는 지역의 환경을 둘러보아야 하는 것은 관상가에게 있어서 당연한 일입니다. 예를 들어 지역에 있는 나무, 풀, 금속, 돌은 땅의 질에 따라 달라지는 것처럼 사람도 달라집니

다. 어떤 지역에서든지 토지의 질을 알고 난 후에 거기에 사는 사람의 상을 보는 것은 관상가에게 있어서 대단히 중요합니다. 여기서는 대충 서술합니다만, 자세한 것에 관한 것은 스스로 생각해 주십시오.

- 큰 지역은 환경과 풍습이 자연히 풍부하고 다양합니다. 이런 곳에 사는 사람은 신체도 크고 윤택합니다. 물론 정력이 강하고 약한 것은 다소 차이가 있습니다.

- 큰 지역은 그곳에 맞게 기풍도 넉넉합니다만, 큰 지역은 풍성해서 오히려 세상 물정은 어두울 수 있습니다. 이와 마찬가지로 신체가 큰 사람은 재능과 지혜가 부족하고 세상일이나 물정에는 어둡습니다. 그렇지만 신체가 큰데도 재능이 있다면 그 사람은 지(智), 인(仁), 용(勇) 3가지의 덕을 갖춘 사람이라고 할 수 있습니다.

- 작은 지역은 좁아서 신체가 작고 풍습도 풍부하지 않습니다. 그러나 세상일에는 뛰어납니다. 신체가 작은 사람은 재능과 지혜를 부여받습니다.

- 도시에서 생활하는 사람은 교제가 많고 세상일을 잘 알고 있습니다. 또 도시에 살지 않아도 교제가 많은 사람은 재능도 풍부해집니다.

- 남쪽 지방은 풍습이 다양합니다만, 북쪽 지방은 풍습이 음지에 숨어서 어둡습니다. 또 남쪽 지방에 사는 사람은 이마가 반짝반짝 빛나는 모습을 지니고 있지만, 북쪽 지방에 사는 사람은 얼굴 밑이 어두운 듯합니다.

- 수기(水氣)가 많은 곳에서 생활하는 사람은 얼굴 밑이 어두운 듯합니다. 남쪽 지방에서 생활하는 사람이라도 수기(水氣)로 인한 병(간장에 관련된 병)이 있는 사람 또한 얼굴 밑부분이 어두운 듯합니다. 역시 북쪽 지방의 높은 산에서 사는 사람의 얼굴 밑부분도 어두워집니다.

- 태양이 잘 비치고 빛나는 곳에서 생활하는 사람은 얼굴 모습도 행동도 양기(陽氣)가 있습니다.

- 북쪽에서 생활하는 사람은 얼굴 모습과 행동에 음기(陰氣)가 있습니다.

- 넓은 들판 사이에서 생활하는 사람은 얼굴 모습과 행동에 음기(陰氣)가 있습니다.

- 물이 동쪽에서 서쪽으로 흐를 때는 순조롭습니다. 그래서 이런 천변이나 강가에서 생활하는 사람의 마음은 솔직합니다. 도시는 이것과 잘 맞지 않습니다.

- 물이 서쪽에서 동쪽으로 흐를 때는 순조롭지 않습니다. 해가 가는 길과 반대로 흐르기 때문입니다. 서(西)는 오행에서 금(金)의 기운이기 때문에 금의 기운이 가득한 물이 동쪽의 목(木)을 극(克)하는 형상입니다. 이런 천변이나 강변에서 생활하는 사람의 기풍은 솔직하지 않고 마음도 예민하며 살벌한 기운을 지니고 있습니다.

- 먼 시골이나 무인도에서 생활하는 사람은 뭐라 말하기 어려운 확실하지 않은 모습을 하고 있습니다. 또 천변이 평지보다 놓은 지역이나 장소에서 생활하는 사람도 마찬가지입니다.

- 나라의 수도인 동경(東京)은 토지가 넓고 다양한 군주들이 모여있는 곳입니다. 그래서 이런 군주들의 기풍에 따라 느긋하고 대범한 기운이 있습니다.

- 교토는 왕이 거주하는 성이 있는 땅이기에 귀중한 곳입니다. 그곳에서 생활하는 사람들의 기풍은 부드럽고 신중하며 사려 깊습니다. 또한 산이 사방으로 감싸고 있는 분지여서 더욱 엄숙하게 보입니다. 또한 이곳은 '네 명이 신(神)이 서로 대응하는 모습'을 한 땅의 형세이기 때문에 도시의 모습이 잘 어울립니다.

- 오사카는 많은 강줄기가 있습니다. 물은 멈추지 않고 흘러가기 때문에 이 물줄기에 어울리는 지역의 기풍은 깨끗하고 마음도 넓습니다. 또 물은 차별하지 않고 평등하게 움직이기 때문에 사람과 교제도 많고 서로 친해지기 쉬운 곳입니다.

- 동쪽 지방은 혀가 위에 붙은 것 같은 말투를 합니다.

- 서쪽 지방은 혀가 아래 붙은 것 같은 말투를 합니다.

- 북쪽 지방은 말속에 음기(陰氣)가 숨어있어서 친해지기 어려운 말투를 사용합니다.

- 남쪽 지방은 밝고 격한 말투를 사용합니다.

- 야마토(大和), 야마지로(山城), 이즈미(和泉), 가와우치(河內) 등과 같은 지방은 일반적으로 정직합니다만, 토지 모습에 따라 다소 차이가 있습니다.

- 한 지방을 다스리는 군주의 마음이 차분하지 않을 때는 그

나라도 번성하지 못합니다. 또 영토를 다스리는 군주의 마음이 위엄이 없을 때도 그 땅은 음지의 땅으로 변해서 번창할 수 없습니다. 이것을 '죽은 땅 즉 사지(死地)'라고 합니다.

- 나라를 다스리는 임금이 지닌 오정(五情)(기쁨, 분노, 슬픔, 즐거움, 원한)의 덕이 바르고 국민을 소중히 여길 때는 그 나라가 양기(陽氣)로 가득 찬 땅으로 변해서 번성합니다. 이런 땅을 '살아있는 땅 즉 생지(生地)'라고 합니다. 그리고 아무리 좋은 길상을 지닌 사람일지라도 '사지(死地)'에 살면 땅의 기운을 받아서 번창할 수 없습니다. 사람들은 자신이 사는 땅에 대해 생각해 보고 생활하는 것이 좋습니다.

- 비록 사지(死地)에서 생활하고 있어도 마음을 바르게 하고 자기 일을 열심히 하는 사람은 반드시 번창합니다.

- 비록 생지(生地)에서 생활하고 있어도 마음이 차분하지 않으며 자기 일을 게으르게 하는 사람은 반드시 집안이 몰락해 갑니다.

- 사람이 사는 집도 똑같아서 생지(生地)의 땅을 찾아서 생활해야 합니다. 사람의 상(相)과 집의 상(相)이 좋아도 집주인의 마음이 차분하지 않고 일도 게으르게 할 때는 반드시 몰락해 갑니다.

- 사지(死地)에 집을 짓고 생활하고 사람의 상(相)과 집의 상(相)이 나쁘더라도 그 집에 사는 주인의 마음이 차분하고 매일 일을 소중히 여기면서 열심히 일하는 사람은 크게 발전해 갑니다. 결국 좋은 상(相)이란 것은 자기 자신 안에 있습니다. 자기가 자신에 대해 모른다면 상(相)을 말할 필요가 없는 것

입니다.

- 수기(水氣)가 적은 산은 초목도 잘 자랄 수 없습니다. 수기(水氣)가 적은 산이 어느 사이엔가 물기운을 띠고 초목이 번성할 때는 반드시 2, 3년 안에 산에 이변이 생깁니다. 바로 그 땅에서 멀리 떨어지는 것이 좋습니다.

- 또한 아주 무성했던 산에 수기(水氣)가 감돌 때는 그 산에 있는 초목이 더욱 푸르게 번성해집니다. 이것은 산이 물기를 띠고 있는 것처럼 보이기도 하지만 이런 산의 기세는 정작 꽃에는 물이 없는 것 같은 형상입니다. 이런 산의 형세는 가을 태양이 서산으로 지고 있는 모습입니다.

상(相)의 본의에 관한 주해

상법에는 마의(麻衣)상법, 진박(陳搏)상법, 유장(柳莊)상법이 있습니다. 그 외에 옛날 사람들이 쓴 관상에 관한 책에도 상법이 있습니다. 이런 것들이 상법의 요점이 되어 있습니다. 또 천(天)의 무의상(無意相)이라는 상법도 있습니다. 지금 이곳에서 유행하는 천(天)의 무의상(無意相) 상법은 전부 제가 만든 상법이 아닙니다. 이 천(天)의 상법을 '무상(無相)의 상법'이라고 합니다.

모름지기 '상(相)'이라는 것은 '의신군신(意臣君神)'이라고 합니다. 이것은 사람의 마음을 신하로 생각하고, 신(神)의 마음을 임금으로 생각하여야만 볼 수 있습니다. 그러나 배운 사람 중에 대부분은 신하를 임금으로 여기고 상(相)을 보기 때문에 상을 보고도 판단에 착오가 있어 틀리게 보는 일이 많습니다. 이렇게 되면 권선징악(勸善懲惡)의 도리와 맞을 리 없습니다. 또한 학자 중에 대부분은 비술(祕術)이나 비전(祕傳)을 들고나와 말합니다. 그러나 이것은 비밀로 할 만큼의 술책이라고 하기에는 충분치 않습니다. 이 세상의 모든 일은 비밀스러운 것일수록 밖으로 드러나는 법입니다. 더욱이 관상은 인(仁)의 통로인데 비밀로 할 필요가 있겠습니까?

관상(觀相)의 비법은 있는 것도 아니고 없는 것도 아닙니다. 위대한 것도 아니고 위대하지 않은 것도 아닙니다. 그 비법은 하늘에도 없으며 땅에도 없습니다. 자기 자신에게도 없으며 다른 사람에게도 없습니다. 천지사방 어디에도 없습니다.

어느 곳에서도 존재하지 않는 영적 기운으로 둘러싸여 있는 귀한 노인이 한 분 있습니다. 이 노인은 코도, 눈도, 그림자도, 형체도 없습니다. 이 노인의 이름은 '무의상(無意相)'이라고 합니다. 이 노인이 상법의 스승입니다. 상법에 관한 모든 것을 안다고 해도 좋습니다. 이 스승을 찾아가서 아무것도 발견하지 못한다면 상법을 명확하게 이해할 수 없습니다. 아직도 이 스승을 얻지 못한 관상가는 상법을 모독하는 사람입니다. 이 '무의상(無意相) 스승님'을 가까이에서 뵙고 싶은 생각을 하고 있다면 특히 출가한 스님이거나 사람이라면 이 선생님이 계신 곳을 방문하시면 좋겠습니다.

도(道)의 이치를 배우기 위해 이곳을 방문할 때는 혼자서 가야 합니다. 무의상 선생님이 계신 성곽 주변에는 팔만사천 종류의 마왕들이 살고 있습니다. 그 마왕들에게는 각각의 이름이 있으며 마왕들은 관상가가 성안으로 들어가는 것을 안타깝게 여겨서 여러 가지 방법으로 방해를 합니다. 이렇게 방해를 받을 때는 자기가 가지고 있는 칼날도 없고, 형태도 없는 예리한 검으로 이것들을 잘라 버려야 합니다. 그리고 선생님이 계신 성곽 안으로 들어가서 상법에 관한 비법을 물으시면 됩니다.

이렇게 한 후에 비로소 다른 사람의 상(相)을 상(相)으로써 훌륭하고 명확하게 볼 수 있습니다. 마치 삼베 안(마의 선사를 의미함)에서 화살을 쏘듯이 볼 수 있게 될 것입니다.

제

4

권

이마에 대하여

- 이마는 귀인이며 윗사람을 담당합니다. 운의 길흉을 볼 수 있습니다.

- 이마가 좁고 살집이 적은 사람은 윗사람과 의견이 잘 맞지 않습니다. 운이 나쁘고 고생이 끊이지 않습니다. 그러나 이마가 좁아도 살집이 두터운 사람은 처지에 맞는 행운이 옵니다.

- 이마가 넓고 살집이 넉넉한 사람은 윗사람 덕이 있으며 운세가 강합니다.

- 이마가 넓고 살집이 넉넉해도 울퉁불퉁하게 각이 있는 사람은 윗사람과 의견이 잘 맞지 않습니다.

- 깎인 듯하고 반듯하지 않은 못생긴 이마를 지닌 사람은 운이 그다지 좋은 사람은 아닙니다. 윗사람과 의견이 안 맞아서 고생이 끊이지 않습니다.

- 이마에 상처가 있거나 울퉁불퉁한 사람은 윗사람과 의견이 잘 맞지 않습니다. 군인이라면 상사와 화합이 잘되지 않아 백수가 될 수 있습니다. 시류에 따른 운도 없습니다.

- 이마가 사각인 사람은 출세가 늦고 일생에 한 번은 고생을 겪습니다. 학문이나 교양을 몸에 익힐 기회가 있습니다만, 윗사람에게 반항해서 운이 나빠지는 사람입니다.

- 좁은 이마는 동생입니다. 장남은 이마가 넓은 사람입니다.

- 이마가 좁더라고 관록(이마 중앙 부분)에 확실하게 살집이 있

는 사람은 동생이더라도 장남의 역할을 하고 한 집안의 기둥이 됩니다.

- 이마가 넓어도 살집이 작은 사람은 장남이어도 가업을 계승하지 못하고 동생의 위치가 됩니다. 아무튼 붙임성이 없어서 고생이 끊이지 않습니다.

- 이마의 피부가 두꺼운 사람은 가난한 상(相)이어도 가난하다고 말할 수 없습니다. 처지에 맞는 운이 있고 운기가 강합니다.

- 이마가 나와 있는 사람은 윗사람과 의견이 맞지 않습니다. 집안에 풍파가 생기고 고생이 끊이지 않습니다.

카이죠보의 질문

「 "왜 이마는 귀인이나 윗사람을 담당하는 것입니까?"

거사께서 말씀하시기를

"이마는 '액(額)'이라고도 말을 합니다. 액(額)은 천제(天帝) 즉 하느님의 틀을 의미합니다. 그래서 귀인이나 윗사람을 담당한다고 합니다." 」

「 "왜 이마가 넓은 사람을 장남이라고 합니까?"

거사께서 말씀하시기를

"이마는 하늘과 대응하고 있으며 본래 풍성합니다. 장남으로 태어난 사람은 부모의 혈통을 처음으로 받아 계승한 사람입니다. 그 혈통은 부모에서 위로는 선조까지 이어지고 있습니다. 그래서 장남이 태어나면 누구나 기뻐합니다. 장남으로 태어난 사람은 태어났을 때부터 부모의 마음을 기쁘게 하고 안심시켜 주기 때문에 하늘은 저절로 풍성해집니다. 당연히 이마도 이러한 이치로 넓고 풍성하게 됩니다."」

니시타카라데라챠산의 질문

「 "이마가 사각인 사람은 어째서 출세가 늦습니까?"
거사께서 말씀하시기를
"이마는 하늘과 대응합니다. 그래서 이마의 모습은 둥글고 풍성합니다. 이마가 사각인 것은 하늘의 모습과 다릅니다. 이런 사람을 '하늘을 얻지 못했다'라고 합니다. 하늘 얻지 못했기 때문에 운이 오지 않습니다. 그래서 출세가 늦어지는 것입니다. 또한 이마는 윗사람과의 관계를 나타냅니다. 넓고 둥근 이마를 지닌 사람은 '윗사람의 관을 얻었다' 또는 '하늘을 얻었다'라고 합니다. 이런 모습이 천지음양(天地陰陽)을 얼굴 위에 실은 모습입니다. 이마가 둥근 것은 하늘의 모습에 응한 것이고, 사각 모양의 이마는 땅의 모양을 얻은 것입니다. 땅의 모양인 사각 이마는 학문에 재능이 있어서 학문을 하면 출세가 빠릅니다."」

- 이마가 좁고 살집이 없는 사람은 하늘이 둥글지 않기 때문에 운이 나쁩니다. 즉 하늘의 혜택이 적어서 윗사람의 은혜가 적습니다.

- 이마가 넓고 풍성한 사람은 하늘이 둥글고 풍성한 것과 같아서 운이 저절로 들어옵니다. 이것은 하늘의 은혜를 얻은 것과 같다고 보면 됩니다.

신토테라나가바시의 질문

「 "이마에 상처가 있을 때 군인이라면 백수가 된다는 것은 어째서 그렇습니까?"

거사께서 말씀하시기를

"상처가 이마에 있는 것은 윗사람의 몸에 상처가 생긴 것과 같습니다. 그래서 군인이라면 백수가 될 수 있다는 것입니다. 또 이마가 울퉁불퉁한 것은 윗사람을 담당하는 곳이 원만하지 않은 것입니다. 결국 하늘이 풍성하지 않기 때문에 운이 들어올 수 없습니다. 윗사람의 덕도 없는 것입니다." 」

고타세츠린쿠라의 질문

「 "이마가 좁아도 관록에 살집이 있는 사람은 동생으로 태어나도 장남 역할을 하는 것은 왜 그렇습니까?"

거사께서 말씀하시기를

"자수성가한 사람은 자기만의 공덕이 아닙니다. 신체의 모든 것은 부모로부터 받은 것으로써 부모의 공덕입니다. 관록 부위에 살집이 있는 것은 부모의 관록을 몸에 담고 있는 것입니다. 그래서 동생일지라도 장남 역할을 부여받은 것입니다. 이런 사람은 부모의 관록을 유지해야 합니다." 」

「 "이마에 푸른 힘줄이 많은 사람은 고생이 끊이지 않는 것은 왜 그렇습니까?"

거사께서 말씀하시기를

"이마에는 '삼문(三紋)'이라는 세 주름이 있습니다. 이것은 '하늘에 있는 세 별로 삼성(參星)'이라고 합니다. 이마에 힘줄이 많은 사람은 이 삼성이 바르지 않은 것이기 때문에 고생이 끊이지 않습니다. 또한

*세 주름 중 위와 아래는 부모와 아랫사람입니다. 그래서 삼
문이 어지럽고 가지런하지 않은 것은 가족들이 정돈되지 않
았다는 것을 의미합니다." 」*

눈썹에 대하여

- 눈썹은 형제궁이며 털은 자신의 혈통과 이어져 있습니다. 그
  래서 털은 혈통의 싹(밖으로 드러난 눈썹)이며 '자손궁'이라
  고 합니다. 가족 간의 관계를 볼 수 있습니다.

- 눈썹이 거의 없는 사람은 '자손궁'이 없는 것과 같아서 자식
  과 인연이 아주 적습니다.

- 눈보다 눈썹이 짧은 사람은 자식과 인연이 적습니다. 비록 자
  식이 있더라도 의지처가 되지 않습니다.

- 눈썹은 얼굴 위쪽 빈 부분에 있으며 움직이면서 변합니다. 그
  래서 구름에 해당합니다. 어지러우며 정돈되지 않은 눈썹은
  하늘에 떼구름이 있는 것과 닮아있습니다. 이런 시기에는 날
  씨가 불순해서 사람들이 걱정과 근심에 빠집니다.

- 사람도 마찬가지로 눈썹이 어지럽고 가지런하지 않을 때는
  반드시 재난이 있습니다. 하늘이 흐려지고 사람 기분도 흐려
  지고 매서운 고생이 있습니다.

- 눈썹을 움직이면서 말하는 사람은 윗사람과 의견이 맞지 않
  습니다. 집안의 가업을 계승하지 못하고 몰락시킵니다.

- 눈썹 털이 둥글게 내려가 있는 사람은 마음이 근심스럽고 눈물이 많은 사람입니다. 또한 이런 사람은 어려서부터 자신이 처한 처지를 분별할 줄 압니다. 이런 눈썹을 '나한(羅漢)의 눈썹'이라고 합니다.

- 눈썹이 특별하게 적은 사람은 가족들과 인연이 적으며 다른 사람 위에 있지 못 합니다.

- 눈썹이 굵고 검은 털이 가지런하지 않은 사람은 집안을 몰락시킵니다. 또 많은 재앙을 만납니다. 한 번 정도는 파산을 경험하는 등, 큰 고생을 합니다. 또 일생 돈이 따르지 않으며 가족 간의 교제가 좋지 않습니다. 자식과의 인연도 적습니다.

- 눈썹이 두껍지는 않은데도 풍성하게 보이는 사람은 장남의 상(相)입니다. 동생이라도 집안을 이을 것이고 처지에 알맞은 운도 맞이합니다.

- 눈썹 위로 작게 세로줄이 있는 사람은 자식과의 인연이 적고 가족이나 윗사람의 일로 고생이 있습니다.

- 눈썹 털이 위아래에서 서로 감싸듯이 난 사람은 단명입니다. 또 자학적이고 마음이 초조합니다.

- 풍성한 눈썹꼬리로 사물을 보존하는 듯한 모양으로 아래로 내려간 사람은 장수합니다. 장수하는 노인의 눈썹을 보면 좋겠습니다. 젊은 사람을 볼 때도 이것을 적용해서 보기 바랍니다.

- 눈썹 앞쪽에 있는 털이 가지런하지 않고 서

있는 사람은 집안이 어지럽고 마음도 차분하지 않습니다.

- 눈과 눈 사이에 눈썹 털이 나와 있는 사람은 처 와 인연이 적고 부부 사이가 나쁩니다. 성격이 급하고 출세할 가망이 없습니다.

- 보통 때는 가느다랗던 눈썹이 때때로 두꺼워집니다. 이럴 때는 그 시기부터 운이 조금씩 좋아진다는 의미입니다.

- 눈썹꼬리에 '복당궁(눈썹꼬리 조금 윗부분)'의 끝부분에 갓 나온 솜털이 8가닥이나 9가닥 정도가 위로 솟아 있을 때는 기(氣)를 사용하고 있는 것입니다. 이 털이 차분하게 될 때는 매사가 순조롭지 않으며 기세도 약해집니다.

- 상처가 없는 눈썹인데도 불구하고 털이 나누어진 것처럼 보일 때는 가족 간에 충돌하기 쉽겠습니다. 그리고 가족 중 누군가와 이별할 때는 눈썹이 도중에 끊어지듯 나누어집니다.

- 눈썹은 풍성하고 눈보다도 길어야 좋습니다.

- 눈썹 모양은 두껍고 풍성한 것이 좋고 가는 것은 좋지 않습니다.

- 너무 눈썹이 검은 것은 좋지 않습니다. 집안이 쇠퇴합니다.

- 특별히 두꺼운 눈썹은 좋지 않습니다. 집안이 쇠퇴합니다.

나카무라페산로의 질문

「 "눈썹 위에 걸쳐서 작은 세로줄이 있는 사람은 왜 자식과 인연이 적은 것입니까?"

거사께서 말씀하시기를

"눈썹은 자손의 궁입니다. 눈썹에 주름이 관통하고 있는 것은 주름이 자손궁을 자르고 있는 것이기 때문에 자식과 인연이 적다고 합니다." 」

「 "눈썹이 풍성하고 위에서 사물을 보호하고 있는 것처럼 아래로 쳐진 사람은 왜 장수한다고 말씀하십니까?"

거사께서 말씀하시기를

"눈썹은 '보수관(保壽官)'이라고 합니다만 원래 명칭은 아닙니다. 풍성한 눈썹이란 것은 위에서 사물을 지탱하면서 내려가는 것으로 하늘에서 명을 받은 것과 같습니다. 이것을 '보수관(保壽官)이 되다'라고 말하며 장수의 상(相)이라 합니다. 또 눈썹의 털이 위에서 아래로 서로 깍아 내리는 것과 같은 모습은 보수관을 깍아내리며 비난하는 것으로써 보수관이 역할을 하지 못해서 단명(短命)의 상이라 합니다." 」

기타우라시게헤의 질문

「 "눈과 눈 사이에 눈썹 털이 난 사람은 왜 부부 사이가 나쁜 것입니까?"

거사께서 말씀하시기를

"눈의 좌우는 음(陰)과 양(陽)입니다. 눈과 눈 사이에 눈썹 털이 나 있다는 것은 음(陰)과 양(陽) 사이에 틈이 생긴 것입니다. 그래서 부부관계가 잘 안되고 자식과의 인연도 적습니다." 」

미즈무라이베에의 질문

「 "눈썹을 움직이며 이야기하는 사람은 어째서 윗사람과 의견이 맞지 않습니까?"

거사께서 말씀하시기를

"이마는 윗사람을 상징하는 관입니다. 눈썹이 움직이면 이마도 동시에 움직입니다. 이것은 자신의 의지로 윗사람을 움직이려는 사람입니다. 그래서 윗사람의 의향을 따르지 않고 충돌합니다."」

「"나한(羅漢)의 눈썹처럼 눈썹꼬리가 내려간 사람은 일찍부터 분별을 한다는 것은 어째서 그렇습니까?"

거사께서 말씀하시기를

"나한(羅漢)눈썹이 아닌 사람은 비록 출가(出家)할 상이라고 말해도 출가할 수 없습니다. 나한 눈썹이라는 것은 불교와 인연이 있는 눈썹의 형태입니다. 불교의 본래 모습은 부드러움을 아는 사람입니다. 이런 눈썹을 가진 사람은 어려서부터 자신의 처지를 분별할 수 있습니다."」

혼다가치다오의 질문

「"눈썹꼬리 부분인 복당의 끝부분에 갓 나온 듯한 털이 여덟 개나 아홉 개가 위로 세워져 있는 사람은 마음을 다해 애를 쓰고 있다는 말씀은 무슨 뜻입니까?"

거사께서 말씀하시기를

"눈썹은 많은 '기(氣)'의 집합소입니다. 그래서 마음에 화가 들어 있을 때는 분노의 눈썹이 됩니다. 마음에 기쁨이 있을 때는 풍성하고 아름다운 눈썹이 됩니다. 기회를 얻으려고 마음이 애를 쓸 때도 그 기분이 그대로 복당으로 털이 되어 올라오는 것입니다. 이런 모습은 신(神)의 마음이 아니라 사람의 마음에 따라서 움직이는 것임을 잊어서는 안 됩니다."」

가속(家續)에 대하여(눈과 눈썹 사이)

- 가속은 집안의 가족들이 혼란한지 아닌지를 볼 수 있습니다.

- 가속이 깊게 움푹 들어간 사람은 집안을 몰락시킵니다. 간의 기운이 적어서 마음이 초조합니다.

- 중년에 가속에 메마른 것처럼 가는 주름이 많이 있는 사람은 집안일로 고생이 끊이지 않고 집안에 어려움이 생깁니다. 농민은 밭에서 나는 수입에 문제가 생기며 돈과 인연이 없습니다.

- 가속에 사마귀나 점 또는 상처가 있는 사람은 집안에 소요가 일어납니다. 가업을 계승하지 못하고 혹시 계승하더라도 재산을 잃어버립니다. 또 처와의 인연이 바뀝니다.

- 가속이 좁은 사람은 태어났을 당시 부모가 가난했거나 집안이 기울어질 때 태어난 것을 암시합니다.

- 가난한 집에서 태어난 사람은 가속이 좁은 것이 보통입니다.

- 가난한 집에 태어났더라도 가속이 넓은 사람은 승려나 종교와 관련된 업종에 종사합니다. 말하자면 출가할 상(象)으로 부모의 뒤를 잇지는 않습니다. 또 출세는 하지 않더라도 일생육체노동은 하지 않고 생활합니다. 여자 문제가 많아서 관직에 있는 사람은 깊이 생각하시기 바랍니다. 여성의 경우에는 가마를 타고 가듯이 운이 아주 좋아지기도 합니다.

- 부유한 집안에서 태어났어도 가속이 좁은 사람은 부모의 뒤를 계승하지 못하고 집안을 몰락시킵니다.

- 좁은 가속에 눈썹 털이 눈을 덮고 있는 사람은 마음이 초조하고 항상 기분이 막혀있습니다. 끈기도 없으며 위험을 많이 만납니다.

- 눈을 위로 치켜뜨고 있는 것처럼 보이는 사람은 불효자이며 일생 한번은 심한 고통이 있습니다.

- 넉넉한 가속을 가진 사람은 마음도 넓고 처지에 알맞은 운이 찾아옵니다.

사키마고헤의 질문

「 "가속(家續)이 깊게 들어간 사람은 집안이 정리되지 않고 몰락시킨다는 것은 왜 그렇습니까?"

거사께서 말씀하시기를

"가속(家續)의 속(續)자는 '이어진다'라는 글자로 집안 상속에 관한 것을 보는 관입니다. 그래서 살집이 있고 풍성한 것을 '가속의 관이 이루어진다'라고 합니다. 살집이 움푹 들어갔을 때는 가속(家續)의 관이 부족한 것으로 집을 몰락시킬 수 있습니다. 또 이럴 때는 집안에서 상속 문제에 대해 충분히 의논하지 않고, 집안에서는 위아래가 구분되지 않습니다. 가속(家續)에 사마귀, 점, 상처가 있을 때는 상속으로 인한 문제가 생깁니다. 가속에 살집이 적은 사람은 부모 뒤를 계승하지 못합니다. 또 자칫하면 집안에서 음(陰)과 양(陽)의 조화가 원만하지 않아서 아래위 구분이 없어지고 어지럽게 될 수 있습니다." 」

야마자키겐노신의 질문

「 "가난한 집안에서 태어난 사람은 반드시 가속(家續)이 좁은 것은 어째서 그렇습니까?"

거사께서 말씀하시기를

"가속(家續)은 '상속의 관'입니다. 부유한 사람은 집도 넓고 풍부해서 가속도 넓고 풍부합니다. 가난한 사람은 집도 좁고 부족해서 가속도 좁습니다. 그래서 가속이 좁은 사람은 마음이 비천하다고 말합니다. 또 가난한 집에서 태어난 사람은 세상일에 능숙해서 가속은 좁아도 재능이 있습니다. 부유한 집안에서 태어난 사람은 세상일에는 둔합니다만 사람들과 폭넓은 교제를 다양하게 하면 세상일에 능통해질 수 있습니다. 또 부유한 집안을 꾸려가는 사람은 마음도 풍성하고 긍정적입니다. 가난한 집안에서 생활하는 사람은 마음도 좁은 면이 있고 풍성하지 않습니다." 」

가토기요베에의 질문

「 "가속(家續)에 살집이 마른 듯하고 주름이 있는 사람은 집안을 몰락시키는 것은 왜 그렇습니까?"

거사께서 말씀하시기를

"가속(家續)에 있는 살집이 말라서 주름이 생겼다는 것은 상속의 관이 마르고 쇠퇴한 것과 같아서 집안을 몰락시킨다고 말할 수 있습니다." 」

「 "좁은 가속과 눈을 눈썹이 덮고 있는 사람은 항상 기분이 답답하다는 것은 어째서 그렇습니까?"

거사께서 말씀하시기를

"눈썹은 구름에 해당합니다. 눈은 몸에서 태양과 달에 해당합니다. 그래서 눈썹이 눈을 덮고 있는 모습은 예를 들면 떼구름이 태양과 달을 가리고 있는 모양과 같습니다. 결국 하늘이 흐리면 사람의 기분도 흐려져서 자연히 기분이 답답해집니다." 」

눈에 대하여

- 눈은 마음속의 청탁(淸濁)과 현재의 즐거움과 괴로움을 알수 있습니다.

- 냉정한 눈을 가진 사람은 마음도 냉정한 사람입니다.

- 패기가 있는 눈을 가진 사람은 마음도 패기가 있습니다.

- 어리석게 보이는 눈을 가진 사람은 마음도 어리석습니다.

- 탁한 눈을 가진 사람은 고생이 있습니다.

- 눈을 자주 움직이며 시선이 고정되지 않은 사람은 마음이 불안정합니다. 그것은 집안의 일인지 아니면 부인에 관한 일인지는 잘 생각해 봐야 합니다.

- 눈을 자주 깜빡거리는 사람은 마음이 초조하고 끈기가 없습니다. 집안에 소동이 일어났거나 겁쟁이입니다. 그러나 재능은 있습니다.

- 검은자위가 세상 말로 '원숭이 눈'처럼 갈색을 띠는 사람은 교만해서 자기 마음대로 행동하며 자비가 없습니다. 다른 사람이 넘어져도 개의치 않습니다. 그러나 자기가 스스로 장사를

하면 열심히 합니다.

- 깊고 차분한 눈을 가진 사람은 구두쇠이며 좋고 나쁨이 분명한 강한 사람입니다. 부모의 가업을 계승하지 못합니다만, 의지가 강하고 재능은 있으며 눈물을 흘리는 동정심도 있습니다.

- 눈이 크고 나온 사람은 집안을 몰락시킵니다. 부인과의 인연이 바뀌고 자식과의 인연도 적습니다. 끈기가 없고 가업을 잇지 못합니다.

- 뛰어나온 눈에 검은자위를 많이 움직이고 눈의 표면에서 무언가 빛이 나고 있을 때는 미친 사람이 됩니다. 또 자학적입니다.

- 먼지를 뒤집어쓴 것처럼 눈에 흰자위가 탁한 사람은 엄청난 짐을 등짝에 진 나귀처럼 고생이 많으며 현재 매사가 순조롭지 않습니다.

- 눈에 패기가 없고 뛰어나온 눈은 얼핏 보면 맑은 눈처럼 보이지만 자세히 보면 탁한 듯 보이며 빛이 나는 듯한 눈을 가진 사람은 실명할 수 있습니다.

- 검은 눈동자에 연기 같은 것이 나와 있는 사람은 가까운 시일 안에 병이 생기든지 큰 고생이 있습니다.

- 도둑질하려고 하는 사람은 검은 동자를 바쁘게 움직입니다. 도둑을 보면 알 수 있습니다. 고양이가 사람을 쳐다볼 때와 같은 눈입니다. 반면에 눈에 날카로움도 없고 솔직한 것처럼 눈이 보이는 사람도 주의하세요.

- 관상가가 눈을 뜨고 보려고 할 때 겁내지 않고 눈을 크게 뜨

는 사람은 크게 바라는 바가 있는 사람이며 뜻과 생각이 강한 사람입니다. 그러나 집을 몰락시킬 수도 있어서 잘 생각하면서 봐야 합니다.

- 관상가가 눈을 뜨고 보려고 할 때 두려운 듯이 눈을 깔고 뜨려 하지 않는 사람은 마음이 소심해서 잘 놀랍니다. 또 끈기도 없습니다.

- 관상가가 눈을 뜨고 보려고 할 때 두려워하지 않고 눈을 뜨면서 검은자위가 아래로 내려가는 사람은 비밀주의자로 자기 가슴 속에 모든 것을 감추고 있는 사람입니다. 자신의 기분도 말하지 않습니다. 여성의 경우는 마음이 약해서 사양을 잘하고 모든 일을 가슴 속에 묻고 있습니다.

- 항상 검은자위가 위에 붙어있는 사람은 자존감이 높고 지기 싫어합니다. 바라는 것도 크기 때문에 집안을 몰락시킬 수도 있습니다. 회사에 다니는 사람은 상사가 좋아합니다.

- 여성이 항상 검은자위가 위에 붙은 사람은 광기의 상입니다. 남편과는 인연이 바뀌고 자식과는 인연이 적은 사람입니다.

- 큰 눈을 가진 사람은 일생에 한 번은 크게 파탄이 옵니다. 가업도 잇지 못하고 끈기도 없습니다.

- 일반적으로는 평상시와 같은 눈으로 있으나 화나지도 않았는데 활발하게 이야기할 때는 검은 눈동자가 조금 아래로 내려가는 사람이 있습니다. 이것은 고집쟁이이며 자존심이 강합니다. 재능도 있으며 말솜씨가 좋아서 사람들과 잘 사귑니다.

- 눈에 눈물이 고여있는 것처럼 물기가 있는 사람은 여자를 좋

아합니다. 단지 강한 호색한은 아닙니다. 아래 눈꺼풀이 두꺼운 사람도 같습니다.

- 검은 눈동자가 작은 사람은 마음에 분별이 있고 신중한 좋은 사람입니다. 현재 순조롭습니다.

- 검은 눈동자가 큰 사람은 마음에 분별이 없고 칠칠치 못하고 현재 마음이 혼잡합니다. 또 끈기도 없습니다. 장사해도 이익이 없고 고생이 끊이지 않습니다.

- 검은 눈동자가 열렸다 오므라졌다 하는 사람도 같습니다.

- 작은 눈을 가진 사람은 소심하고 끈기가 없습니다. 눈물을 글썽거리는 면이 있습니다.

가라이니시키타의 질문

「 "눈은 어디에 해당하고 무엇을 담당합니까?"
거사께서 말씀하시기를
"눈은 몸 전체에서 해와 달에 해당하고 맑고 깨끗하며 몸을 지키기 위해 움직입니다. 또 정신이 가는 길이며 정(情)의 집합체로 결국 감정이 노는 장소입니다. 사람이 잠들었을 때 마음은 어디 머물고 있겠습니까? 눈을 뜨고 있을 때 마음은 눈 안에 멈춥니다. 마음을 집중해서 사물을 이야기하면 마음은 눈 안에서 멈추려고 깜빡이지 않습니다. 그래서 사람들의 눈을 보면 마음이 맑은지 탁한지를 알 수 있는 것입니다. 모든 사물이 눈에서 멈추기 때문에 눈의 청탁(淸濁)에 따라서 마음의 선악(善惡)을 알 수 있습니다. 그러나 본래 마음은 무념무상이며 마음에는 선함도 악함도 없습니다. 눈은 정(情)이 모인 곳임을 알고, 눈의 선함과 악함에 따라서 마음이 깨끗한 지 탁한지를 알아 볼 수 있어야 합니다." 」

히가시타이코의 질문

「 "광기라는 것은 어떻게 해서 생기는 것입니까?"

거사께서 말씀하시기를

"항상 마음의 방식을 소중하게 생각하지 않고 심하게 욕심을 부리게 되면 간의 기운은 거꾸로 갑니다. 그렇게 되면 간의 기운이 마음을 극(亢)하게 됩니다. 마음이 있을 곳을 점령한 간의 기운이 마음대로 돌아다니게 됩니다. 이것은 한 나라에 군주가 사라지고 내란이 일어난 것과 같습니다. 이것이 사람에게 나타난 것이기 때문에 광기(마음의 난동)가 되었다고 말합니다. 운이 좋아서 군주가 원래 있던 성안으로 들어간다면 나라는 자연스럽게 잘 다스려집니다. 이것은 광기를 치유하는 방법과 같습니다." 」

이시미고로의 질문

「 "관상가가 상대방의 눈을 보려고 할 때 검은자위가 아래로 내려가는 사람은 비밀주의자로 마음속에 무언가 많이 숨기고 있다는 것은 어째서 그렇습니까?"

거사께서 말씀하시기를

"눈은 마음입니다. 그래서 검은자위가 아래로 내려간다는 것은 자신의 마음을 숨기려는 사람입니다. 이런 사람은 비밀주의자로 마음속에 모든 것을 숨긴다고 볼 수 있습니다." 」

「 "검은자위가 항상 위에 붙어있는 사람은 어떻습니까?"

거사께서 말씀하시기를

"검은자위가 항상 위에 붙어있는 사람은 마음이 위를 향하고 있는 것과 같아서 자존감이 높습니다. 빈천한 모습을 한 사람이 이런 눈의 모습을 하고 있을 때는 다른 사람에게 미움을 받는 나쁜 상입니다." 」

나가노군베에의 질문

「 "검은 눈동자가 항상 위에 붙어있는 여성은 광기의 상(相)이라고 말씀하신 것은 어째서 그렇습니까?"

거사께서 말씀하시기를

"여성은 본래 눈이 부드럽고 솔직합니다. 또 눈은 간의 싹입니다. 검은자위가 항상 위에 붙은 사람은 간의 기가 높아져서 마음이 거꾸로 움직이게 되어 광기로 나타납니다. 그리고 여성은 소견이 얕고 자기 마음대로 하며 눈앞에 보이는 것만 소유하려 해서 모든 일에 결단성이 부족한 경우가 많습니다. 정신으로는 자신을 알고 있지만, 마음은 헤매기 때문입니다. 이런 경우에는 잘 생각해서 판단하시기 바랍니다." 」

야마구치산로의 질문

「 "관상가가 눈을 보려 할 때 두려워하지 않고 크게 눈을 뜨는 사람은 큰 야망을 지니고 있다는 것은 왜입니까?"

거사께서 말씀하시기를

"패기가 있을 때는 두려움이 없습니다. 그래서 관상가의 눈을 쳐다보고 두려움 없이 눈을 크게 뜹니다. 그렇게 하면 스스로 야망도 커집니다." 」

「 "눈 안을 먼지가 덮고 있는 것처럼 흐린 사람은 현재 고통이 끊이지 않는다는 것은 어떤 이유입니까?"

거사께서 말씀하시기를

"눈은 신체에서 해와 달입니다. 하늘이 흐릴 때는 사람도 기분이 흐려집니다. 따라서 눈이 탁할 때는 몸이 탁한 것과 같아서 고통이 끊이지 않는 상태입니다." 」

우에무라간노의 질문

「 "눈이 깊게 움푹 들어간 사람은 신장의 기운이 적어서 마음이 초조하다는 것은 어째서 그렇습니까?"

거사께서 말씀하시기를

"신장에 기운이 강한 사람은 눈에 살집이 풍부하고 신장에 기운이 약한 사람은 눈에 살집이 없고 깊이 들어갑니다. 그래서 신장의 기운이 약하다고 합니다. 그리고 신장의 기운이 약한 것은 간의 기운이 거꾸로 선 것이기 때문에 마음이 초조하게 됩니다." 」

타니 미우에몬의 질문

「 "검은자위가 아래위로 움직이는 사람은 도둑놈 심보가 있다고 말씀하신 것은 왜입니까?"

거사께서 말씀하시기를

"눈은 마음이 노는 장소입니다. 눈이 바르게 움직이고 있다면 마음도 정직합니다. 그렇지 않다면 마음이 부정하다는 것을 나타내고 있는 것입니다. 그래서 도둑놈의 심보가 있는 것입니다." 」

타쿠야우베의 질문

「 "눈이 크고 나와 있는 사람은 끈기가 없다고 하는 것은 왜입니까?"

거사께서 말씀하시기를

"눈이 크고 나온 사람은 기력이 밖으로 빠져나와 끈기가 없습니다. 눈이 풍성하고 작은 사람은 기력을 유지하기 때문에 끈기가 있습니다. 또 눈은 마음의 움직임을 볼 수 있는 곳입니다. 눈이 크고 나온 사람은 마음이 안정되지 않아서 집안을 몰락시킨다고 할 수 있습니다." 」

센쵸미산로의 질문

「 "눈을 '전택(田宅)'이라고 하는 것은 왜입니까?"

거사께서 말씀하시기를

"'전택(田宅)'이라는 것은 단전과 같습니다. 단전은 정신의 성(城)이기 때문에 단전이라고 합니다. 그리고 눈은 마음의 집합소이기 때문에 전택이라 합니다. 눈은 마음이기 때문에 눈이 차분하지 않은 사람은 마음도 차분하지 않습니다. 또 눈을 단정하게 보는 사람은 정신이 단전에 머물러 있는 사람입니다. 마음이 차분하지 않은 사람은 정신이 단전에 없어서 단전도 작고 힘이 없습니다." 」

이타오헤베의 질문

「 "눈 안에 눈물을 머금은 듯 물기가 있는 사람은 섹스를 즐긴다고 말씀하시는 것은 왜 그렇습니까?"

거사께서 말씀하시기를

"물기는 신장의 기운과 같습니다. 신장의 기운은 항상 눈에 드러나기 때문에 섹스를 즐긴다고 할 수 있습니다. 신장 기운이 눈에 넘쳐흐르면 음란한 것을 즐기게 됩니다." 」

타다겐신의 질문

「 "검은 눈동자가 열렸다 닫혔다 하는 사람은 기력이 없다는 말씀은 어떤 의미입니까?"

거사께서 말씀하시기를

"몸에 기력이 강해질 때는 검은자위도 자연스럽게 오므라듭니다. 기력이 약할 때는 검은 눈동자는 열립니다. 항상 기력이 없는 사람은 숨을 뱉을 때 검은 눈동자가 확장됩니다. 숨을 호흡할 때는 기력을 빼앗겨서 검은 눈동자가 오므라집니다. 그래서 검은자위가 커지거나 오므라들거나 하는 사람은 기력이 적어서 끈기가 없는 것입니다. 또 기력이 적으면 마음도 다 잡지 못해서 헤맨다고 봅니다. 기력이 항상 충실하게 있는 사람은 숨을 내쉴 때도 눈은 건강하고 검은 눈동자를 움직이지 않습니다. 그리고 숨을 쉴 때는 기력을 보충해서 검은 눈동자가 작게 오므라듭니다. 이런 사람은 마음까지도 다잡는 사람입니다." 」

오바시가이키의 질문

「 "검은자위에 뿌연 연기가 낀 듯이 흐린 사람은 가까운 시일 안에 병에 걸린다는 것은 왜 그렇습니까?"

거사께서 말씀하시기를

"정신이 건전할 때는 신체도 건전하고 검은자위도 맑습니다. 신체가 조화롭지 않을 때는 기력도 부족해서 검은자위도 탁합니다. 그래서 검은자위가 탁할 때는 병에 걸립니다. 이것은 천지가 조화롭지 못하여 해와 달이 빛을 잃고 있는 것과 같아서 재난이 생긴다고 봅니다." 」

마츠오카기베의 질문

「 "원숭이 눈처럼 검은자위가 갈색인 사람은 자기 마음대로 행동하고 자비심이 없는 것은 왜 그렇습니까?"

거사께서 말씀하시기를

"그런 눈을 '원숭이 눈'이라고 합니다. 일반적으로 다리가 4개인 동물은 음식을 보면 탐하고 먹어버릴 뿐입니다. 결국 교만하고 다른 사람에게 주는 것을 모릅니다. 또 다리가 4개인 동물은 밤낮을 가리지 않고 먹을 것만을 구하고 이것을 본분으로 여깁니다. 이런 사람 중에는 자기 할 일은 열중해서 활동을 많이 하는 사람도 있습니다." 」

이케다사이뇨의 질문

「 "눈을 많이 깜빡거리는 사람은 기력이 적고 마음이 초조하다고 하는 것은 어째서 그렇습니까?"

거사께서 말씀하시기를

"대체로 사물을 응시할 때는 정신을 집중하기 때문에 눈깜빡임이 없습니다. 기력이 항상 충만해 있는 사람은 눈에 힘이 강해서 깜빡임이 적습니다. 눈 깜빡거림이 많은 사람은 기력이 적어서 끈기도 없습니다. 또 눈은 간의 싹이어서 기력이 없을 때는 간의 기운이 눈으로 집중되어 눈깜빡임이 많아지고 마음도 초조해집니다." 」

구보타케스케의 질문

「 "보통은 평범한데 이야기할 때만 검은자위가 조금 아래로
내려가는 사람은 자존심이 강하고 입으로만 알랑거린다는 것
은 왜 그렇습니까?"

거사께서 말씀하시기를

"이야기할 때 검은자위가 아래로 내려가는 사람은 다른 사
람을 내려다보는 것이며 자존감이 높습니다. 눈은 마음의 집
합소로 검은자위가 조금 내려간다는 것은 자기 속마음을 숨
기려는 것입니다. 이런 사람은 말로만 아양을 부리는 사람입
니다." 」

귀에 대하여

- 귀는 지혜를 담당합니다.

- 귀가 편안한 모양인 사람은 머리가 좋으며 재능과 지혜가 있
  어서 기억력이 좋은 사람입니다.

- 귀가 부드러우며 낮게 있는 사람은 기억력이 좋지 않고 어리
  석으며 끈기가 없습니다.

- 귀가 낮게 있고 천륜이 짧아서 오므라진 듯이 소담스러운 귀
  를 가진 사람은 풍류에 재능이 있습니다. 귀에서 인륜이 나와
  있는 사람은 자기가 태어난 생가를 떠
  납니다. 재산을 상속받아도 없어지는
  동생의 상(相)입니다.

- 지혜로운 귀를 가진 사람은 가난한 상(相)일지라도 가난하지 않습니다. 처치에 맞는 운이 옵니다. 위험을 만나도 피할 수 있습니다. 운동하는 사람이나 역도를 하는 사람일 경우는 잘 보고 판단해야 합니다.

- 작은 귀를 가진 사람은 소심하고 작은 일에도 두려워합니다. 눈물도 많고 끈기가 없습니다. 그러나 작은 귀라도 평온하게 붙어있는 사람은 재능이 있습니다.

- 크고 소담스럽게 붙어있는 귀를 가진 사람은 결코 사람들 아래에 있지 않습니다. 재능, 지혜, 용기가 있으며 처지에 맞는 행운이 있는 대단히 좋은 길상입니다.

- 커다란 귀가 단단하고 소담스러운 사람은 덕을 갖추고 있으며 재능과 도량이 있습니다. 처지에 맞는 행운과 명성을 얻는 대단히 좋은 길상입니다.

- 귓불이 큰 사람은 풍성합니다. 재능이 부족해서 큰 역할은 어렵습니다. 그러나 얼굴이 예리하지 않고 마음이 강한 사람은 재능도 있고 활약도 합니다. 귓불이 없는 사람은 마음이 조급합니다만 재능이 있습니다.

부타신지의 질문

「 "귀를 '채덕관(採德官)'이라고 하는 것은 어째서 그렇습니까?"
거사께서 말씀하시기를
"귀는 신장의 싹으로 많은 말과 소리를 듣는 역할을 합니다. '듣는 일을 한다'라는 의미로 '채덕관'이라고 합니다. 귀로 듣지 못한다면 사물을 이해하기 어렵습니다. 또 귀는 지혜를 담당합니다. 높게 솟은 귀를 가진 사람은 지혜가 뛰어납니다. 사람이 나이가 들면 신장 기능이 약해지면서 귀가 멀어집니다. 귀가 멀어지면 지혜도 없어지고 어리석어집니다. 귀의 위치가 낮은 사람은 지혜를 밖으로 내보내지 못하기 때문에 어리석다고 하는 것입니다."」

노야마다이교의 질문

「 "귓바퀴가 나온 사람은 생가를 떠난다는 말씀은 왜 그렇습니까?"

거사께서 말씀하시기를

"귀에는 천지인(天地人)이 있습니다. 천(天)은 아버지이며 지(地)는 어머니이고 인(人)은 자기를 나타냅니다. 또 귀에는 윤(輪)과 곽(廓)이 있습니다. 곽(廓)은 부모의 성곽이고, 가운데 윤(輪)은 자기 자신입니다. 그래서 가운데 있는 윤(輪)이 나와 있을 때는 스스로 부모의 성곽을 나온 것과 같아서 생가를 떠난다고 봅니다. 이런 사람은 비록 상속을 받아도 자기 소유가 되지 못합니다."」

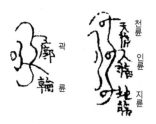

타니하시슈의 질문

「 "견실한 귀를 가진 사람은 가난한 상일지라도 처지에 맞는 운이 온다고 하신 말씀은 왜입니까?"

거사께서 말씀하시기를

"귀는 신장의 싹이기 때문에 견실한 귀는 신장의 기운이 강합니다. 신장의 기운이 강할 때는 기력이 강하기 때문에 자연히 운이 좋아집니다. 처지에 맞는 행운이 있습니다. 또 귀는 신장의 싹이며 오행으로는 수(水)에 해당합니다. '견실하다'는 것은 오행에서 금(金)과 대응하기 때문에 '금생수(金生水)' 상생이 되어 좋은 길상이 됩니다." 」

노구치케지의 질문

「 "귓불이 없는 사람은 마음이 초조하고, 귓불이 둥글게 내려온 사람은 마음이 풍성하다는 것은 어째서 그렇습니까?"

거사께서 말씀하시기를

"귀는 신장의 싹이고 오행으로는 수(水)입니다. 통통하고 둥글게 내려온 귓불은 신장에 물이 가득 한 것입니다. 그런 사람은 화(火)를 다스리고 간의 기운을 억제하기 때문에 마음이 풍성합니다. 예술가들도 풍성한 인물로 묘사할 때는 귓불이 큽니다. 귓불이 없으면 풍성하게 보이지 않습니다. 귀에는 크고 작음이 있어서 주의를 기울여서 보고 판단해야 합니다." 」

스이타의 질문

「 "선생님 말씀 중에 커다란 귓불을 가진 사람은 활약하지 못한다고 하셨습니다만 촉나라 사람인 현덕은 귀가 어깨에 내려왔을 정도였다고 합니다. 이것은 어째서 그렇습니까?"

거사께서 말씀하시기를

"촉나라의 현덕은 귀가 어깨까지 내려왔기 때문이 아닙니다.

현덕의 귀는 풍성하고 혈색이 좋으며 얼굴보다 뛰어나게 아름다웠습니다. 현덕의 머리는 지혜를 담당하고 왼쪽 귀는 도량을, 오른쪽 귀는 용기에 가지고 있어 지(智), 인(仁), 용(勇) 3가지의 덕을 갖추었다고 봅니다. 귀가 어깨까지 내려온 것은 오히려 장애가 됩니다." 」

고메니모츠토의 질문

「 "견실하고 큰 귀가 평온하게 있는 사람은 처지에 맞는 운이 온다는 것은 어째서 그렇습니까?"

거사께서 말씀하시기를

"귀는 지혜를 담당합니다. 귀가 크고 견실하며 평온한 모양을 한 사람은 지혜가 크며 하늘을 향하고 있는 것과 같아서 이런 사람은 몸에 덕을 갖추고 있습니다. 또 귀는 신장의 싹으로 크고 견실하며 소담스러운 귀를 가진 사람은 신장 기운이 강한 것입니다. 이런 사람은 기운과 기세가 있고 오장육부 모두 건강해서 기분도 항상 건전하여 무엇을 해도 성공합니다. 이런 사람은 운이 있으며 좋은 운세도 자연스럽게 다가옵니다." 」

사사키가치노신의 질문

「 "오므라지고 아름다운 귀를 가진 사람은 풍류를 즐기는 재능이 있다고 하신 말씀은 어째서 그렇습니까?"

거사께서 말씀하시기를

"귀는 지혜의 근원입니다. 지혜의 근원은 아름다워서 풍류에 재능이 있습니다. 풍류를 즐기는 마음이 있는 사람은 여러 나라를 두루 다니고 싶어 합니다. 이것 때문에 먹을 것은 부족합니다. 또 이런 귀는 출가한 스님에게서도 많이 볼 수 있습니다." 」

요시타마쿠비의 질문

「 "작은 귀를 가지고 있는 사람은 소심하고 작은 일에도 두려워하는 것은 왜 그렇습니까?"
거사께서 말씀하시기를
"남성은 양(陽)이라서 귀도 크고, 여성은 음(陰)이라서 귀도 작은 것이 일반적입니다. 그래서 남성이 작은 귀를 가진 사람은 여성의 귀를 지닌 것과 같아서 소심하다고 봅니다. 또한 귀는 신장의 싹입니다. 작은 귀는 신장의 기운이 약해서 작은 일에도 두려워합니다." 」

코에 대하여

- 코는 얼굴의 중앙에 있어서 군주이며 자기 신체를 담당합니다.

- 코가 낮은 사람은 중앙에 있는 군주의 지위가 낮은 것과 같아서 마음이 낮은 사람입니다. 이런 사람은 애교가 있습니다만 도량이 적은 사람입니다. 고귀한 사람으로 코가 낮은 사람은 적고, 천한 사람은 코가 낮은 사람이 많이 있습니다. 또 고귀한 사람이라도 코가 낮은 사람은 마음이 천하기 때문에 자신의 지위를 유지할 수 없습니다.

- 마른 코를 가진 사람은 신체도 풍부하지는 않으며 고생이 끊이지 않습니다.

- 코가 풍성하고 길게 보이는 사람은 처지에 맞는 운이 있습니다. 또 마음이 풍성하고 장수합니다만 사람들을 돌봐주는 일이 많습니다.

- 코가 짧아 보이는 사람은 처지가 넉넉하지 않고 성격이 급하며 단명합니다.

- 코에 부족한 부분이 있는 사람은 자신의 처치에도 결핍이 있으며 자손도 부족합니다.

- 코가 작은 사람은 마음이 저급하며 도량이 작은 사람으로 고생이 끊이지 않습니다.

- 살집이 풍부한 코를 가진 사람은 운세가 강하고 처지에 맞는 운이 찾아옵니다.

- 코가 높아도 살이 적고 날카롭게 보이는 사람은 계획한 일이 순조롭게 진행되지 않습니다. 또 자식과 가족과도 인연이 적은 사람입니다.

- 코끝이 아래로 수그러진 사람은 모든 일을 대충 대충하는 것을 싫어하며 구두쇠입니다. 이런 사람은 하늘의 이치에 맞게 평생 먹을 것은 부족하지 않습니다. 그러나 속마음은 천합니다. 이런 코의 모습일지라도 인당(印堂, 눈썹 사이 부분)이 넓은 사람은 구두쇠가 아닙니다.

- 코가 구부러진 사람은 집안을 몰락시키며 가업을 계승하지 못합니다.

- 각이 진 콧방울인 사람은 의복에 관심이 많고 의복과 인연이

있습니다.

- 콧방울이 없는 사람은 의복에 관심이 없고 의복과 인연이 없습니다.

- 코가 풍성하고 길어 보이며 콧방울에 살집이 있는 사람이나 사마귀, 점, 상처도 없이 반듯한 코를 가진 사람은 다른 사람들로부터 소중한 사람으로 대접받습니다. 가정에서도 걱정거리나 재난이 적고 집안이 번창합니다.

- 코가 작고 살집도 적으며 코끝이 날카로운 사람은 자식과의 인연이 적으며 고생이 끊이지 않습니다.

- 코 가운데에 가로로 주름이 있는 사람은 일생에 큰 어려움이 있으며 한번은 몰락합니다. 그러나 이런 모습은 자연스럽게 드러나 있는 모습을 보고 판단해야 합니다. 코를 풀 때 항상 코 위쪽으로 공기를 넣는 사람은 이런 주름이 자연스럽게 생깁니다.

- 코가 들려서 콧구멍이 위로 보이는 사람은 윗사람을 배반하고 고향을 떠날 수 있습니다. 재산이 많은 사람입니다.

- 코가 풍성하고 콧날이 서 있는 사람은 일찍부터 귀인이나 윗사람과 교제를 합니다. 이런 사람은 윗사람이 도와주고 다른 사람들 아래에는 있지 않습니다.

- 콧구멍이 큰 사람은 기력이 없으며 단명합니다.

- 사자의 코처럼 코끝은 높고 콧방울이 모난 사람은 운세가 강하고 처지에 맞는 운이 옵니다. 좋은 일이든 나쁜 일이든 강

한 마음의 소유자입니다.

에이타에켄의 질문

「 "코가 풍성하고 길어 보이거나 작은 코일지라도 어울리게 살집이 있으며 사마귀나 상처, 점도 없이 잘 갖추어진 코를 가진 사람은 다른 사람들한테 귀하게 대접받고 가정도 걱정과 재난이 적은 것은 어째서 그렇습니까?"

거사께서 말씀하시기를

"코는 자기 신체로써 코에 있는 살집은 자신이 하늘에서 부여받은 복의 양입니다. 코에 살집이 풍부한 시기에는 신체도 건강하고 좋은 운도 부여받은 사람입니다. 또 코는 중앙의 군주입니다. 그 군주가 풍성하며 사마귀, 점, 상처와 같은 것이 없다는 것은 군주가 바르며 군주의 지위를 잘 갖춘 것과 같습니다. 그래서 사람들로부터 귀한 대접을 받는다고 합니다. 군주에 사마귀, 점, 상처와 같은 것이 없다는 것은 걱정거리나 재난이 없는 것입니다. 그래서 이런 사람은 마음이 풍성해서 장수합니다." 」

고보리헤타오의 질문

「 "콧방울이 모난 사람은 운세가 강하다는 것은 어떤 이유에서 그렇습니까?"

거사께서 말씀하시기를

"코는 '난대(蘭臺)'라고 하고, 좌우의 콧방울을 '정위(廷尉)'라고 합니다. 하늘에 계신 분의 자리를 말할 때 '난대(蘭臺)'라고 하고, 이것을 수호하는 역할을 하는 것을 '정위(廷尉)'라고 합니다. 결국 정위가 모가 난 사람은 보호하는 수호자가 역할을 잘하는 것과 같아서 군주도 강합니다. 그래서 콧방울이 모난 사람은 운세가 강합니다. 옛 서적에는 왼쪽의 작은 코를 난대라 하고 오른쪽의 작은 코를 정위라고 말합니다만, 제가 여기서 말하고 있는 것과는 차이가 있습니다." 」

기타무라베이코의 질문

「 "코가 높고 얼굴 전체에 살집이 적은 사람은 자손과의 인연이 적은 것은 왜 그렇습니까?"

거사께서 말씀하시기를

"코는 중앙의 군주이며 자기 신체에 해당합니다. 얼굴 전체는 신하에 해당합니다. 코가 높고 얼굴 전체적으로 살집이 적은 것은 자기 신체인 코가 신하를 극하고 있는 형상입니다. 그래서 이것을 '고독한 상'으로 자손과 인연이 없습니다. 또한 이런 모습을 '웃는 얼굴도 극한다'라고도 말합니다." 」

야마오카센스케의 질문

「 "콧구멍이 큰 사람은 단명하고, 콧구멍이 작은 사람은 장수한다는 것은 왜 그렇습니까?"

거사께서 말씀하시기를

"콧구멍이 큰 사람은 기력이 많이 빠져나가서 단명합니다. 콧구멍이 작은 사람은 기력을 유지하기 때문에 장수합니다. 콧구멍이 큰 사람은 잘 때 코 고는 소리가 나지 않기 때문에 단명합니다. 코를 골지 않는다는 것은 기력이 빠진 것입니다." 」

타앗베의 질문

「"코가 지나치게 말라서 뼈가 보이며 코끝이 예리하고 날카로운 사람은 왜 부모의 가업을 잇지 못합니까?"

거사께서 말씀하시기를

"얼굴에는 천지인(天地人)이 있습니다. 코는 인(人)이고, 자신의 신체에 해당합니다. 몸인 코가 날카로울 때는 천지(天地)를 배신하여 부모에게 등을 돌린 것입니다. 그래서 부모의 가업을 잇지 못한다고 말합니다. 또 자신의 신체가 날카로워서 마음도 예민합니다."」

스즈키잇가쿠의 질문

「"콧방울에 기세가 있는 사람은 왜 의복에 있어서 곤란하지 않습니까?"

거사께서 말씀하시기를

"코는 자기 신체를 의미합니다. 콧방울은 코의 장식이며 의복의 관에 해당합니다. 코에서 콧방울이 없는 것처럼 보이는 사람은 코가 쓸쓸해 보이고 마치 몸에 옷을 입지 않고 있는 것과 같습니다. 이런 이유로 작은 콧방울은 의복과 인연이 적다고 봅니다. 또한 콧방울에 기세가 좋은 사람은 몸에 좋은 의복을 걸친 사람으로 비록 가난해도 의복은 풍족합니다."」

사이토치쿠라의 질문

「"코가 크고 입이 작은 사람은 왜 자식과 인연이 적다고 합니까?"

거사께서 말씀하시기를

"코는 중앙의 토(土)입니다. 입은 큰 바다로 수(水)의 기운을 가지고 있습니다. 코가 크고 입이 작은 사람은 토(土)가 많고 수기(水氣)는 부족한 것입니다. 또 토지에 수기(水氣)가 없을 때는 토지 힘이 약해서 토지는 역할을 제대로 하지 못합니다. 당연히 이런 토지에서는 초목이 생겨도 성장하지 못합니다. 자기 몸에서 태어나는 것이 자식입니다. 이것을 잘 생각해보면 이런 상(相)을 가진 사람은 자식과 인연이 적을 수 밖에 없습니다." 」

가미타니기쿠고로의 질문

「 "코에 실처럼 가는 세로 주름이 많이 있는 사람은 고생이 끊이지 않는다는 것은 왜 그렇습니까?"
거사께서 말씀하시기를
"코에 가는 세로 주름이 있는 사람은 신체가 충실하지 않고 쇠약해 지는 것이기 때문에 고생이 끊이지 않습니다. 사람은 몸이 건강할 때 마음도 풍성하며 쇠약할 때는 마음도 풍성하지 않습니다." 」

나카무라헤자에몬의 질문

「 "코가 아래로 쳐진 사람은 왜 구두쇠라고 합니까?」
거사께서 말씀하시기를
"코는 자기 신체입니다. 그래서 코가 아래로 쳐진 사람은 지상에 있는 만물을 감싸는 듯한 모습입니다. 이런 모습일 때는 코가 신체를 조여서 꽉 매고 있는 형상이 됩니다. 이런 사람은 모든 것을 절약한다는 의미입니다." 」

「 "코가 들창고로 콧구멍이 보이는 사람은 왜 윗사람을 배반한다고 말씀하십니까?"

거사께서 말씀하시기를

"코가 쳐 들여진 사람은 신체가 하늘을 향하고 있는 것과 같아서 윗사람에게 등을 돌립니다. 또 코가 견고한 사람은 신체도 견고해서 고분고분하지 않고 마음도 강합니다. 여성의 코는 대체로 부드럽습니다. 그래서 마음도 부드럽고 고분고분합니다. 여성인데 견고한 코를 가진 사람은 마음도 강해서 남편을 극한다고 볼 수 있습니다." 」

기노우치시게쿠라의 질문

「 "왜 코가 견실한 사람은 장수합니까?"
거사께서 말씀하시기를
"기력이 강하면 코도 견실해집니다. 이것은 자기 신체가 강한 것이며 그래서 장수합니다." 」

「 "왜 코에 옹이와 같은 마디가 있는 사람은 집을 몰락시킵니까?"
거사께서 말씀하시기를
"코에 옹이와 같은 마디가 있는 사람은 자기 신체를 망가뜨리는 것과 같아서 집을 몰락시킵니다." 」

「 "코가 삐뚤어진 사람은 어떻습니까?"
거사께서 말씀하시기를
"코가 삐뚤어진 사람은 자신의 신체도 풍성하지 않고 휘어져 있는 것과 같습니다. 그래서 이런 사람은 인생이 외롭고 쓸쓸합니다. 또 코에 한 개의 옹이가 있는 사람은 이 옹이가 신체를 힘들게 해서 일생 중 파탄을 만난다고 합니다." 」

야마기고칸의 질문

「 "코가 풍성하고 콧날이 선 사람은 일찍이 윗사람과 교제하
기 쉬운 것은 어째서 그렇습니까?"
거사께서 말씀하시기를
"코는 자기 신체에 해당하고 코에서 윗부분은 윗사람을 의미
합니다. 그래서 콧날이 선 사람은 일찍부터 윗사람과 교제하
기 쉽습니다. 또 콧날이 낮은 사람은 윗사람과 통하는 길이
좁아서 귀인이나 윗사람과 교제할 기회가 적은 것입니다." 」

관골(觀骨)에 대하여

• 관골(觀骨)은 사회생활과 교제 범위를 담당하며 활력의 강약
  을 볼 수 있습니다.

• 관골이 높은 사람은 마음이 조급합니다. 또 생각이 얕아서
  집을 몰락시킵니다. 관골이 앞으로 나온 사람은 활력이 좋고
  권위를 휘두를 수 있습니다. 이런 사람은 자신의 강함 때문에
  한번은 큰 어려움을 겪습니다. 성정이 착하든 나쁘든 강하고
  동정심도 있습니다.

• 관골이 옆으로 나온 사람은 강인한 활력이 있습니다만, 이것
  은 대인관계를 위해 사용하는 힘이 아닙니다. 이런 사람은 마
  음이 조급하고 동정심도 있습니다. 집안도 몰락시킵니다.

• 관골이 높아서 귀까지 연결된 사람은 낮은 상일지라도 반드
  시 한 예능 방면에서는 장인이 됩니다. 그러나 집을 몰락시킵
  니다.

- 좌우에 있는 관골이 똑같지 않은 사람은 모든 일에서 중도에 좌절합니다. 또 다른사람과의 교제도 오래가지 못하고 목표를 달성할 때까지는 시간이 걸립니다.

- 관골이 높은 사람은 시기 질투심이 많습니다.

- 관골이 낮아서 없는 듯한 사람은 도량이 없고 아무리 자기가 바르고 확실해도 말하지 않습니다. 또 큰 것을 바라지 않으며 무언가 결심해도 실행에 옮기지 않습니다. 그렇지만 눈썹과 눈의 예리함을 보고 판단해야 합니다.

- 관골이 높고 이마와 턱이 좁은 사람은 자식이나 가족의 인연이 적으며 고생이 끊이지 않습니다. 고독한 상입니다.

- 얼굴에 알맞게 살집이 있고 관골과 코가 풍성하게 높은 사람은 활력이 좋으며 집안을 몰락시키지도 않으며 명성을 날립니다. 다른 사람들로부터 대접을 받고 세상에서 사업을 넓게 펼쳐도 번창합니다. 이런 얼굴이 군인일 경우에는 수입도 늘고 권세도 누립니다. 종교계통에 있으면 명성을 얻습니다. 예술 방면이면 장인이 되기도 합니다. 단지, 이런 상(相)으로 얼굴이 긴 사람은 좋지 않습니다. 둥근 얼굴로 조금 긴 듯한 정도가 좋습니다.

- 관골이 눈보다 높은 사람은 활력이 있고 처지에 맞는 행운이 있습니다. 운세도 강한 편입니다.

- 관골이 눈보다 내려가 있는 사람은 존재감이 없고 도량도 없습니다. 비록 있더라도 다른 사람들이 필요한 사람으로 여기지 않습니다.

- 관골이 위쪽으로 올라가 붙은 듯이 높은 사람은 활력이 좋고 자신의 권위를 가집니다. 다만 큰일을 버리려 해서 집안을 몰락시킬 수도 있습니다.

가타타코진세의 질문

「"관골이 높은 사람은 활력이 좋다는 것은 무슨 이유입니까?"

거사께서 말씀하시기를

"코는 중앙의 군주이고 관골은 장군입니다. 그래서 관골이 높은 사람은 시기적절하게 장군의 지위가 높고 권위도 있는 사람입니다. 그래서 관골이 높은 사람은 활력이 강합니다."」

「"관골이 좌우 다르게 있는 사람은 어떻습니까?"

거사께서 말씀하시기를

"관골의 좌우가 다른 모양인 사람은 시기에 맞는 장군의 위치가 안정적이지 않은 것과 같습니다. 그래서 어떤 일도 이루기가 어렵습니다."」

니왓시로고로의 질문

「"관골에 살집이 있어 위를 향하듯이 높은 사람은 활력이 좋고 명성을 얻는다는 것은 왜입니까?"

거사께서 말씀하시기를

"관골이 위를 향하는 것은 자신의 권위가 하늘을 향한다는 것과 같아서 명성을 얻는 것입니다. 그러나 장사를 하는 사람일 경우는 권위가 지나치게 강해서 집안을 몰락시킵니다. 그러나 다만 기세가 강해서 장사는 확장합니다. 또 관골이 없는 사람은 시기에 맞는 장군의 기세가 약한 것과 같아서 이런 사람은 활력도 부족하고 도량도 없습니다."」

「"관골이 높아 그 뼈가 귀까지 연결된 사람은 비천해도 장인이 된다는 것은 어째서 그렇습니까?"
거사께서 말씀하시기를
"관골은 세상일을 담당하고, 귀는 지혜를 담당합니다. 그래서 관골이 높아 귀까지 연결되어 있는 사람은 세상에 관한 일로는 사람의 지혜와 통하기 때문에 비천해도 장인이 되는 것입니다."」

나가타니센기쿠라의 질문

「"관골이 높은 사람이 질투심이 많은 왜입니까?"
거사께서 말씀하시기를
"관골이 높은 사람은 질투심이 많다고 합니다만 단순하게 생각해서는 안됩니다. 이것은 한쪽으로만 집중해서 깊게 생각하는 마음이 관골로 드러나는 것입니다. 즉 세상일 중에 색정에 대한 욕망만큼 강한 것은 없습니다. 색정으로 인한 기쁨이나 분노가 먼저 관골에 나타납니다. 세상에서 말하는 '질투심이 강하다'는 것은 관골이 높은 것입니다. 그래서 관골이 낮은 여자 귀신은 없습니다."」

야마구치요시스케의 질문

「"관골이 높은 사람은 왜 마음이 조급합니까?"
거사께서 말씀하시기를
"얼굴에는 5개의 산이 있습니다. 이마와 아래턱은 북쪽과 남쪽의 산이고, 좌우의 관골은 동쪽과 서쪽의 산이며, 코는 중앙의 산이라 합니다. 옛날 고서에서는 이것을 오악(五嶽)이라 합니다. 이 오악은 중국 한나라 때의 산입니다만 우리나라 산에도 적용해야지 어쩔 수 없습니다. 여기서 좌우 관골이 높다는 것은 얼굴에 높은 산이 있는 것과 같습니다. 높은 산은 기세가 세고 험합니다. 그래서 이런 사람의 마음도 모가 나고 매사에 조급합니다."」

다나카사몬의 질문

「 "관골이 높고 이마와 턱이 좁은 사람은 운이 없고 자식과의 인연도 적은 것은 어째서 그렇습입니까?"

거사께서 말씀하시기를

"얼굴에는 천지인(天地人)이 있습니다. 이마는 천(天)이고 턱은 지(地)이며 관골은 자기 자신인 인(人)에 해당합니다. 관골이 높고 이마와 턱이 좁은 것은 자기 스스로 천(天)과 지(地)를 치는 형상이기 때문에 부모나 윗사람 그리고 아랫사람을 치는 것입니다. 이런 사람을 '고독하다'라고 합니다."」

히라노겐난의 질문

「 "관골도 코도 얼굴에 비해 풍성하고 높은 사람은 활기차고 명성을 얻는다는 것은 왜입니까?"

거사께서 말씀하시기를

"코는 중앙으로 군주이며, 관골은 장군의 관직입니다. 그래서 코가 높고 관골이 높은 사람은 얼굴에 군주와 신하가 잘 갖추어진 것입니다. 그래서 이런 사람은 활력이 넘치고 명성을 얻습니다."」

「 "관골이 높고 처첩궁(눈꼬리에서 조금 뒷부분)으로 끌어당기는 듯한 모습을 한 사람은 어떻습니까?"
거사께서 말씀하시기를
"이런 사람은 자기 권위가 부인 쪽으로 가 있기 때문에 처가로부터 도움을 받는다고 말합니다." 」

법령에 대하여

- 법령은 직업에 관한 것을 볼 수 있습니다.

- 법령이 넓은 사람은 집안도 넓으며 일의 규모가 큰 사람입니다. 또 아랫사람을 돕는 일이 많고 가난해도 고용주가 됩니다. 사람들이 귀하게 여깁니다.

- 법령이 좁은 사람은 집안도 협소하며 넓어도 좁게 사용합니다. 또 처지에 적합한 복이 있습니다만 절약가입니다.

- 법령이 짧은 사람은 단명하고 긴 사람은 장수합니다.

- 법령이 넓고 위로 흐르는 사람은 활력이 좋고 사람들로부터 대접을 받습니다. 또 일의 규모가 크며 종업원을 각지에 둡니다. 행복과 장수를 누립니다. 이런 사람은 귀하든 천하든 모두 대단히 좋은 길상입니다.

- 법령이 입으로 들어가는 사람은 일생 먹을 것으로 인해 곤란을 겪지 않습니다. 처지에 적합한 복이 있습니다. 물건을 함부로 소비하는 것을 싫어하는 절약가입니다.

- 법령이 넓게 있는 사람은 일의 규모가 크며 많은 종업원을 거느리고 성공합니다. 또 처지에 적합한 복이 있습니다.

- 법령에 주름이 많은 사람은 직업을 자주 바꾸거나 혹은 두 가지 직업을 갖습니다.

- 법령이 지각까지 내려올 만큼 길고 지각과 폭이 거의 비슷하면 80세까지 장수합니다. 마음의 눈으로 생명의 장단을 살펴봐주십시오.

요시가와켄타쿠의 질문

「 "법령이 직업을 담당하는 것은 왜 그렇습니까?"
거사께서 말씀하시기를
"법령은 규칙과 같습니다. 법령은 코에서 입의 양 끝으로 내려갑니다. 코는 중앙의 군주로 그 군주는 아랫사람을 측은하게 여기서 다양한 법령을 하사하는 것과 같습니다. 따라서 법도 아래에서 사는 백성은 그 법령을 지키며 생활해야 합니다. 군인은 군인으로서, 출가한 스님은 스님으로서, 장사하는 사람은 장사하는 사람으로서 각 각에 합당한 지켜야 할 규율이 있습니다. 이런 규율이 없다면 법령에서 벗어나고 지속되지 못합니다. 그래서 법령이 직업을 담당합니다." 」

야가라우메유키의 질문

「 "법령이 넓고 긴 사람은 집안도 넓고 일의 규모도 크다는 것은 왜 그렇습니까?"
거사께서 말씀하시기를
"법령이 넓을 때는 일의 관이 높아서 일의 규모가 큽니다. 또 지각과 노복은 법령의 안쪽에 있습니다. 지각은 집을 담당하며 노복은 아랫사람을 담당합니다. 그래서 법령이 넓고 길 때는 지각과 노복도 넓어서 집도 넓으며 종업원이나 아랫사람도 많습니다. 법령이 좁을 때는 지각도 노복도 좁아서 집도 좁고 종업원의 수도 작습니다. 그래서 가난한 빈상을 가진 사람은 법령도 좁은 것입니다."」

「"집이 넓고 종업원도 많더라도 법령이 좁은 사람은 어떻습니까?"

거사께서 말씀하시기를

"집이 넓고 종업원이 많더라도 거기에 걸맞는 모습이 아닌 사람은 결코 큰 집의 주인이 될 그릇이 아닙니다. 종업원의 일까지도 본인이 합니다. 이것은 자신의 빈상을 드러내는 것입니다. 또 마음이 빈상이기 때문에 이런 사람은 자연히 절약합니다. 오직 절약만 하는 사람은 빈상이더라도 하늘의 뜻에 맞는 것이라 복을 받은 사람이 되기도 합니다."」

야마쿠치우메츠키의 질문

「"집이 작고 아무도 일하는 사람이 없는데 법령이 넓은 사람은 어떻습니까?"

거사께서 말씀하시기를

"그것은 가난하게 생활하고 있어도 마음이 크고 집을 다스리는 도량이 있고, 가난해도 비굴하지 않은 마음의 복을 가진 사람입니다. 이것은 그 사람의 마음가짐을 보고 판단해야 합니다."」

「"법령이 긴 사람은 왜 장수한다고 하십니까?"

거사께서 말씀하시기를

"법령은 직업의 관입니다. 또 일이란 것은 의식주를 지탱하는 것이기에 법령이 길게 있을 때는 의식주 모두가 길게 지속할 수 있는 것입니다. 그래서 장수한다고 합니다."」

스즈키리쿠오쿠의 질문

「"어떤 사람들은 법령이 보이지 않습니다. 어떻게 하면 좋겠습니까?"

거사께서 말씀하시기를

"젊은 시절에는 살집이 많아서 법령이 드러나지 않습니다. 젊은 사람의 법령이 긴지 짧은지를 볼 때는 입을 크게 벌어지게 하든지 아니면 이를 드러나게 합니다. 그러면 입의 좌우에 법령의 주름이 나타납니다. 그 주름이 깊게 늘어나는지 어떤지로 수명의 장단을 볼 수 있습니다만, 자기 일이 확실하게 정해지지 않았다면 법령도 정리되지 않습니다. 일이 결정되면서 법령도 정리되어 갑니다."」

하기하라도메의 질문

「"동생으로 태어난 사람은 법령 주름이 옅습니다. 그것은 왜 그렇습니까?"

거사께서 말씀하시기를

"동생으로 태어난 사람은 부모의 가업을 잇지 못합니다. 그래서 법령도 얕게 됩니다. 형으로 태어난 사람은 가업을 상속받을 만한 사람이기 때문에 법령이 깊으며 정돈되어 있습니다."」

「"법령이 입으로 들어갈 때는 반드시 굶어 죽는다고 고서에서 읽었습니다. 그러나 지금 선생님의 말씀은 일생 먹는 것 때문에 곤란을 겪지 않는다고 하셨습니다. 이것은 무슨 의미의 말씀이십니까?"

거사께서 말씀하시기를

"법령은 규칙을 담당하고 신체와 직업을 나타냅니다. 법령이 입으로 들어갈 때는 '자신의 일에는 최선을 다한다'는 이치입니다. 고서에서 예를 들어서 '굶어 죽는다'라고 이야기할 뿐입니다. 그렇지만 '굶어 죽는다'라는 말로 단정할 수 없습니다. 이런 법령의 모습은 먹을 것이 부족한 상입니다. 왜냐하면 이런 사람은 오직 절약하려는 생각만 해서 자기가 좋아하는 것도 먹지 않고 참거나 소식하는 사람이기 때문입니다. 어떤 의미로는 굶어 죽게도 됩니다. 그러나 모든 것을 절약하는 사람은 물건을 함부로 하는 모습을 애석하게 생각합니다. 그래서 먹는 것조차 사치로 여기는 사람입니다. 이것은 하늘의 이치대로 사는 사람이기 때문에 빈상이라도 일생 먹는 것 때문에 곤란을 겪지는 않습니다. 오히려 '복 있는 사람'이라고 말할 수 있습니다. 그러나 이런 사람이 만약 마음이 교만하다면 '굶어 죽는다'는 의미가 적용될 것입니다."」

입에 대하여

- 입은 자손의 유무와 정신력의 강약을 볼 수 있습니다.
- 입이 작은 사람은 소심하며 작은 일에도 놀랍니다. 끈기가 없고 눈물이 많으며 자식과 인연이 적은 사람입니다.
- 입이 뛰어나온 사람은 자식과 인연이 적고 단정하지 않은 것

을 싫어합니다. 또 글자를 읽거나 쓰지 못합니다.

- 항상 입안에 침이 많이 고여있는 사람은 일찍 부모와 이별합니다. 또 끈기가 없습니다. 지식과의 인연이 적으며 양자가 되기도 합니다.

- 입이 큰 사람은 너무 큰 희망으로 인해 집안을 몰락시키기도 합니다.

- 입술이 얇은 사람은 자식과 인연이 적습니다만 윗입술이 조금 얇은 것은 좋습니다.

- 윗입술이 조금 쳐 들여진 사람은 자식과의 인연이 적고 끈기가 없습니다. 마음은 좁으며 눈물은 많은 편입니다. 다만 젊은 사람에게 자식이 없다고 말을 해서는 안 됩니다.

- 윗입술보다 아랫입술이 조금 나온 사람은 윗사람과 의견이 맞지 않으며 직업이 자주 바뀝니다.

- 입술은 정신(기력)의 문입니다. 그래서 항상 입을 열고 있는 사람은 기력이 자연스럽게 빠져나가서 신체가 약하고 끈기가 없습니다.

- 항상 입을 다물고 있는 사람은 자연히 기력을 보존하기 때문에 신체도 강하고 끈기도 있습니다.

- 입 모양이 삼각형인 사람은 하고 싶은 것은 많지만 실패로 끝납니다. 또 자식과 인연 적으며 마음이 비천하고 어리석어서 고생이 끊이지 않습니다.

- 입 끝이 조금 올라가 있는 사람은 일생 먹을 걱정을 하지 않

습니다.

- 입 끝이 조금 내려가 있는 사람은 재산이 흩어지는 경우가 있습니다.

야가라우메사츠의 질문

「"입으로 자손의 유무를 볼 수 있다는 것은 무슨 말입니까?"

거사께서 말씀하시기를

"입은 몸의 근본이고 정신(기력)의 문입니다. 원래 남성은 양(陽)이기 때문에 항상 입을 다물고 있으며 여성은 음(陰)이기 때문에 항상 입을 열고 있습니다. 이것이 음(陰)과 양(陽)입니다. 음과 양이 서로 사귀어서 자손을 생산하기 때문에 입이 자손을 담당하기 때문에 그 유무(有無)를 보는 것입니다. 이런 음양의 이치를 거스르는 입을 가진 사람은 자손과 인연이 적습니다."」

다나카이오리의 질문

「"윗입술보다 아랫입술이 나온 사람은 어째서 윗사람이 등을 돌린다고 하십니까?"

거사께서 말씀하시기를

"입술은 비장의 싹입니다. 오행으로는 토(土)에 해당합니다. 또 윗입술은 천(天)이고 아랫입술은 지(地)에 해당하기 때문에 하늘이 만물을 덮고 있는 형상입니다. 따라서 윗입술이 아랫입술을 덮는 듯한 모습은 천지자연에서 보는 자연스러운 모습입니다. 반대로 아랫입술이 윗입술을 덮고 있는 것은 천지의 모습을 거스르는 형상입니다. 이런 사람은 만사가 조화롭지 못해서 윗사람을 극하고 주제 넘는 행동을 해서 윗사람이 등을 돌립니다."」

「"입 모양이 삼각형인 사람은 화(火)의 기운이 심해서 일을 해도 모두 실패한다는 것은 어째서 그렇습니까?"
거사께서 말씀하시기를
"입은 '큰 바다'로 수기(水氣)가 모인 곳입니다. 또 삼각형은 화(火)의 모습입니다. 이것은 '수극화(水剋火)'가 되기 때문에 이런 이치로 인해 이런 입모습을 가진 사람은 매사에 실패하기 쉽습니다. 얕은 이치입니다만 잘 생각해 보십시오."」

기요기타의 질문

「"입이 나온 사람은 왜 자식과 인연이 적고 어리석습니까?"
거사께서 말씀하시기를
"입은 언어의 문입니다. 언어는 자신의 현명함과 어리석음을 드러냅니다. 입이 나온 사람은 언어를 자유자재로 사용할 수 없어서 어리석습니다. 또 입은 자손을 담당하는 곳입니다. 입이 나와 있으면 원활하게 사용하지 못해서 자식과 인연이 적은 것입니다."」

하나요켄의 질문

「"입이 작은 사람은 소심하고 작은 일에 잘 놀라며, 입이 큰 사람은 너무 큰 기대를 지니고 있다는 것은 왜입니까?"
거사께서 말씀하시기를
"남성은 양(陽)으로 입이 크고, 여성은 음(陰)으로 입이 작습니다. 그래서 남성이 입이 작다는 것은 여성의 입을 가지고 있는 것으로 소심하고 조그마한 일에도 놀라는 것입니다. 또 이것은 음양의 이치를 거스르기 때문에 자식과 인연이 작다고 말합니다." 」

리츠타요리쿠라의 질문

「 "입속에 항상 침이 많이 고여있는 사람은 일찍부터 부모와 헤어진다는 것은 어째서 그렇습니까?"

거사께서 말씀하시기를

"위장은 침을 만드는 곳입니다. 어린 시절에 부모와 떨어지면 자기 신체를 보살필 수 없습니다. 그래서 자연히 위가 약해져서 항상 침이 고여 있는 것입니다." 」

「 "윗입술이 조금 위로 올라간 사람은 왜 끈기가 없고 자식과 인연이 작습니까?"

거사께서 말씀하시기를

"윗입술이 조금 위로 올라간 사람은 기력이 자연스럽게 빠져서 끈기가 없습니다. 또 입꼬리가 약간 올라간 사람은 먹고 살아가는데 곤란하지 않으며, 입꼬리가 내려간 사람은 복이 없어서 땅에서 이리저리 옮겨 다닙니다. 재산을 잃어버리는 경우도 많습니다." 」

치아에 대하여

• 이는 신장과 신체의 강약을 볼 수 있습니다.

• 이가 하얗고 짧으며 작은 사람은 낮은 상(相)입니다. 일생 먹

을 것을 구걸할 수 있습니다. 또 다른 사람 위에 서지 못하고 사고를 조심해야 합니다.

- 치열이 나쁜 사람은 부모와 인연이 약한 사람입니다. 만일 부모와 같이 오랫동안 생활한다면 그 사람은 부모에게 아픈 손가락과 같은 자식입니다. 신장이 약하고 끈기가 없습니다.

- 이와 이사이에 틈이 있는 사람은 끈기가 없습니다. 가족과의 인연이 적으며 비록 가족과 인연이 있더라도 사이는 좋지 않습니다.

- 두 앞니 사이에 틈이 보이는 사람은 끈기가 적고 사려가 깊지 않습니다. 눈물이 많고 가업을 계승하지 못합니다.

- 이가 긴 사람은 가난한 상일지라도 가난하지 않습니다. 처지에 합당한 복이 있습니다. 또 위험한 일을 만나도 피할 수 있습니다.

- 윗니가 구부러진 듯한 모양을 한 사람은 화가 났던 일을 언제까지 잊지 않으며 집념이 강한 면모를 지닙니다.

- 앞니 2개 사이에 송곳니처럼 예리한 이가 있는 사람은 한번 크게 부모에게 불효합니다. 또 처자식과도 인연이 적으며 집안을 몰락시킵니다. 집을 떠날 수도 있습니다.

- 앞니 2개 좌우에 송곳니가 있는 사람은 가족 간에 사이가 좋지 않으며 부모의 가업을 절대로 잇지 못합니다.

- 바랜 뼈 같이 빛이 없는 하얀 치아를 가진 사람은 반드시 죽을 때의 모습이 나쁘고 음식을 구걸합니다.

- 앞니 두 개가 병풍처럼 서서 안쪽으로 들어가 있는 사람은 다른 사람을 도울 일이 많으며 처지에 맞는 복이 있습니다. 특히, 가난한 사람은 이런 치아 형태가 없습니다.

모리슈케이의 질문

「 "이는 몸의 어디에 해당하며 무엇을 담당하고 있습니까?"

거사께서 말씀하시기를

"이는 신장의 표식이며 뼈의 여분입니다. 이것은 부모의 골육이기도 합니다. 결국 윗니는 천(天)으로 양(陽)을 담당하고, 아랫니는 지(地)로 음(陰)을 담당합니다. 그래서 이것을 천지(天地) 음양(陰陽)이며 부모의 관입니다. 그래서 세상에서는 윗니가 빠질 때는 하늘로 돌아가고 아랫니가 빠질 때는 땅으로 돌아간다고 말합니다. 이것이 천지자연의 법칙입니다." 」

「 "앞니의 사이가 벌어진 사람은 왜 끈기가 없습니까?"

거사께서 말씀하시기를

"앞니 두 개는 숨이 들어가고 나가는 문입니다. 이것은 '당문(當門)'으로 기력의 문이기도 합니다. 이 기력의 문이 항상 열려있으면 기력이 빠져나갑니다. 그래서 끈기가 없습니다. 또 앞니 두 개는 부모를 나타내고 그 좌우는 친척을 나타냅니다. 치아 사이에 틈이 있는 사람은 가족들과 틈이 있는 것과 같아서 가족들과의 인연이 적은 것입니다. 또한 친척들과도 틈이 있어서 연결되지 않아 나쁘다고 말합니다. 앞니 두 개의 좌우에 있는 이가 뽀족한 사람은 가족들에게 칼을 휘두르는 것과 같아서 역시 사이가 나쁩니다."」

기무라도미나미의 질문

「"치아 끝이 뾰족한 사람이 육식을 좋아하는 것은 왜입니까?"

거사께서 말씀하시기를

"치아 끝이 뾰족하고 다리가 4개인 것은 일반적으로 동물의 모습이며 육식을 합니다. 그래서 치아 끝이 뾰족한 사람도 육식을 좋아한다는 의미가 됩니다. 그러나 신에게서 신체를 부여받은 인간은 네 발 가진 동물의 눈과 이를 갖지는 않습니다. 만약 고귀한 인간에게 네발 달린 동물의 눈이 있다면 어떻게 생각하는 것이 좋겠습니까? 네발 달린 동물의 형태를 어떤 사람에게서 볼 수 있다 해도 간단하게 생각하고 판단하면 안 됩니다."」

다키 슈스케의 질문

「"치열이 나쁜 사람은 왜 부모와의 인연이 적습니까?"

거사께서 말씀하시기를

"이는 신장과 통하며 뼈의 여분입니다. 그래서 부모가 나이들어 낳은 자식은 신장이 약하고 뼈도 가늘어서 치열이 나쁘게 됩니다. 그래서 이가 고르지 못한 사람은 부모와 인연이 적다고 말합니다. 또한 부모가 젊더라도 체력이 쇠해서 신장이 약할 때 태어난 자식은 역시 신장이 약해서 치열도 나빠집니다. 그러나 부모가 노인이 되어 낳은 자식인데도 뼈가 두꺼운 사람이 있습니다. 이런 뼈에는 기운이 머물러 있지 않습니다. 이런 사람은 아무리 치열이 고르더라도 치아에 기운이 존재하지 않기 때문에 신장이 약합니다."」

「"이에 기운이 존재하지 않는다는 것은 어떤 의미입니까?"
거사께서 말씀하시기를
"예를 들면 초목에 뿌리가 얕은 것입니다. 이처럼 이에 기운이
존재하지 않는다는 것입니다."」

엔타다헤의 질문

「"부모와 함께 오랫동안 생활하고 있는 사람인데 치열이 나쁜
사람은 그 부모의 아픈 손가락과 같은 자식이란 것은 무슨 이
유입니까?」
거사께서 말씀하시기를
"이는 한번 생기고 빠지고 다시 올라옵니다. 두 번째 올라올
때 부모가 지나치게 애정을 쏟아서 잘 못 성장했기 때문에 치
열이 나빠진 것입니다."」

제

5

권

인중에 대하여

- 인중은 정신(기력)의 강약과 생명의 장단 그리고 자손의 유무를 볼 수 있습니다.

- 인중이 짧은 사람은 끈기가 없으며 경솔한 사람입니다. 이런 사람은 눈물이 많고 작은 일에도 놀랍니다. 또 사람들과 교제를 지속하지 못합니다.

- 인중이 부드럽고 바르게 보이는 사람은 마음이 바르고 부드러우며 눈물이 많은 사람입니다. 작은 일에 놀랍니다.

- 인중에 야무지고 막혀있는 사람은 마음도 야무지고 처지에 적합한 복이 옵니다.

- 인중에 막혀있지 않은 사람은 마음도 야무지지 않고 운이 열리지 않습니다.

- 좋은 관상일지라도 인중이 야무지지 않고 윗입술이 살짝 들려있는 사람은 운세가 좋다고 말할 수 없습니다. 그러나 앞니가 빠질 때부터는 자연스럽게 운이 좋아질 것입니다. 다만 항상 인중이 막혀있던 사람은 앞니가 빠질 때부터 운세가 나빠집니다.

- 인중에 수염이 많은 사람은 일찍부터 자기 역할을 압니다.

- 인중에 가로 주름이 있는 사람은 자식과 인연이 적고 비록 자식이 있어도 의지처가 될 수 없습니다. 또 자식이 많을 때는 오히려 늙어서 고생합니다.

- 인중에 수염이 적은 사람은 매사에 활동적이며 재능이 있습니다.

- 인중에 수염이 많은 사람은 활동적이지 않지만, 마음은 풍요롭습니다.

- 인중이 길고 윗입술과 치아가 같이 나란한 사람은 대단히 좋은 관상입니다. 지도자가 되며 다른 사람들로부터 대접을 받습니다. 또 가난한 생활을 하는 사람은 힘이 되는 사람이 나타날 것입니다. 물건과 집을 자유로이 관리할 수 있습니다.

- 인중의 도랑이 깊은 사람은 목표를 정하지 못하고 운도 열리지 않습니다. 도랑이 얕아지면서 목표도 정해지고 운세도 열려갑니다.

엔토만사쿠기의 질문

「 "인중으로 정신의 강약을 볼 수 있으며 또 자식을 담당하는 것은 어째서 그렇습니까?"

거사께서 말씀하시길

"인중은 입과 같아서 정신이 모이는 곳입니다. 기쁜 마음으로 활짝 웃을 때는 인중도 자연히 열립니다. 또 기운을 끌어당길 때는 입을 먼저 닫고 인중을 닫는 순서로 움직여서 기(氣)를 유지합니다. 그래서 인중은 정신의 강약을 볼 수 있는 부위입니다. 수명도 이와 같습니다. 인중은 임맥(任脈, 사람의 목숨을 끊는 급소)이며 동시에 기혈의 통로입니다. 그래서 자손을 담당합니다." 」

「 "인중이 느슨하지 않은 사람은 마음도 야무지다는 것은 어째서 그렇습니까?"

거사께서 말씀하시길

"기(氣)를 끌어모을 때는 육근(六根)*도 기(氣)를 따라 온몸에 있는 문을 닫습니다. 이것은 입을 다무는 것과 같아서 입을 닫으면 자연히 인중이 조여져서 마음도 닫힙니다. 그래서 인중이 쫀쫀하게 조여있는 사람은 마음도 야무진 사람입니다. 또 마음이 야무지지 않을 때는 나라의 임금인 마음을 정하지 못한 것과 같습니다. 결국 온몸에 있는 문을 단속하지 못해서 육근(六根) 즉 신하가 자유롭게 돌아다니면서 임금을 멸망시키는 것입니다."」

가토요시스케의 질문

「"인중에 수염이 많은 사람은 일찍부터 자신을 분별한다는 것은 왜입니까?"

거사께서 말씀하시길

"인중의 좌우에는 식록(食祿)의 관이 있습니다. 인중에 수염이 많이 있을 때는 식록의 관이 충실해서 일찍부터 자신을 분별한다는 이치입니다. 또 가난한 사람일지라도 분별력이 있는 사람은 마음의 복이 많은 것입니다."」

「"인중에 가로 주름이 있는 사람은 자식과 인연이 적고 비록 자식이 있어도 의지처가 안되는 것은 왜입니까?"

거사께서 말씀하시길

"인중은 기와 혈의 통로라서 자손을 담당합니다. 그래서 인중

---

* 육근 (六根) [불] 육식(六識)을 낳는 여섯 가지 근원《눈·귀·코·혀·몸·뜻의 총칭》.

에 가로 주름이 있다는 것은 그 주름이 자손에게 상처를 입히기 때문에 자손과의 인연이 적다고 말합니다.”」

다카라이즈미엔보인의 질문

「 “인중이 길고 윗입술이 치아에 붙는 사람은 대단히 길(吉)한 사람이라는 것은 왜입니까?”

거사께서 말씀하시길

“이는 오행에서 금에 속하고, 입술은 수에 속합니다. 그래서 이와 입술이 나란히 정돈되어 있을 때 이것을 ‘입의 상생’이라 합니다. ‘금생수(金生水)’가 되어서 대단히 좋은 길상이 됩니다. 또 이와 입술은 언어의 문입니다. 말의 문이 상생이니 ‘영웅의 말’이라 합니다. 또한 입은 큰 바다이며, 인중은 도랑으로 물이 지나가는 통로입니다. 그래서 인중이 길고, 치아가 모두 나란히 잘 갖추어진 사람은 물의 통로에서 큰 바다까지 통하는 길이 깔끔하게 연결되어 만사가 순조롭게 진행한다고 합니다.”」

「 “인중의 도랑이 깊다는 것은 목표를 정하지 못하며 운도 열리지 않지만, 인중의 도랑이 얕아지면서 목표도 정해지고 운도 열린다는 것은 어째서 그렇습니까?”

거사께서 말씀하시길

“인중은 기가 모이는 곳입니다. 그래서 기운이 모일 때는 인중도 자연히 막히고 도랑이 얕아집니다. 그래서 기가 모일 때는 마음도 바르게 되기 때문에 운이 열린다고 말합니다.”」

미나미오켄의 질문

「 "얼굴이 넉넉하고 복이 있는 관상일지라도 인중의 앞이 조금
쳐 올라간 사람은 모든 일이 순조롭지 않다는 것은 어떤 이유
입니까?"

거사께서 말씀하시길

"얼굴은 신체에서 보면 화려한 꽃입니다. 입은 큰 바다이고 인
중은 물의 길입니다. 얼굴이 넉넉한 사람은 신체의 꽃이 활
짝 피어있는 사람입니다. 그러나 인중의 앞부분이 조금 쳐 올
라갈 때는 도시에서 항구로 연결된 길이 나쁜 것과 같습니다.
도시로 향하는 길은 사방에서 오는 항로로 자유롭고 문제없
이 통해야 번성합니다. 그러나 인중의 앞부분이 조금 쳐 올라
갈 때는 도시로 향하는 물길에 문제가 생겨서 통하지 않는다
는 의미입니다. 다만 앞니가 빠지면 인중에 있는 살집이 가라
앉아서 도시로 향하는 물길이 좋아지기 때문에 운도 잘 열린
다고 말할 수 있습니다." 」

처첩(妻妾)·어미(魚尾)·남녀(男女)에 대하여

• 처첩은 아내를, 남녀는 자식에 관하여 볼 수 있습니다.

• 처첩이 대단히 낮은 사람은 아내와 인연이 적어서 인연이 변
  하기 쉽고, 자식과의 인연도 적은 사람입니다.

• 첩에 사마귀, 점, 상처나 주름도 없이 깨끗한 사람은 좋은 아
  내를 맞이합니다. 부부도 원만하고, 집안도 잘 정돈되어 있습
  니다. 아내에 대해서는 엄격한 태도를 보입니다.

- 어미의 주름이 아래로 내려간 사람은 도량이 없고 출세도 늦은 사람입니다. 또 이런 관상을 가진 남성의 아내는 기가 세고 남편보다 강한 여성입니다.

- 어미의 주름이 턱수염에 닿을 만큼 길게 있는 사람은 목표를 갖는 것이 늦습니다.

가와구치분가쿠의 질문

「 "처첩이 낮은 사람은 왜 아내와의 인연이 바뀝니까?"
거사께서 말씀하시길
"처첩은 부부의 인연을 담당합니다. 그래서 처첩이 대단히 낮을 때는 이것을 '처첩의 관이 성립되질 않았다'라고 해서 아내와의 인연이 바뀝니다." 」

「 "처첩에 살집이 있고 대단히 높은 사람은 왜 아내와의 인연이 바뀐다고 합니까?"
거사께서 말씀하시길
"처첩에 살집이 많아서 대단히 높을 때는 처첩의 관을 유지하지 못합니다. 가득 차면 기우는 것은 자연의 이치라서 아내와의 인연이 바뀐다고 말합니다. 또한 처첩에 살집이 적당하고 사마귀, 점, 상처나 주름도 없이 풍성할 때는 '처첩의 관이 이루어졌다' 혹은 '처첩의 관을 얻었다'라고 해서 좋은 아내를 얻을 관상이 됩니다. 그래서 아내를 맞이하고 좋은 운이 된다고 말합니다. 또 처첩에 사마귀, 점, 상처가 없는 것은 부부 사이에 문제가 없는 것과 같아서 이것을 '처첩의 관이 바르다'라고 말합니다." 」

타이 세이니로의 질문

「"남녀에 살집이 없는 사람은 왜 자식과의 인연이 적다고 합니까?"

거사께서 말씀하시길

"남녀는 자식의 관입니다. 살집이 모이지 않을 때는 자손의 관도 모이지 않아서 자식과 인연이 적다고 말합니다."」

「"어미의 주름이 아래로 내려간 사람은 아내의 기가 강한 사람이라고 말씀하시는 것은 왜 그렇습니까?"

거사께서 말씀하시길

"어미의 주름이라는 것은 아내의 관입니다. 당연히 어미보다 위에 있다는 것은 아내의 기세가 남편보다 강하다는 의미입니다."」

인당(印堂)·명궁(命宮)에 대하여

1. 인당은 모든 일에 대한 희망을 볼 수 있습니다. 그리고 명궁은 병에 관한 것과 생명의 길고 짧음을 볼 수 있습니다.

1. 인당 사이가 좁은 사람은 마음이 조급합니다. 끈기는 없고 눈물이 많은 편입니다. 집안을 몰락시킵니다.

1. 인당 사이에 사마귀, 점, 상처가 있는 사람은 모든 일이 80 내지 90퍼센트 정도 완성해도 소용없게 되는 경우가 많이 있습니다. 가업을 잇지 못하고, 윗사람과 의견이 맞지 않습니다. 인당에 세로 주름이 이 많은 사람은 집안이 어지러운 사람입니다. 어떤 일을 시작해도 좌절하기 쉽고 고생이 끊이지 않습니다.

1. 인당이 대단히 넓은 사람은 병이 적은 사람입니다. 그러나 마음을 긴장시키지 않아서 출세가 어렵게 됩니다. 또 이런 사람은 절약하는 척해도 절약하지는 않습니다.

1. 인당의 넓이는 손가락 2개 정도로 사마귀, 점, 상처, 주름도 없이 깨끗한 사람은 귀인이나 윗사람과의 교제가 많은 사람입니다. 또 집안이 일어나고, 처지에 맞는 행운이 있습니다.

1. 명궁이 꽉 잡아놓은 듯이 좁은 사람은 친척과의 인연이 적고, 집안을 몰락시킵니다. 고생이 끊이지 않으며 고독한 상입니다.

1. 명궁이 넓은 사람은 재능이 부족하고 매사에 하고 싶은 의욕이 없습니다. 그러나 이런 사람은 뛰어난 재능은 있어도 세상 물정에는 어두운 사람입니다.

1. 명궁이 좁은 사람은 마음이 조급합니다. 세상 물정에는 능통하지만 단명합니다.

1. 명궁이 높지도 낮지도 않고 사마귀, 점, 상처가 없는 사람은 가족 친척 사이가 원만하고 처지에 맞는 복이 있습니다.

야마구치우메츠키의 질문

「 "인당이 좁은 사람은 왜 마음이 조급한 것입니까?"

거사께서 말씀하시길

"인당은 기혈이 충만한 임맥(任脈, 생명을 끊는 급소)에 있습니다. 그래서 신체에서 신장의 혈이 적으면 인당의 기혈도 적어져서 자연히 털이 나옵니다. 이런 이유로 인당이 좁아집니다. 예를 들면, 사람들의 왕래가 빈번한 장소에는 나무나 풀의 싹은 나오지 않습니다. 왕래가 드문 장소는 초목이 무성합니다. 이처럼 인당이 좁은 사람은 신장의 혈이 부족한 것으로 이럴 때 마음이 고조되어 조급해집니다."」

「"인당이 좁은 사람은 귀인이나 윗사람과 교제가 적은 것은 무슨 이유입니까?"

거사께서 말씀하시길

"코는 중앙에 있고 자신의 신체에 해당합니다. 그래서 인당에서 위쪽은 윗사람을 담당하는 부분이기 때문에 인당이 좁은 사람은 자신의 신체(코)에서 윗사람과 연결되는 통로에 문제가 있어서 좁아진 사람입니다. 그래서 인당이 좁은 사람은 귀인이나 윗사람과의 교제가 적다고 말합니다. 인당이 넓고 사마귀, 점, 상처 등 아무 문제 없이 자신의 신체(코)부터 인당까지 윗사람과 통하는 길이 좋아지기 때문에 귀인이나 윗사람과 많이 교제합니다."」

우메유키의 질문

「"인당 사이에 사마귀나 점, 상처가 있는 사람은 하고 싶은 일을 80 내지 90퍼센트까지 완성해도 소용이 없는 경우가 많다는 것은 왜입니까?"

거사께서 말씀하시길

"인당 사이에 사마귀, 점, 상처가 있는 사람은 자신의 신체에서 천(天)으로 통하는 길에 문제가 있는 사람입니다. 그래서 자신이 행한 일이 소용없어지고 운도 나쁘다고 합니다."」

「"인당이 대단히 넓은 사람의 신체는 강해도 마음이 야물지 못하다는 것은 어째서 그렇습니까?"

거사께서 말씀하시길

"인당은 간의 기운이 모이는 곳입니다. 그래서 사물을 깊게 생각할 때는 인당에 기(氣)를 모아서 집중시킵니다. 그래서 인당에 세로 주름이 만들어지고, 이것을 '생각 주름'이라고 합니다. 또 평소에 인당에 기를 집중시키지 않는 사람은 인당이 넓고 풍부한 사람입니다. 이것은 마음에 야무짐이 없는 것과 같습니다. 인당이 대단히 넓은 사람은 마음도 야무지지 않고, 마음이 야무지지 않은 사람은 심한 괴로움도 적어서 신체가 건강해집니다"」

사츠키하라도메의 질문

「"명궁이 좁은 사람은 왜 가족과 인연이 적다고 합니까?"
거사께서 말씀하시길

"눈썹은 가족에 해당하고 코는 자신의 신체에 해당합니다. 명궁은 자신과 가족들 사이에 있습니다. 그래서 명궁이 좁은 사람은 가족들과 자신 사이가 좁아서 길이 서로 통하기 어렵기 때문에 식구들과 인연이 적다고 합니다. 또한 명궁이 좁고 날카롭게 튀어나온 사람은 자기와 가족 간에 칼을 휘두르는 형상과 같아서 가족끼리 사이가 좋지 않다고 합니다. 반대로 명궁에 아무런 문제가 없이 풍성한 사람은 가족끼리 사이가 좋습니다."」

「"명궁이 낮은 사람은 왜 끈기가 없다고 합니까?"
거사께서 말씀하시길

"명궁은 코의 근원이고, 코는 비장의 토(土)에 속합니다. 그래서 명궁이 낮은 것은 비장의 토(土)가 약한 것과 같은 것으로 끈기가 없습니다. 또 코는 자신의 신체에 해당합니다. 명궁이 낮은 것은 자신의 신체가 낮은 것과 같아서 마음도 낮습니다."」

니시미시바후의 질문

「 "명궁이 좁은 사람은 왜 마음이 조급한 것입니까?"
거사께서 말씀하시길
"명궁은 인당과 마찬가지로 간의 기운이 모이는 곳입니다. 간의 기운이 거꾸로 갈 때는 명궁에 기가 모이려고 좁아집니다. 그래서 명궁이 좁은 사람은 마음이 조급하다고 말합니다. 또 간의 기운이 적은 사람은 편안한 기분을 유지하려고 하면서 자연히 명궁도 넓어집니다."」

턱에 대하여

- 턱은 사람의 성질과 몸의 안정적 상태를 볼 수 있습니다.

- 턱이 예리하고 모나있는 사람은 윗사람을 배반하며 교만하고 집을 몰락시킵니다.

- 앞턱이 갈라진 사람은 집안을 잇지 못하고 집을 몰락시킵니다. 또 이사를 반복합니다.

- 턱이 없는 듯한 사람은 마음이 경박합니다. 집안을 몰락시키고, 가정이 안정되지 않습니다. 사람들에게 필요한 사람이라는 생각은 당연히 없습니다. 성격이 급한 관상을 가진 사람은 주의가 필요합니다.

- 턱이 얼굴에 비해서 넉넉한 사람은 처지에 맞는 복이 있습니다.

- 턱이 크고 살집이 많아서 부푼 것 같은 사람은 운이 없습니다. 매사가 순조롭지 않고, 현재 자신이 거주할 곳이 없음을 나타낸 것입니다. (턱의 살집이 단단하지 않고 처져 있는 모습)

- 턱이 앞으로 나와 있는 사람은 마음이 솔직하지 못하고 집안에 문제가 생깁니다.

- 턱에 주름이 좌우로 둘러서 있는 사람은 운이 열리고 있습니다. 또 주름이 조금 도는 것처럼 보이는 사람은 지금부터 천천히 운이 열리기 시작합니다.

- 턱에 주름이 깊게 돌아가 있더라도 주름에 힘이 없으며 마른 듯이 턱이 쓸쓸하게 보이는 사람은 과거에는 번창했지만, 현재는 쇠락하고 있는 사람입니다.

해골(害骨)에 대하여

- 해골이 높은 사람은 탐욕가입니다. 윗사람과 의견이 맞지 않습니다만, 자기 일은 열심히 합니다. 단지 그런 사람은 정신적인 부분을 고려해서 판단하십시오.

- 헤골이 없는 듯한 사람은 권위가 없으며 출세를 가늠하기 어렵습니다. 그러나 성격은 정직하고 일생 먹을 것은 걱정하지 않습니다.

- 해골에 살이 없어서 뼈가 높게 솟은 사람은 대단히 나쁜 상입니다. 한번은 성공하더라도 나중에는 반드시 성공이 소용없게 됩니다. 또 사람들과의 교제를 지속하지 못합니다. 다만 마음이 맑은지 탁한지에 따라서 차이가 있습니다.

- 해골이 솟아 있어도 살이 많이 있는 사람은 나쁜 상이더라도 그다지 나쁘지는 않습니다.

- 해골이 얼굴에 비해 살집이 있으며 넉넉하게 올라와 있다면 좋은 상이 됩니다. 마음이 정직하고 윗사람과의 교제도 좋으며 처지에 맞는 복이 있습니다.

오쿠모토사우에몬의 질문

「 "해골이 높은 사람은 탐욕으로 윗사람과 등지고, 또 턱뼈가 날카롭게 각이 진 사람도 윗사람을 등진다는 것은 어째서 그렇습니까?"
거사께서 말씀하시길
"코는 중앙의 임금입니다. 관골은 장군입니다. 그리고 귀에서 아래턱 주변까지는 제후로 봅니다. 그런데 해골이 높다는 것은 장군의 권위를 무시하고 제후가 고개를 들고 나서는 것으로 하늘의 도리에서 벗어납니다. 그래서 한번은 성공하더라도 그 후에는 소용이 없어집니다. 또한 해골이 없는 사람은 임금은 있어도 보좌할 제후가 없는 것이기 때문에 권위가 약하다고 말합니다." 」

가와바다우치쿠라의 질문

「 "턱이 짧은 사람은 집안의 질서가 안 잡히고, 안정되는 것이 늦다는 것은 무슨 이유입니까?"

거사께서 말씀하시길

"턱은 지(地)에 해당하고, 제후를 담당합니다. 그래서 턱이 짧은 사람은 땅을 지키는 제후가 없는 것으로 임금의 주거도 안정되지 않습니다. 그래서 이런 사람은 집이 늦게 안정되며 집안의 질서도 잘 정돈되지 않는다고 말합니다." 」

「 "턱이 긴 사람은 왜 집에 문제가 생기고, 집안 질서가 잡히지 않습니까?"

거사께서 말씀하시길

"턱이 긴 사람은 제후가 있더라도 그 제후들이 질서 정연하게 정돈되지 않습니다. 그래서 집안에 문제가 생기는 것입니다. 이것은 신하를 제대로 정돈하지 못해서 내란이 발생하는 것과 같습니다. 또한 턱에 살집이 너무 두터워 부풀어 오른 듯한 사람은 제후가 야무지지 못한 것과 같아서 자신의 영토를 정리하지 못한 것과 마찬가지입니다. 더욱이 턱은 지(地)에 해당하기 때문에 땅에 수기(水氣)가 지나치게 많아지면 만물이 생기지 않습니다. 그것과 같은 이치로 만사가 순조롭지 못하다고 말합니다.」

야마히가시쇼지로의 질문

「 "해골에 얼굴에 있는 살집이 있어서 넉넉해 보이는 사람은 마음이 정직하고 윗사람을 등지지 않는다고 하는 것은 왜입니까?"

거사께서 말씀하시길

"해골에 살이 있고 넉넉해 보이는 사람은 '제후의 관'이 풍부하고 바르다는 것과 같습니다. '제후의 관'이 풍성하고 바르다면 임금도 넉넉하고 바르며, 임금과 신하가 질서가 잡혀서 윗사람을 배신하지 않습니다."」

「 "턱이 뾰족하고 각이 진 사람은 왜 윗사람을 배신한다고 합니까?"

거사께서 말씀하시길

"턱이 뾰족하고 각이 진 사람은 제후의 관이 활개를 치고 있는 것과 같아서 윗사람을 배신한다고 말합니다."」

요시타자시우에몬의 질문

「 "얼굴에서 하정(下停)이 넉넉하고 주름이 턱을 돌아가고 있는 사람은 왜 운이 열리고 있다고 합니까?"

거사께서 말씀하시길

"얼굴에 하정이 넉넉하고 주름이 턱을 돌아가고 있는 것은 제후의 관이 충실한 모습입니다. 이런 시기는 임금의 권위도 강해집니다. 그래서 이런 모습일 때는 운이 열립니다. 또한 주름이 조금 생기는 듯하다면 그때부터 제후의 관에 힘이 생기는 것이기 때문에 운도 차츰 열려갑니다. 그러나 주름이 깊게 돌아가더라도 주름에 힘이 없고 턱이 쓸쓸한 듯이 보이는 때는 제후의 관이 한번은 번성했더라도 지금은 몰락하고 있는 것을 나타내는 것으로 군주도 쇠퇴합니다. 따라서 이런 상을 가진 사람은 현재 운이 약해지고 있다고 말합니다." 」

잡골격(雜骨格)에 대하여

- 눈썹꼬리에 단단하게 살집이 있는 사람은 처지에 맞는 복이 있고 희망이 실현됩니다. 가난한 상이라도 가난하다고는 보지 않습니다.

- 젊은 사람으로 눈썹꼬리 위에 살이 얇은 사람은 재산이 흩어지고 복이 없습니다.

- 젊은 사람으로 눈썹꼬리에서 눈꼬리까지 살이 없고 낮은 사람은 결혼하고 나서 운이 나빠집니다. 또한 부부관계가 나쁘고 자식과의 인연도 적습니다. 집안에 어려움이 끊이지 않습니다.

- 손바닥에 흔히 말하는 '천하의 주름(수직 주름으로 중지까지 이어서 있는 것, 운명선)' 지나가고 사람은 집안 친척 중에 스님과 같은 종교관계자가 있습니다.

- 성격이 급해도 붙임성이 있는 사람의 마음은 착하든 그렇지 않든 강하고, 눈물이 많은 사람입니다. 또 사람들 일을 많이 도와줍니다.

- 목에 있는 뼈(목젖)가 낮은 사람은 눈물이 많고 경박합니다. 조그마한 일에 놀라고 끈기가 없습니다.

- 얼굴이 넉넉한 사람은 장남의 상입니다. 동생이라면 장남 역할을 하며 마음도 넉넉합니다.

- 얼굴이 좁고 여유가 없는 사람은 동생의 관상입니다. 마음이 조급하고 가업을 잇지 못하며 오히려 양보합니다.

- 신체도 머리도 작으며 얼굴에 살이 적은 사람은 반드시 집안을 몰락시킵니다. 여자 때문에 문제가 많고 이혼 또는 재혼합니다. 또 윗사람과 등지고 운이 없습니다.

- 머리카락도 눈썹도 많은 사람은 동생의 상입니다. 마음이 조급하고 끈기가 없습니다.

- 머리카락도 눈썹도 얇은 사람은 장남의 상입니다. 동생일지라도 장남의 역할을 하고 집안을 이어나갑니다. 또 마음이 넉넉한 사람입니다. 역시 머리카락이 많다는 것은 털이 두꺼우며 검고 단단한 것입니다. 머리카락이 적다는 것은 머리 털이 가늘고 부드러우며 직모를 말합니다.

- 남성인데 부드럽고 붙임성이 있는 자식의 뒤를 이어서 또 자식을 낳으면 여자를 낳습니다. 그 뒤도 역시 여자만 낳습니다. 이런 사람은 끈기가 없습니다.

- 몸이 살찌고 수기(水氣)가 있는 것처럼 살집이 단단하지 않게 늘어진 사람은 아무튼 중풍을 조심하십시오.

- 여성이면서 머리카락이 난 조금 안쪽으로 사마귀, 점이 있는 사람은 이혼이나 재혼을 합니다. 혹시 이런 모습으로 집안 사정이 어려운 여성에게 정부(情夫)가 생긴다면 더 큰 어려움이 있습니다. 사마귀나 점은 크기가 중요합니다.

- 산림(山林)의 피부에 머리카락 끝이 그 주변까 지 깊게 내려와 있는 사람은 부모에게 받은 재산이 줄어들고 집안을 몰락시킵니다. 사람에 따라서는 일찍 은퇴하게 됩니다.

잡문답

마츠모토나가미즈의 질문

「 "천창(天倉, 눈썹꼬리의 윗부분)을 왜 복당(福堂) 또는 천이(遷移)라고 합니까?"

거사께서 말씀하시길

"천창은 하늘의 창고입니다. 그래서 그곳에 가득 살이 붙어있을 때는 하늘에 있는 창고가 가득해서 '복당이 된다'라고 합니다. 또 하늘에서 오는 복이 있을 때도 천창에서 혜택이 옮겨오기 때문에 '천이(遷移)'라고 합니다. 그러나 천창에 살집이 없을 때는 하늘에서 복이 오지 않기 때문에 당연히 이런 사람도 복이 없는 사람입니다. 천창에 가득 살이 있을 때는 복이 많아 하늘에서 복이 넘치는 것과 같습니다. 이런 사람을 복이 많은 사람이라고 합니다." 」

「 "하늘의 은혜에 대해서는 그 도리를 말씀하셨습니다. 자신의 노력에 따라서 얻는 복은 어디에, 어떻게 드러나게 됩니까?"

거사께서 말씀하시길

"그것은 땅의 곳간(입부터 그 아래)에 나타납니다. 하늘의 은혜는 천창 또는 복당에서 움직입니다. 자기 노력으로 얻는 복은 지고(地庫) 즉 땅의 곳간에 드러나고 법령으로 나아갑니다. 이것을 '천지(天地)의 복분(福分)'이라고 합니다."」

와타미로의 질문

「"복당에서 처첩까지 살이 꺼져있는 사람은 왜 결혼한 후 운이 나빠지는 것입니까?"

거사께서 말씀하시길

"복당에서 처첩까지 살이 꺼져있는 사람은 처첩이 복당을 극(克)하는 형상입니다. 이것은 처와 재산의 관이 없는 것과 같아서 결혼 후부터 운이 나빠집니다. 그러나 이 부위에 살집이 풍성한 사람은 부인과 재산에 관을 얻은 것과 같아서 결혼 후에 운이 좋아지고 복을 받습니다."」

스즈키노코의 질문

「"손바닥의 세로로 있는 줄을 '천하의 주름(운명선)'이라 하는 것은 어째서 그렇습니까?"

거사께서 말씀하시길

"손바닥에는 천지인(天地人)의 3가지 주름이 있습니다. 지(地)에서 주름이 길어져서 천(天)까지 올라가기 때문에 '천하의 주름(운명선)'이라 합니다. 이 의미는 나의 몸 속에 나를 지키는 무사가 있는 것입니다. 이것을 이르는 속담에 '자식 한

명 출가하면 9대가 하늘에서 만들어진다'라는 의미와도 같습니다. 그래서 이런 주름의 의미는 집안에 종교에 귀의한 사람이 있다는 것입니다."」

「 "성질은 급해도 붙임성이 있는 사람은 마음이 착하든 악하든 강하다는 것은 왜 그렇습니까?"
거사께서 말씀하시길
"성질이 급하다는 것은 일시적으로 악한 것입니다. 붙임성이 있는 것은 생애에 걸쳐서 선한 것입니다. 그래서 선과 악을 지닌 마음을 가지고 태어난 것입니다. 성질이 급한 것은 스스로 자신을 망가뜨리고, 마음이 넉넉한 사람은 몸도 여유롭습니다. 성질이 급하지 않다면 그 사람의 처지도 안정되며 운도 찾아와 대단히 좋아집니다."」

다카하시리츠하치의 질문

「 "목젖이 낮은 사람은 눈물이 많고 작은 일에도 놀란다는 것은 어떤 이유에서 그렇습니까?"
거사께서 말씀하시길
"남성은 양(陽)으로 목젖이 높고, 여성은 음(陰)으로 목젖이 낮아서 목젖이 낮은 사람은 여성의 형상을 지닌 것으로 눈물이 많고 작은 일에도 놀랍니다. '놀라는 것'은 여성이 지닌 성질입니다."」

나가오신고의 질문

「 "얼굴이 넉넉한 사람은 장남의 상이고 좁고 여유가 없는 것은 동생의 상이라는 것은 어째서 그렇습니까?"

거사께서 말씀하시길

"장남으로 태어난 사람은 부모로부터 총애를 받습니다. 이 말의 의미는 부모와 자식 사이의 연대감이 대단히 강하다는 의미입니다. 그래서 이 아이는 여유 있게 성장해서 얼굴도 자연히 넉넉해집니다. 또한 장남으로 태어난 사람은 태어나면서부터 집안의 가업을 상속받기로 정해져 있어서 자연스럽게 얼굴이 넉넉하게 됩니다. 그러나 동생으로 태어난 사람은 태어나면서 상속받지 못하며 부모의 마음도 장남과 비교해서 많이 차이가 나기 때문에 스스로 얼굴에 여유가 없습니다."」

요시타기요야마의 질문

「"가난한 집안에 태어난 사람은 비록 장남이더라도 얼굴이 넉넉하지 않은 것은 왜입니까?"

거사께서 말씀하시길

"가난한 가정은 살기 위해 온 힘을 다 쏟기 때문에 장남일지라도 애정을 받지 못합니다. 이런 자식은 슬픈 일이 많아서 장남이라도 얼굴이 넉넉하지 못합니다. 그리고 가난한 가정은 집이 좁고 여유가 없어서 얼굴도 넉넉해지지 않습니다."」

미나미오켄의 질문

「"선생님께서는 머리카락이나 눈썹이 적은 사람은 장남의 상이고, 머리카락이나 눈썹이 많은 사람은 동생의 상이라 하셨습니다. 그러나 장남이라도 머리카락이나 눈썹이 많은 사람이 있습니다. 이것은 어떻게 된 것입니까?"

거사께서 말씀하시길

"머리카락이나 털은 피의 싹으로 신장에 속합니다. 장남이어도 부모의 혈기가 약하고, 기력이 없을 때 임신하면 그 싹이 안정적이지 못해서 머리카락이나 눈썹이 많아집니다. 또 동생이더라도 부모의 기와 혈이 충실하고 기력이 있을 때 임신하면 그 싹이 강하고 무성해서 머리나 눈썹의 숱이 적습니다."」

아키야마나오키의 질문

「"부드럽고 붙임성이 있는 남성은 자식을 낳으면 딸을 낳고, 그 후도 여자만 낳는다는 것은 왜 그렇습니까?"

거사께서 말씀하시길

"부드럽고 붙임성이 있다는 것은 기(氣)가 약한 것입니다. 그래서 기(氣)가 약한 남성은 여성의 기세에 눌립니다. 이런 사람이 부부관계를 하면 자신의 기가 여성의 기에 빨려 들어가기 때문에 여자아이가 태어납니다. 이것은 자연의 이치입니다. 그래서 붙임성이 있는 남성은 자식 중에 여자가 많다고 말합니다. 보통 기(氣)가 강한 남성일지라도 기력이 약해졌을 때 부부관계를 하면 여성의 기세에 눌려서 여자아이가 태어납니다."」

후지나와긴베의 질문

「"어떤 이유로 중풍에 걸립니까?"

거사께서 말씀하시길

"천지(天地)에는 수기(水氣)가 있고, 사람에게는 피와 혈이 있습니다. 천지에 있는 수(水)의 기운은 밤과 낮을 돌며 사람의 피는 밤과 낮에 온몸을 돌고 있습니다. 그래서 신체가 건강하면 피도 건강하고, 피가 건강하면 신체도 건강합니다. 이 두 개는 각각 나누어 생각할 수 없습니다. 그래서 기혈(氣血)이 가득 넘칠 때는 신체도 건강하지만, 기혈이 마를 때는 신체도 쇠약합니다. 또 젊었을 때는 건강하고 기혈도 순조롭게 돌아서 중풍에 걸리지 않습니다. 그러나 나이가 들면 점차로 기가 쇠약해져서 신체를 돌고 있는 기혈이 적어집니다. 그래서 손과 발에 저리는 현상이 생깁니다. 중풍에 걸리는 사람은 신체가 뚱뚱하고 수(水)의 기운이 많아서 살집이 단단하지 않습니다. 이것은 혈액이 지나치게 많기 때문입니다. 이런 사람은 잠이 들면 기와 혈의 통로가 막혀서 돌지 못합니다. 그래서 온몸에 저림이나 마비가 일어납니다. 아침에 일어나면 기혈의 길이 열려서 기혈이 순조롭게 돌기 시작해서 저림이나 마비가 풀립니다. 나이가 들면 건강은 약해지고 기혈의 길도 불완전해집니다. 이렇게 기혈의 순환이 나빠지면서 중풍에 걸리는 것입니다. 그러나 역시 여성에 있어서는 조금 달라집니다."」

니시오시바후의 질문

「 "여성이 머리카락 안쪽으로 작은 사마귀나 점이 있는 사람은 정을 통하는 남자인 정부(情夫)로 인해 문제가 생긴다는 것은 왜입니까?"

거사께서 말씀하시길

"사마귀나 점은 피의 싹으로 신장에 속하고 음(陰)입니다. 또 얼굴은 천(天)을 담당하는 부분입니다. 천(天)에 해당하는 부분에 음(陰)인 사마귀나 점을 숨기고 있기 때문에 정부(情夫)가 있다면 이로 인해 큰 문제가 발생합니다."」

「 "산림(山林)에 살집이 꺼져있는 사람은 왜 재산을 잃고 집안을 몰락시킨다는 것입니까?"

거사께서 말씀하시길

"얼굴은 윗사람에 해당하고, 산림은 윗사람에 해당하는 산림이나 논과 밭과도 같습니다. 그래서 산림에 살집이 꺼져있는 사람은 윗사람인 산림이 사라진 것과 같아서 상속한 재산을 잃고 집안을 몰락시킵니다." 」

- 여성으로 부부 인연이 바뀌는 상을 가졌는데도 바뀌지 않는 사람이 있습니다만, 그것은 남편이 용기 있는 사람 즉 '좋은 사람'이기 때문입니다. 또 이런 여성은 남편을 대신해서 매사에 넉살 좋게 나섭니다. 그리고 남편보다 마음이 강한 사람입니다. 만약 남편이 용기가 있는 사람이라면 아내가 남편의 마음을 따라 음양(陰陽)의 평화로 부드럽고 화평하며 집안도 번창합니다.

- 도시에서 살다가 시골로 이사를 해서 생활하는 사람은 남편과 인연이 바뀌는 상을 가졌더라도 모두 그렇지는 않습니다.

- 도시에서 생활하는 사람은 인연이 바뀌지 않는 상이라도 바뀌는 경우가 있습니다.

- 시골에서 태어나서 시골에서 생활하는 사람은 자식이 없는 상일지라도 자식을 얻는 복이 있을 수 있습니다.

- 도시에서 태어나고 그곳에서 생활하는 사람은 자식이 있을 상일지라도 자식이 없는 경우가 있습니다.

- 도시에서 생활하고 있어서 자식이 없는 상이라도 몸가짐이 바르고 신중하고 차분하게 생활하는 사람은 자손을 얻을 수 있습니다. 또 아내와의 인연에 대해서도 같다고 말할 수 있습니다.

- 대체로 여자처럼 행동하는 남성은 기가 없고 매사에 겁이 많습니다. 스스로 다른 사람들로부터 필요하게 되지 않으며 큰 활약이 없습니다.

- 남녀 모두 음부에 사마귀나 점이 있는 사람은 반드시 부부 인연이 바뀝니다. 자식과의 인연도 적고 호색을 즐깁니다.

- 남의 집 양자로 들어갈 관상인데도 양자가 되지 않는 사람은 부모 중 한쪽이 바뀌는 경우가 있습니다.

- 장남으로도 동생으로도 보이지 않는 사람이 있습니다. 이런 사람은 외동입니다.

- 지각에 사마귀나 점이 있는 사람은 일생 집과 인연이 적고, 또 정해진 집이 있어도 그 집에서 평생 살고 싶은 마음이 들지 않습니다. 복은 있습니다만, 재산을 상속받은 사람일지라도 집을 새로 건축하는 것은 항상 장애가 있습니다.

마츠시타신고의 질문

「 "선생님 말씀 중에 대체로 여자 같은 모습을 한 남성은 겁쟁이라고 말씀하셨습니다만 어떤 사람을 여자 같은 모습이라고 합니까?"

거사께서 말씀하시길

"남성은 양(陽)이어서 모습이 강하고, 눈, 귀, 코, 입 모두 큽니다. 말소리도 큽니다. 이런 모습을 '작은 천지(天地)의 커다란 양(陽)'이라고 하며 남성들이 지닌 일반적인 모습입니다. 여성은 음(陰)으로 그 모습은 부드럽고, 눈, 귀, 코, 입 모두 작습니다. 이것을 '작은 천지의 커다란 음(陰)'이라고 하며 여성들의

일반적 모습입니다. 더불어 커다란 양(陽)인 남성이 커다란 음
(陰)인 여성을 닮으면 음(陰)과 양(陽)이 조화롭지 않아 모든
일이 순조롭게 가지 않으니 큰 활약을 하지 못합니다."」

「 "음부에 사마귀나 점이 있는 사람은 왜 섹스를 즐기는 사
람입니까?"
거사께서 말씀하시길
"사마귀나 점은 피의 싹이며 신장에 속한 음(陰)입니다. 그래
서 음부에 사마귀나 점이 있으면 음(陰)과 음(陰)이 거듭되는
이치로 섹스를 즐기는 사람이라고 합니다."」

구마쿠라이와마츠이 질문

「 "지각에 사마귀나 점이 있는 사람은 왜 집과 인연이 적다고
하십니까?"
거사께서 말씀하시길
"지각은 지(地)에 해당하며 '거주의 관'입니다. 사
마귀나 점은 피의 싹으로 신체의 수(水)에 속합니
다. 그래서 이런 모습은 땅에 물이 고여있는 모습
으로 집에 관한 문제가 있다고 말합니다."」

아나타쿠타다지의 질문

「 "도시에서 태어나 그곳에서 생활한 사람은 왜 자식이 있는
관상이어도 자식을 얻지 못할 수 있다고 말씀하시는지요?"
거사께서 말씀하시길
"도시에 사는 사람은 젊었을 때부터 환락가에서 놀 기회가
많아서 쉽게 정력을 다 쓴 후에 결혼하는 경우가 많습니다.

그런 이유로 몸이 약해져서 자식을 만들기 어려운 것입니다. 만약 자식이 많다면 단명합니다. 그러나 도시에서 생활하더라도 난잡한 생활을 하지 않은 사람은 자식이 없는 관상이더라도 자식을 얻을 수 있습니다. 모든 것은 자신이 한 행동에 원인이 있기 때문입니다. 또 시골 등 환락가가 없는 곳에서 생활한 사람은 쉽게 정력을 사용하지 않아서 좋은 시기에 음양(陰陽)화합을 할 수 있으며 부부관계가 원만해서 좋은 자식을 낳습니다."」

- 아내와 자식이 있는 얼굴상일지라도 이마가 좁거나, 울퉁불퉁하고 각져 있거나, 눈이 크고 튀어나오거나, 눈썹이 두껍고 검으며 어지럽게 나 있거나, 코가 크고 날카롭거나, 성질이 급한 상을 가진 사람은 아내와 자식을 얻기 어렵습니다.

- 가난하고 낮은 처지에 있는 사람이 귀한 모습이나 위엄을 갖춘 모습을 하고 있다면 자존심이 강한 사람입니다. 이런 사람은 다른 사람들로부터 미움을 받는 나쁜 상이 됩니다.

- 발등이 대단히 낮은 사람은 거주할 집과 인연이 적고, 집안이 안정되더라도 평생 그 집에서 생활하고 싶은 기분이 들지 않습니다. 자식과도 인연이 적으며 말년이 불운합니다.

- 도시에서 태어나 생활한 사람에게 변지(邊地)의 관 주변에 문제가 있〈변지〉다면 시골로 가서 생활하면 안 됩니다. 도시에서 생활하는 것이 좋겠습니다. 또 시골에서 태어나 그곳에서 생활한 사람에게 변지의 관에 문제가 있다면 고향을 떠나 도시로 가서 생활하는 것이 좋습니다. 그대로 시골에서 생활하는 것은 좋

변지

지 않습니다.

- 지위가 높으며 수입이 많고 붙임성이 있는 사람은 자신의 위치를 길게 유지할 수 없습니다. 또 집안을 몰락시키거나 빨리 은퇴하게 됩니다.

- 인당 조금 윗부분이 낮은 사람은 아내와 자식을 통해 자아실현을 이룰 수 있습니다.

- 눈앞에 놓인 일에만 몰두하는 사람은 집안 식구들과 인연이 적고 마음이 서로 통하지도 않습니다.

- 여자가 첫 만남에도 불구하고 서로 이야기도 하기 전에 웃는 사람은 섹스를 좋아하고, 남편과의 인연이 자주 바뀝니다. 정을 통하는 남자 때문에 어려움이 있습니다.

- 볼에 살집이 적어 깎인 듯한 사람은 가업을 잇지 못합니다.

- 얼굴에 상처가 있는 사람은 양자(養子)의 상입니다. 역시 상처는 3개까지 보고 판단합니다만, 그 이상일 경우는 보지 않습니다.

- 윗사람을 극(克)하는 상이 아닌 사람은 높은 지위를 얻기는 어렵습니다. 그렇더라도 윗사람을 극해서 높은 지위에 오른다면 나이가 들어서는 실패하고 쇠락합니다.

- 윗사람을 잘 섬기고 돕는 사람은 높은 지위에 오르는 것이 늦습니다. 왜냐하면 반드시 장애가 있기 때문입니다. 이처럼 윗사람에게 잘하는 상이 높은 지위에 올랐을 때는 나중에 혹시 실패하고 쇠락하는 일이 생기더라도 노후에는 편안하게

지냅니다.

- 어떤 것 하나 취할 것 없는 가난한 상일지라도 마음이 정직한 사람은 극빈자가 되지 않고 처지에 맞는 생활을 합니다. 그래서 가난한 사람에게 복의 분량은 정직 속에 머물고 있습니다.

- 먹을 것이 없을 만큼 곤란한 처지에 있는 사람이라도 붙임성이 있으면 극빈자가 되지 않으며 평생 먹는 것으로 곤란을 겪지 않습니다. 그래서 극빈자에게 복의 분량은 붙임성에 있습니다.

- 재산이 흩어지는 상이 없는 사람에게는 큰 활약 또한 없습니다. 반드시 가난한 관상입니다.

- 화를 잘 내고 기분이 잘 바뀌는 사람은 단명합니다. 또 뭐든 이루기 힘듭니다.

- 산림(山林) 주변에서 눈썹 위에 걸쳐서 피부가 당겨져 주름진 사람은 상이 좋지 않아도 활약하고 사람들에게 대접을 받습니다. 이런 상이 '평범한 사람의 용기'입니다.

- 출가한 스님이나 학자가 인내심이 없으면 성공하지 못합니다.

- 여성인데 남자 같은 모습을 한 사람은 반드시 남편을 극(克)합니다. 또 남편과 인연이 바뀌거나 남편 때문에 고생이 끊이지 않습니다.

- 얼굴에 나타난 음양(陰陽)은 다소 차이가 있습니다. 그러나 특별히 차이가 큰 경우는 얼굴에서 음양(陰陽)화합이 되지 않는 경우로 이혼이나 집안이 몰락할 수 있습니다.

- 환자일 경우에 배꼽이 메마른 듯이 힘이 없고, 배꼽을 만지면 부드러워서 잡힐 때는 반드시 사망합니다. 노인은 특히 잘 보고 판단하세요.

- 관상이 나쁜데도 성실한 사람이 있습니다. 이런 사람은 음(陰)인 사람이며 좋지 않은 말을 다른 사람들이 하지만 말년은 좋은 운입니다.

- 관상이 좋은데도 불성실한 사람이 있습니다. 이런 사람은 야심가로 말년이 불운합니다. 귀인이나 자산가에게 일찍 발탁됩니다만 이런 사람들과의 교제를 오래 유지할 수 없습니다.

- 복 있는 상인데도 가난한 사람이 있습니다. 이런 사람은 마음이 넓어서 야무지지 않은 사람입니다. 모든 일이 실패해도 개의치 않습니다. 이런 상이 '마음 부자상'입니다.

- 귀인인데도 귀한 상이 아닌 사람은 속마음이 반드시 낮은 상입니다. 그래서 집안을 몰락시키고 지위는 내려갑니다.

- 자식이 없는 상인데도 자식을 얻는 사람이 있습니다. 이런 사람은 자식이 많아도 의지하지는 못합니다. 딸이 많던가 대신 의지할 수 있는 자식이 있어도 죽을 때까지 몸을 혹사하며 일을 해야 합니다. 이런 상을 '자식 밥을 얻어먹지 못한다'라고 말합니다.

- 자식이 있는 상인데도 자식이 없는 사람이 있습니다. 이런 사람은 양자를 맞이해 그 자식에게 의지하면서 노후를 안심하고 보냅니다.

나오후루켄의 질문

「 "선생님께서는 입에 대해서는 말씀해 주셨습니다만 입안의 것에 대해서는 아무것도 말씀해 주시지 않으셨습니다. 입안의 것은 문제가 됩니까 아니면 되지 않습니까?"

거사께서 말씀하시길

"음식을 먹으면 비장에 담깁니다. 그래서 비장을 '창고의 관'이라 합니다. 입은 이 창고의 정원에 해당합니다. 입이 큰 사람은 입안이 넓고, 입이 작은 사람은 입안도 좁습니다. 그래서 입안이 좁은 사람은 창고의 정원이 좁은 것과 같아서 오장육부를 충분히 키우지 못합니다. 이런 사람은 몸도 약하고 작은 일에도 동요합니다. 입이 큰 사람은 창고의 정원이 넓은 것과 같아서 오장육부는 건강하고 신체도 강합니다. 또한 입안은 오장의 싹이 모여있는 곳이기 때문에 잘 조화가 이루어져야만 오장육부로 각각의 특징과 상황에 맞게 보내집니다." 」

미나미타키사이의 질문

「 "치아는 어디에 해당합니까?"

거사께서 말씀하시길

"치아는 창고지기 하인입니다. 그래서 치아는 먹을 것을 씹어서 육부를 기릅니다. 치아가 많은 사람은 창고에 하인이 많은 것과 같습니다. 많은 치아로 음식물을 잘 씹어서 오장육부를 충분히 기른다면 몸도 강하고 장수하고 또 많이 먹습니다. 마찬가지로 치아가 긴 사람도 같습니다. 치아가 짧은 사람은 창고의 하인이 비천한 것과 같아서 잘 먹지 못하고 소식합니다. 치아가 고르지 않은 사람은 창고의 하인이 정돈되지 않은 것과 같습니다. 그래서 치아가 적은 사람은 음식을 충분히 씹지 못해서 오장육부가 건강하지 않습니다. 따라서 몸이 약하고 끈기도 없습니다. 치아의 개수가 작은 사람은 창고에 하인이 부족한 것과 같아서 먹는 것이 자잘하고 속마음이 천합니다."」

「 "혀는 어디에 해당합니까?"

거사께서 말씀하시길

"혀는 음식을 운반하기 위해 창고로 가는 소나 말입니다. 혀가 작은 사람은 창고에 있는 소와 말의 수가 적은 것과 같아서 육부로 음식물을 운반하지 못해서 소식하게 됩니다. 혀가 큰 사람은 창고에 있는 소와 말의 수가 많은 것과 같아서 육부에 음식을 나르는데 여유가 있습니다. 스스로 넉넉한 식사를 해서 신체도 강하고 처지에 맞는 복도 누릴 수 있습니다. 혀가 예리한 사람은 창고에 있는 소와 말이 예민해서 음식물을 빠르게 나르고 마음이 항상 조급해서 단명합니다. 혀가 넉넉한 사람은 창고에 있는 소와 말도 풍족하고 먹는 음식도 풍부하여 신체가 모두 강하고 건강합니다. 또한 혀는 입안에서 지배인입니다. 좋은 것은 지나가게 하고 나쁜 것은 못지나가게 하는 일을 담당합니다. 그래서 아름다운 혀를 가진 사람은 나쁜 음식을 먹지 않습니다. 스스로 우아한 식사를 합니다. 또 혀는 말이나 노래를 하기 위한 중요한 기관이어서 혀가 좋지 않으면 말도 능숙하지 않습니다."」

기요미즈모토메의 질문

「 "옛날 고서에는 왼쪽 눈썹을 라후(羅睺)성, 오른쪽 눈썹을 계도(計都)성이라 합니다만, 이것은 무슨 이유입니까?"

거사께서 말씀하시길

"이마는 양(陽)이며 화(火)의 자리입니다. 라(羅)와 계(計) 이 두 성은 양 눈썹에 박혀서 라와 계를 말합니다. 라와 계 그리고 이마의 화(火)를 삼성(參星)이라고 말합니다. 이 삼성은 몹시 난폭하다고 말합니다. 그래서 눈썹이 어수선하고 흩어져 있을 때는 큰 어려움이 밀려옵니다. 이것은 라와 계 두 성이 미쳐 날뛰는 것과 같기 때문입니다. 또한 이마가 붉어질 때도 커다란 어려움이 온다고 합니다. 이것은 화(火)의 성이 미쳐 날뛰는 것과 같습니다." 」

「 "고서에는 눈, 귀. 코, 입은 네 개의 호수라고 말합니다만 이 것은 어떤 일을 합니까?"

거사께서 말씀하시길

"눈, 귀, 코, 입은 얼굴에 있는 양(陽)의 구멍으로 기력을 채우고 끌어당길 준비를 하는 곳입니다. 그래서 네 개의 호수로 비유한 것입니다. 그러나 우리나라에서는 이것을 설명하기가 어렵습니다. 내가 말하고 싶은 것은 이것들의 근원은 정신과 마음 두 가지라는 것입니다. 눈, 귀, 코, 입은 정신으로 통하는 네 가지 방향의 문이며, 이 문들은 마음이 지키고 있습니다. 이 문들을 마음이 지키고 있지 않을 때는 이 세상 모든 것과 정신이 서로 통할 수 없습니다." 」

「 "배의 삼임(三任)에 대해서는 이미 자세히 설명하셨습니다. '등의 삼갑(三甲)'이라는 것은 무엇입니까?"

거사께서 말씀하시길

"삼갑(三甲)은 등에 있는 양(陽)이고, 삼임(三任)은 배에 있는 음(陰)입니다. 등은 천(天)에 해당하며 배는 지(地)에 해당합니다. 이것이 천지음양의 이치입니다. 또한 임(任)은 음(陰)이고 갑(甲)은 양(陽)으로 삼갑과 삼임은 '몸통의 양(陽)과 음(陰)'입니다. 몸통에서 음양이 이루어졌는지 아닌지에 따라서 등에 삼갑과 배에 삼임을 말합니다. 음(陰)과 양(陽)에는 각각의 3가지 종류가 있습니다. 각각의 음과 양이 있으며 음(陰)이 있어서 양(陽)이 있고, 양(陽)이 있어서 음(陰)이 있는 것을 말합니다. 결국 배에 삼임이 있는 사람은 등에 삼갑이 있고, 등에 삼갑이 있는 사람은 배에 삼임이 있습니다. 이것은 하나로 연결되어 있습니다. 결코 헷갈려서는 안 됩니다. '등에 삼갑이 있다'라는 모습은 등에 살이 많아서 등뼈의 좌우에도 살집이 두둑하게 붙어있는 것을 말합니다." 」

쥬지타로헤의 질문

「 "시골에서 생활하는 사람은 아내와의 인연이 바뀌는 상인데도 그 인연이 바뀌지 않는 것은 어째서 그렇습니까?"
거사께서 말씀하시길
"시골에서 생활하는 사람은 결혼 후에 마음이 다른 곳으로 움직이지 못합니다. 남편은 한 사람의 아내를 지키고, 부인은 한 사람의 남편을 지킵니다. 그래서 부부 스스로 음양의 조화를 정리하면서 넉넉합니다. 시골에 사는 사람은 아내와 인연이 바뀌는 상이더라도 인연이 쉽게 바뀌지 않습니다. 그러나 도시에서 생활하는 사람은 자신의 아내를 지키지 않고 애인 따위에 욕심을 내기 때문에 부부 사이가 좋지 않게 됩니다. 그래서 도시에서 생활하는 사람은 아내와의 인연이 바뀌는 것입니다." 」

고야나기켄의 질문

「"가난한 사람이 자식이 많다는 것은 왜입니까?"

거사께서 말씀하시길

"가난한 사람은 먹는 것이 제일 중요해서 아내와 함께 일에 힘쓰므로 정력을 함부로 사용하지 않습니다. 그래서 가난한 사람은 자식이 많아집니다."」

후지난카이의 질문

「"빈천한 사람이나 장사하는 사람에게 귀한 상이나 위엄을 가진 상이 있을 때는 왜 사람들에게 미움을 받거나 집을 몰락시키거나 합니까?"

거사께서 말씀하시길

"빈천한 상이나 장사하는 사람은 부드럽고 붙임성이 있어야 합니다. 붙임성이 없으면 장사는 번창하지 않습니다. 상인인데 귀한 상이나 위엄있는 상이 있다면 사람들이 두려워하기 때문에 자연히 인기가 없어지고 사람들이 미워하게 됩니다. 그래서 그런 상인은 장사가 기울고 집안이 몰락하게 된다고 말합니다."」

다카라이즈미호인의 질문

「"높은 지위와 소득이 많은 사람인데 붙임성이 있으면 그 지위를 유지할 수 없다는 것은 왜입니까?"

거사께서 말씀하시길

"귀한 상을 가진 사람은 다른 사람들과 만났을 때 웃는 얼굴을 보이는 경우가 적습니다. 결국 붙임성이 없습니다. 낮고 천한 사람은 친근하고 붙임성 있는 얼굴로 다른 사람들과 만납니다. 결국 붙임성이 있습니다. 귀한 상을 가진 사람이 붙임성이 있다면 비천한 상을 가진 것과 같습니다. 그래서 자신의 지위를 유지하기 어렵고 집안을 몰락시킵니다."」

와타리베고의 질문

「 "발등이 대단히 낮은 사람은 집안의 친척들과 자식들과도 인연이 없다는 것은 왜입니까?"
거사께서 말씀하시길
"발은 지(地)에 해당합니다. 지(地)는 두터운 것이 땅의 덕(德)을 갖추고 있다고 말합니다. 그래서 발등이 얇은 사람은 지(地)의 덕이 적은 것과 같아서 집과 인연이 적습니다. 또 머리를 초년으로 보고, 발등을 말년으로 본다면 자손은 말년의 복입니다. 그래서 발등이 얇다는 것은 말년의 복이 없는 것으로 자식과도 인연이 적은 이치입니다. 결국 말년이 불운합니다."」

오메토리야마보인의 질문

「 "장수하는 상을 가진 사람인데도 빨리 죽는 사람이 있는 것은 왜 그렇습니까?"
거사께서 말씀하시길
"인간의 수명은 천명(天命)으로 관상가가 판단할 수 있는 것이 아닙니다. 그러나 천명이라 하더라도 근본 원인은 자기 자신에게 있습니다. 사람이 하늘의 도리에 맞게 살고 있을 때는 하늘로부터 생명을 더 부여받습니다. 또 사람이 하늘의 도리에 어긋날 때는 하늘이 생명을 빼앗아 갑니다. 장수하기를 바라는 사람은 선한 덕을 많이 쌓으며 섹스나 술 그리고 음식을 삼가며, 천지에 존재하는 모든 것을 함부로 하지 말고, 절약을 제일로 여기십시오. 매일매일을 이렇게 지내는 것입니다. 그러면 하늘의 도리에 맞아 장수를 할 수 있습니다. 그러나 이것과 반대로 신중하지 못한 사람은 단명합니다. 만일 이런 사람이 장수한다면 노인이 되어서 고생하고 가난합니다. 그런데 이런 사람이 아무런 불편함 없이 자유스럽게 생활하고 있다면 자식이 단명하게 될 것입니다. 이런 경우에는 집안의 선조들이 덕을 많이 쌓았다고 여겨집니다. 또 항상 선한 음덕을 쌓으며 물건을 소중히 여기는 사람은 단명하는 상일지라도 장수하고 먹는 것에 곤란을 겪지 않습니다. 이런 사람은 죽을 때까지 먹을 수 있어서 죽는 순간까지도 고통스럽지 않습니다. 생명은 천명(天命)입니다. 충성스러운 마음과 부모를 사랑하는 마음이 있으면 하늘로부터 지위를 부여받습니다. 그러나 충성스럽지 않고 부모도 사랑하지 않으면 하늘로부터 지위를 박탈당합니다. 결국 선한 음덕을 쌓는다면 '득(得)'이며, 악을 행하면 반드시 보답이 있습니다. 필히 경외해야 하는 하늘! 삼가고 절제해야 하는 자기 자신!!" 」

모리 슈케의 질문

「 "집안을 몰락하게 하는 상일지라도 집안이 망가지지 않고 더욱 번창하는 사람이 있습니다. 왜 그렇습니까?"
거사께서 말씀하시길
"집안을 망가뜨리는 상일지라도 무슨 일을 해도 인내심이 있고 화를 참아내는 감내와 용서를 할 줄 알며 목표를 정하면 마음이 동요하지 않는 사람은 반드시 집안을 망가뜨리지 않습니다. 역시 의(衣)와 식(食)과 주(住) 3가지를 이루려면 인내심과 화를 참아낼 수 있는 감내와 용서 이 두 가지가 기본입니다."」

미즈노가쵸의 질문

「 "집안을 몰락시키는 상이 많다는 것은 무슨 뜻입니까?"
거사께서 말씀하시길

"중국에 관한 일은 모릅니다만, 우리나라에서는 고관대작이 되는 사람은 적어서 관직에 오르는 사람은 대충 20 내지 30 퍼센트 정도입니다. 무관 무직인 사람은 전체의 80 내지 90퍼센트 정도를 차지합니다. 그래서 상대적으로 관직이 있는 사람이 집안을 몰락시킬 비율은 낮고, 무관 무직인 사람은 집안에서 덕(德)을 쌓지 못해서 몰락시키는 경우가 훨씬 많은 것입니다. 그런 이유로 사람의 관상에도 집안을 몰락시키는 상이 많은 것입니다. 또한 상업이나 공업에 종사하는 사람은 그 직업 자체를 녹봉으로 봅니다만 이것은 각 각의 사람들에게 드러난 관상을 잘 살핀 후에 판단해 주십시오."」

「 "여성의 겉모습은 온화하게 보입니다만, 속마음은 강하다고 말씀하시는 것은 왜 그렇습니까?"
거사께서 말씀하시길

"남성의 내면에는 음(陰)을 가지고 있으나 겉모습에는 양(陽)을 드러냅니다. 그래서 남성의 겉모습은 강해도 마음이 약한 것입니다. 여성은 내면에 양(陽)을 가지고 있으나 겉모습에는 음(陰)을 드러냅니다. 따라서 여성의 겉모습은 온화하게 보여도 내면은 강합니다. 남성의 겉모습은 강해서 눈, 귀, 코, 입이 크면서 양(陽)을 드러냅니다. 여성인데 겉모습이 강해 보이고 눈, 귀, 코, 입이 큰 사람은 겉모습에 양(陽)이 드러난 사람입니다. 이런 여성은 남성처럼 강해서 남편을 극(克)한다고 말합니다."」

마츠모토나가미즈의 질문

「 "정신을 맑게 하고 마음을 집중시켜서 관상을 보아도 적중하지 못하는 경우가 있는 것은 어째서 그렇습니까?"

거사께서 말씀하시길

"그것은 아무리 정신을 맑게 한다고 했어도 진실로 맑게 한 것이 아니기 때문입니다. 정말로 정신이 맑아지면 마음은 움직이지 않습니다. 그러나 마음이 정신을 극(克)하면 정신이 움직여 버리기 때문에 관상을 볼 때 정확하게 볼 수 없습니다. 부동의 정신으로 관상을 볼 때는 육근(六根)이 정신을 쫓아 따라갑니다. 이렇게 되어야만 스스로 맑은 정신이 됩니다. 이런 후에 사람들의 관상을 본다면 만 가지 중 한 가지도 실패하지 않습니다. 그러나 마음으로 생각을 해 버리면 신체의 문이 닫히면서 육근(六根)이 마음대로 움직이게 됩니다. 그러면 다른 사람의 상을 자신의 상황에 따라 보게 됩니다. 당연히 적중하지 않습니다."」

쇼가츠토베츠토의 질문

「 "자식이 있는 관상이라도 외모가 아름다운 여성은 반드시 자식을 얻지 못한다는 것은 왜 그렇습니까?"

거사께서 말씀하시길

"이것을 초목에 비유한다면 꽃이 아름다워도 열매를 맺지 않는 벚꽃이나 복숭아가 있습니다. 아마도 아름다운 꽃이 피는 초목의 열매는 먹지 못합니다. 그러나 그다지 아름답지 않은 꽃이 피는 초목은 맛있는 열매를 맺습니다. 결국 외모가 아름다운 여성은 꽃이 아름다운 초목과 같아서 자식과의 인연이 적은 것입니다." 」

미나토 다타헤의 질문

「 "여성인데 재능은 없는데 모습이 청초하거나, 재능은 좋은데 모습이 지저분한 사람이 있습니다만 이것은 어떻습니까?"
거사께서 말씀하시길
"우리의 신체 중 지저분한 부분은 음부입니다. 그 음부가 깨끗하면 전신이 깨끗합니다. 이것은 기초가 깨끗하면 전체가 깨끗한 것과 같습니다." 」

미즈노가쵸의 질문

「 "목형(木形)의 모습 5가지와 토형(土形)의 모습 5가지가 섞여서, 진짜 '목극토(木尅土)'인데도 번창하는 사람이 있습니다만, 어째서 그렇습니까?"
거사께서 질문하시길
"그런 사람은 항상 기세가 왕성합니까?"
"네 왕성합니다."
거사께서 말씀하시길
"기세가 왕성한 것은 오행 중 화(火)에 속합니다. 화(火)가 목형의 모습에 섞여 있다면 목생화(木生火)로 상생하고, 또 토형의 모습이 섞여 있다면 화생토(火生土)로 상생하기 때문에 번성하는 것입니다." 」

만긴쥬로의 질문

「 "관상가가 말하는 재산이 흩어진다는 것은 무엇을 말씀하시는 것입니까?"

거사께서 말씀하시길

"항구도시에 사는 사람들이 말하는 재산이 흩어진다는 말은 관상가가 말하는 재산이 흩어진다는 말과는 같은 것이 아닙니다. 어떤 사람이 재산과 보물을 넘치게 가지고 있어도 이것은 본래 자기 소유가 아닙니다. 재물이라는 것은 하늘과 땅 천지(天地)의 보물이기 때문에 한때는 빠져나가도 또 한때는 돌아옵니다. 그리고 소천지(小天地)에 있는 재물이라는 것은 자신의 신체와 피부, 머리카락을 말합니다. 그래서 자기 신체에 상처를 내든지 함부로 대해서 피를 한 방울이라도 흘리는 경우가 생긴다면 소천지의 재물은 두 번 다시 원래대로 돌아가지 않습니다. 이것이 '인간이 지닌 재물이 흩어진다'라고 말합니다." 」

「 " '상(相)의 묘함'이라는 것은 무슨 의미입니까?"

거사께서 말씀하시길

" '상의 묘함'이라는 것은 자연의 밝은 덕(德)에 있습니다. 스스로 구하려 한다면 모든 것은 일체로 하나입니다." 」

마츠시타신베의 질문

「 " '운이 좋다'는 것은 어떤 것을 말씀하시는 것입니까?"

거사께서 말씀하시길

"신체와 머리카락, 피부가 튼튼한 것을 '운이 좋다'라고 말합니다. 또 신체발부(身體髮膚)가 모두 건강하고 신체의 각기관과 머리카락 그리고 피부 모든 것이 자기 자리에 가지런히 있는 것을 가리켜서 '운이 좋다'라고 말합니다. 그러나 재산과 재물이 넘칠 만큼 넉넉해도 몸이 건강하지 않아서 몸의 오체에 장애가 있다면 '운이 좋지 않다'라고 말합니다."」

겐무죠의 질문

「 "사람의 운(運)은 천지(天地)에서 무엇입니까?"

거사께서 말씀하시길

"운(運)이란 것은 천지자연에서 움직이는 순조로운 기(氣)의 흐름입니다. 운(運)은 '돌고 있다'라고 읽고, 순(順)도 '돌고 있다'라고 읽습니다. 천지(天地)의 기(氣)가 잘 잘 돌아가지 않아서 순환이 원활하지 않을 때는 천지에 있는 만물이 정체되어서 새로운 것을 만들지 못합니다. 이것은 천지 우주를 돌고 있던 순조로운 기운이 막혔기 때문입니다. 또한 신체도 같습니다. 신체에 돌고 있는 기(氣)가 순조롭게 돌지 않을 때는 기분도 나빠집니다. 이것은 우리 몸에 있던 기(氣)가 정체된 것입니다. 이런 때를 운기가 좋지 않다고 말합니다. 사람은 대천지 우주와 마찬가지입니다. 하늘에 구름이 잔뜩 끼어있을 때 사람의 마음도 똑같이 구름이 낀 것처럼 우울해지는 것은 바로 이런 이치입니다."」

가라이니시키타의 질문

「 "마음이 정직한 사람은 길상(吉相)입니까?"

거사께서 말씀하시길

"마음이 정직한 사람은 사람을 불쌍하게 여기기 때문에 재산이 많이 흩어져서 재산 모으기가 어렵습니다. 그러나 정직한 사람은 천지(天地)에 덕을 베푸는 것입니다. 천지(天地)는 공명(公明)해서 모든 사람을 위해서 만물을 창조해 주었습니다. 마음이 정직한 사람은 천지에 존재하고 있는 공명(公明)과 같아서 사람들을 불쌍하게 여기지만 재산을 모을 수는 없습니다. 그래서 이런 사람을 '천지자연을 닮은 사람'이라고 말합니다. 하늘과 땅은 만물을 생산하고, 모든 사람은 이것을 먹습니다. 자연의 이치에 따라서 정직한 사람에게는 자연스럽게 손으로 재물이 들어옵니다만, 구두쇠는 재물을 탐해서 천지자연의 재물을 모읍니다. 이것을 '세상의 도적'이라고 합니다."」

로하나고메하바의 질문

「 "운이 좋으면 불성실해도 이익을 얻을 수 있습니까?"

거사께서 말씀하시길

"불성실하다는 것은 대단히 나쁜 것입니다. 사람이 정직하면 하늘이 긍휼하게 생각해서 운이 잘 돌아갑니다. 불성실하다면 하늘은 이것을 싫어해서 운이 돌아가지 않고 재앙을 일으킵니다. 불성실하게 행동을 하는 것은 하늘의 긍휼함에 상처를 입히는 것과 같아서 이익을 얻을 수 없습니다."」

「 "불성실하게 일을 해도 많은 재산을 손에 넣은 사람이 있습니다만, 왜 그렇습니까?"

거사께서 말씀하시길

"그런 사람은 재산을 손에 넣었어도 실제로는 손에 재산이 있다고 말하기보다는 탐을 낸 것뿐입니다. 왜냐하면 천지자연을 속이고 사람의 마음을 속여서 본래 자기 것이 아닌 것을 손에 넣었기 때문입니다. 이것이 불성실입니다. 그래서 불성실하게 일을 한 사람은 많은 재산을 손에 넣었어도 대단히 나쁜 관상입니다. 이것을 '하늘을 얻을 수 없는 사람'이라고 말합니다."」

「 "그렇다면 운이 없을 때 불성실하게 행동하면 이익을 얻을 수 있습니까?"
거사께서 말씀하시길
"불성실한 것은 하늘의 이치에 맞지 않습니다. 이런 관상은 성인의 가르침이 필요합니다. 성인의 가르침에 따라 불성실하다는 것을 깨우쳐야 합니다. 불성실한 행동을 해서 이익을 얻었다면 그런 재물은 운세가 좋든 나쁘든 아무런 관계가 없습니다. 불성실한 재물은 강한 활력과 위력으로 화살을 쏘아 명중한 것과 같아서 단지 기세를 타고 있는 것입니다. 불성실한 행동으로 이익을 얻은 사람은 자기가 자신을 축복하며 더욱 자신의 몸을 부풀리려고 할 것입니다."」

어떤 사람의 질문

「 "나는 사람들에게 많은 돈을 빌려줘서 고생하고 있습니다. 이것을 돌려받을 수 있겠습니까?"
거사께서 말씀하시길
"재산은 천지자연의 재물입니다. 그런 재산을 다른 사람에게 주었다는 것은 그 시점에 천지자연에게 되돌려 준 것입니다. 또 시간이 흘러서 자신에게 그 돈이 돌아온다면 하늘에 맡겼던 것이 돌아온 것으로 생각하십시오. 그러면 아무런 고통도 없을 것입니다."」

「 "그러면 재산을 빌리거나 빌려주거나 하지 않는 사람은 어떻습니까?"

거사께서 말씀하시길

"재산을 빌려주지도 받지도 않는 사람은 천지의 도적입니다. 또 재물이 통하는 길을 막는 사람으로 재산의 출납이 나빠지고 나중에 커다란 곤란을 겪게 됩니다." 」

요쓰케의 질문

「 "관상가 중에서 '명인'이라는 것은 어떤 인물을 말하는 것입니까?"

거사께서 말씀하시길

"좋은 관상을 보고, 그것을 말하지 않는 사람이 '명인'입니다. 명인은 사람을 착하게 인도하며 또 실패로 이끌지 않습니다. 좋은 관상을 보면 곧 그 사실을 입으로 말해버리는 관상가 있습니다만, 이것을 '관상가 중의 하수'입니다. 이런 사람은 제대로 사람의 상을 보지 못하고 사람들을 파탄으로 빠뜨리는 경우가 많습니다."

요시타사지에몬의 질문

「 "사마귀나 점은 무엇입니까?"

거사께서 말씀하시길

"사마귀나 점은 예를 들어 각 각의 토지에 있는 분묘와 같은 것입니다. 분묘가 있는 땅은 재앙과 인연이 있습니다. 사마귀나 점은 그런 곳에 만들어지는 것입니다. 사람에게 있는 사마귀나 점도 그 사람과 관련된 인연으로 생깁니다."

토후지만사쿠기의 질문

「 "선생님 말씀 중에 마음으로 생각하는 단명(短命)은 얼굴에 나타난 장수를 이긴다고 하셨습니다. 이것은 무슨 말씀이십니까?"

거사께서 말씀하시길

"장수하는 상을 가진 사람이라도 그 사람이 마음으로 단명한다고 생각하는 것을 말합니다. 이것은 마음속에 있는 단명이 장수의 상(相)을 이긴다는 의미로 결국 단명으로 생을 마치게 됩니다. 사람의 겉모습은 마음의 방식에 따라 변합니다. 마음의 움직임이 겉모습을 만듭니다. 장수한다는 것은 몸에 있는 기력의 움직임을 따릅니다. 기력이 약해지면 신체도 약해져서 마음속으로 자신이 단명한다고 생각하는 것입니다."

아키야마나오키의 질문

「 "사람의 관상을 살필 때 체(體)와 용(用)을 구별해야 합니까?"

거사께서 말씀하시길

"신체의 골격은 관상에서 '체(體)'이고, 혈색이나 기색은 '용(用)'입니다. 그러나 고서의 기록에서는 골격이나 혈색은 관상의 체용(體用)이라고 말합니다. 그러나 이것은 사용할 수 없습니다." 」

「 "사람에게는 '체(體), 용(用), 묘(妙)' 3가지가 있다고 합니다만, 이것은 어떤 것입니까?"

거사께서 말씀하시길

"사람은 체(體)입니다. 그리고 각각의 이름이 용(用)입니다. 그 것들을 밝히고 있는 것이 묘(妙)입니다."」

「"이마에 있는 관록에 둥그렇게 살집이 있는 사람은 왜 동생 일지라도 부모의 뒤를 이어갑니까?"
거사께서 말씀하시길
"이마는 윗사람을 담당하고 관록도 눈 위에 있습니다. 눈 위에 있는 관록에 자기 살집이 있는 것은 부모의 관록을 지키는 것 과 같습니다. 그래서 동생일지라도 부모의 뒤를 잇습니다."」

「"선생님은 정신과 마음이 둘로 구별된다고 말씀하시고, 음 덕(陰德)을 제일 중요하다고 하셨습니다. 그러나 선생님은 등 불로 손바닥의 천문을 태우고, 손가락을 태우고 왼쪽 새끼손 가락 끝을 태워버렸습니다. 손바닥의 천문을 태우는 것은 천 부를 극(克)하는 것이며 새끼손가락을 태우는 것은 자손을 극(克)하는 것이라고 배웠습니다. 어째서 부모에게 효도하라 고 말씀하셨습니까?"
거사께서 말씀하시길
"신체발부는 부모에서 받은 것이지만 나는 마음이 악해서 부 모를 배척하고, 부모님이 주신 신체발부를 소홀히 한 적이 있 습니다. 그것은 부모에게 효도한 것이라고 말할 수 없습니다. 대단히 잘못한 것입니다. 그러나 이런 것들을 알고 있어도 나 쁜 마음이 없어지지 않았습니다. 그래서 나는 신앙심으로 부 동명왕(不動明王)께 기원하면서 정신을 집중하여 저의 손가 락과 손바닥을 태웠습니다. 그런 공덕으로 조금이나마 나쁜 마음을 멀리할 수 있었습니다. 그 이후로 저의 신체발부를 평 생 소중히 여기고 살아가고 있습니다. 또한 새끼손가락을 태워서 신체가 손상된 것은 부모님에 대한 불효이지만 저의 마음을 바르게 하기 위한 것입니다. 나는 나쁜 마음을 가지고 있었기 때문에 나의 신체를 상하게 해서라도 그 나쁜 마음을 없애버리고 싶었습니다. 그리고 나는 장수를 해서 돌아가신 부모님에게 효를 행하고자 했습니다. 이것 역시 부모님에게 드리는 효도의 한가지 방식입니다."」

「"선생님의 모습을 뵈면 어디 한군데 좋은 상(相)이 없습니다. 선생님의 몸은 중키로 그 모습은 마치 하인처럼 보입니다. 얼굴은 좀스럽고 귀는 작으며 눈은 예리하고 움푹 들어가 있습니다. 인당은 좁고 부풀어 뛰어나와 있고 항상 검습니다. 눈썹은 작고 가속(전택)은 좁으며 발은 작고 겉과 속을 뒤집은 듯한 낮은 발등. 손은 넉넉합니다만 좌우 팔꿈치에는 벤 상처가 있습니다. 어디를 봐도 한 군데도 지금의 선생님과 어울리는 모습이 없습니다. 어디서 선생님으로서의 모습을 찾아볼 수 있습니까?"

거사께서 말씀하시길

"생활하는 장소가 있는 토지 질에 따라서 돌과 나무가 다른 모습을 지닌 것과 같습니다. 나는 가난한 집에서 태어나고, 그 후에 더욱 가난해져서 좋은 사람들과 교제한 적이 없었으며 좋은 말을 들어본 적도 없었습니다. 그래서 나의 얼굴에 나타난 모습은 대단히 낮은 상(相)입니다. 그러나 상(相)의 형태는 관계없습니다. 본래 내가 태어난 것은 우주의 영적인 기운 안이고 지금은 무한의 세계 안에서 살고 있습니다. 그래서 고통스러운 것도 모르고, 즐거운 것도 모릅니다. 늙는 것도 모르고 죽는 것도 모릅니다. 결국 지금은 부처님이 계신 것처럼 좋은 모습으로 되어 있습니다. 상(相)이란 것은 무상(無相)입니다.
이것이 근본입니다. 역시 많이 생각하고 배우시기 바랍니다." 」

여기에 쓴 상법(相法)에 관한 질문과 대답은 상에 대해 충분한
수행이 필요합니다. 만일 수행이 충분하지 않다면 본문을 중심으로
사용하는 것이 좋습니다.

이상의 문답 하나하나는 특별히 마음과 정신이 나누어져 둘이라
는 것에 관해 썼습니다. 이 중에는 이해하기 어려운 부분도 있을 것
입니다. 역시 미숙한 제가 모은 것이기 때문에 상법의 진수가 충분하
게 전달되지 않는 것도 있으리라 생각합니다. 이 세상에는 아주 명철
한 관상가가 계시리라 생각하기 때문에 이런 분이 이책을 찾아서 봐
주시기 바랍니다. 가능하다면 마음과 정신 이 두 가지를 분리해서 생
각하시기 바랍니다. 후세에 전승하고 싶은 것 중에서 가장 중요한 것
은 마음과 정신이 둘로 나누어진다는 것에서부터 출발해야 한다는
것입니다.

전편

흑편

後篇

제 1 권

혈색(血色)에 대한 부분

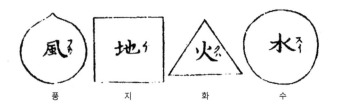

풍   지   화   수

수(水)는 음(陰)으로 피를 만듭니다.

이것은 어머니입니다.

화(火)는 양(陽)으로 혈맥을 만듭니다.

이것은 아버지입니다.

지(地)는 음(陰)으로 피를 만듭니다.

이것은 어머니입니다.

풍(風)은 양(陽)으로 혈맥을 만듭니다.

이것은 아버지입니다.

천지자연에는 지(地), 수(水), 화(火), 풍(風) 4가지 요소가 있습니다. 이 4가지 요소는 온 천지에 존재하는 만물 생육의 근본이 됩니다. 그래서 인간 역시 지(地), 수(水), 화(火), 풍(風)의 혈맥에 따라서 탄생합니다. 이렇게 태어난 인간은 천지자연에 있는 음양(陰陽)의 기운을 받아서 지수화풍(地水火風) 네 가지의 덕(德)을 몸에 갖추고 있습니다.

또한 음(陰) 중에는 화(火)가 있습니다. 그래서 음양(陰陽)이 화합할 때는 음화(陰火)와 양화(陽火)가 서로 섞입니다. 이것을 '일원기(一元氣)'라 하며 사람의 마음(人心)이라고 합니다. 이 일원기는 소천지(小天地)에 있는 모든 것이 살아서 움직일 수 있게 하는 근본이 됩니다. 이런 까닭에 본래부터 '사람 마음'에 나쁜 상(相)은 없습니다. 왜냐하면 '천지(天地)와 덕(德)은 하나'이기 때문입니다.

사람의 정신(人心)은 의(意)인 마음을 낳습니다. 사람의 정신과 마음인 이 두 개의 관계를 예를 들자면 정신이 대장이고 마음은 부하와 같습니다. 즉, 정신이 본체이고, 마음은 정신의 움직임입니다. 즉 본(本)과 말(末)의 관계입니다. 이것은 마치 그림자가 형체에 따라 만들어지는 것처럼 정신은 형체이며 마음은 그림자입니다. 그래서 마음은 텅 비어있어서 무엇인가 닿으면 쉽사리 나빠지고, 쉽게 움직입니다.

그래서 사람의 정신은 몸에서 가장 중요한 것이기 때문에 움직이지 않습니다. 다만 마음의 움직임에 따라서 겉모습이 변하고, 그 변화로 인해서 사람에게 길흉(吉凶)이 나타난다고 볼 수 있습니다. 이것이 관상법으로 들어가는 가장 중요한 첫 번째로 요체입니다.

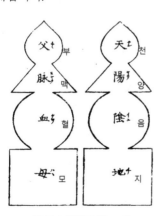

<사람 몸이 생(生)을 받는 그림>　　<사람 몸이 오덕(五德)을 구성하는 그림>

---

* 오덕(五德) : 유교에서의 다섯 가지 덕《온화·양순·공손·검소·겸양》.

상색(常色)에 대하여

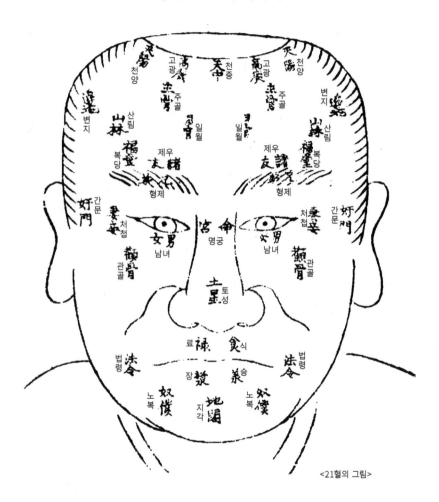

<21혈의 그림>

〈 청기(靑氣) 〉

봄이 되면 푸른빛을 띠는 청기(靑氣)는 변지(邊地) 주위에 머물며 조금 윤기가 있습니다. 여름에 청기(靑氣)는 상정(上停) 부위에 있으며 윤기는 사라져 없습니다. 가을이 되면 중순까지 청기(靑氣)는 지각과 노복 주변에 있습니다. 겨울 하순 무렵이 되면 청기는 삼음(三陰)과 삼양(三陽)을 만나 다시 윤기가 생기며 대부분 얼굴의 왼쪽 부위에 나타납니다.

〈 적기(赤氣) 〉

봄에는 붉은빛을 띤 적기(赤氣)가 관골에 머물며 조금 윤기가 납니다. 여름에 되면 적기(赤氣)는 중순부터 처첩과 명문에 머물고 조금 윤기가 납니다. 가을에 적기(赤氣)는 눈 속의 흰자 위에 있습니다. 겨울이 되는 중순부터 적기(赤氣)는 관골과 토성에 머물고 있습니다.

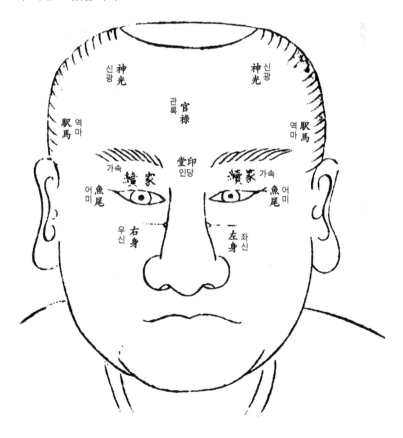

〈 황기(黃氣) 〉

봄이 되면 누런 황기(黃氣)는 입 주위에 머물고 기색이 말라서 윤기가 없습니다. 여름의 중순부터 황기(黃氣)는 지각과 노복 주위에 있습니다. 가을의 상순부터 황기(黃氣)는 토성의 좌우 주변에 머물고 있습니다. 겨울에 누런빛 황기(黃氣)는 이마 좌우에 있고 윤기가 조금 있습니다.

〈 흑기(黑氣) 〉

봄이 되면 상순부터 거무스름한 흑기(黑氣)는 가속과 남녀 주변에 있으며 대부분 얼굴의 오른쪽에 나타납니다. 여름이 되면 흑기(黑氣)는 지고의 주변에 머물다가 상정 쪽으로 흐르고 있습니다. 가을의 중순이 되면 흑기(黑氣)는 명문 주변에 있습니다. 겨울 중순부터 흑기(黑氣)는 상정에 머물며 조금 윤기가 있습니다.

〈 백기(白氣) 〉

허연빛의 백기(白氣)는 사계절 내내 토(土)의 용(用)에 따라 바뀌기 때문에 눈으로 보고 판단하기 어렵습니다. 나는 마음과 혼을 다해서 백기(白氣)의 상색을 살펴보려고 노력해 왔습니다만, 아직 잘 모르겠습니다. 나중에 오실 관상가가 이것을 해결하시길 바랍니다.

여기에 적어 놓은 기색(氣色)을 '상색(常色)'이라고 합니다. 이것은 항상 얼굴에 드러나 있는 것으로 좋고 나쁜 길흉(吉凶)과는 관계가 없습니다. 미숙한 관상가는 이 상색을 보고 좋고 나쁨을 판단해 버립니다. 그러나 결국 여기서 길흉의 변화는 나타나지 않기 때문에 혈색은 볼 필요가 없다고 등한시하게 됩니다. 이 결과는 모두 관상가 자신의 심안이 미숙한 탓입니다. 나의 상법을 배우는 사람은 상색 보는 방법을 완전히 숙달시키기 바랍니다.

이 책은 관상을 볼 초심자를 위해 일반적인 사람을 보고 판단하고 있습니다. 그러나 실제로 세상에는 다양한 사람들이 있으며 다양한 여러 가지 대응책이 있습니다. 비록 귀한 사람에게 드러난 혈색일지라도 그 사람의 행동이 비천하고 아무런 재능과 직업이 없으며 귀한 사람과 교제도 하지 않는 사람이라면 단지 이런 사람은 부유한 집안을 출입하고 있다고 판단해야 합니다. 만일 귀한 사람에게 굶어 죽을 혈색이 있어도 어지러운 세상에서는 어쩔 수 없습니다. 그러나 평화로운 세상에서는 이럴 일은 없어서 이것을 어려운 병에 걸려서 식사를 잘할 수 없게 된다고 판단해야 합니다. 또 군인이나 무관인데 상업으로 변하는 혈색이 보일 때는 이것을 직책이 바뀌는 것으로 판단합니다. 귀의한 스님이나 종교가에게 직책이 바뀌는 혈색이 있다면 이것은 개종한다거나 환속하는 것으로 판단을 해야 합니다.

모든 기색이 상색에 맞지 않을 때는 그것에 해당하는 것을 잘 생각해서 행동과 모습이 귀한지, 천한지와 나이 든 사람인지 젊은 사람인지를 잘 살펴서 그 차이를 마음으로 이해하여 사람의 인품을 바르게 판단해 주십시오.

1. 이마 앞면이 새벽 동트는 듯한 윤기가 있으며 천양(天陽)에서 인당(印堂)에 걸쳐서 누르스름한 황기(黃氣)가 드러나며 윤기가 있는 사람은 귀한 사람이며 국가의

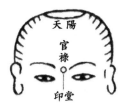

부름을 받아 관직으로 나갑니다.

이처럼 동트는 것과 같은 윤기는 처음에는 구름 낀 것같이 보입니다만 잠시 보고 있는 동안에 태양이 떠오르는 듯이 점점 기세가 생기고 윤기가 더해 갑니다. 이것을 '아침 윤기'라고 말합니다. 귀한 사람으로서 나라에 등용이 되기 때문에 이 윤기는 다른 사람들의 눈에도 확실히 알 수 있습니다. 이런 혈색과 함께 입 주변에 황색(黃色)이 나타날 때는 지위가 높은 사람으로부터 급여를 받는다고 판단합니다. 이 황색(黃色)도 급여를 받기까지는 구름 낀 듯이 보입니다만 시간이 지남에 따라 윤기가 더해 갑니다.

1. 천양에서 관록에 걸쳐 누런색 윤기가 있으며 더욱이 입 주위에 누런 황색(黃色)이 나타나면 이 사람은 곧 승진합니다. 이 시기에 이마는 밝게 갠 모습입니다.

2. 입 주위에 보이는 누런 황색(黃色)은 급여가 올라갈 때까지는 구름이 낀 듯 보입니다만 나중에는 윤기를 띕니다. 또 천양에서 관록에 걸쳐 아름다운 미색이 나타날 때는 왕의 눈에 특별히 틔어서 발탁된다고 판단해야 합니다. 이것은 최고의 관상입니다. 만약 백수인데 이런 혈색이 나타난다면 이전에 다녔던 직업이나 회사로 돌아가고 싶은 소원이 이루어진다고 판단합니다.

1. 이마에 회색빛이 돌고, 하얀 백기(白氣)가 명궁(命宮)에서 상정을 향할 때는 윗사람에게 자기 의견을 제시한다는 의미입니다. 또 천양과 주골(主骨) 주변에 이  런 회색빛이 확실하게 나타날 때는 자기 의견을 제시해도 직

장 상사나 윗사람이 들어 줄 리 없습니다. 그러나 천양에 있는 머리카락이 생길 때 안쪽에서 윤기가 나면 의견이 받아들여집니다. 그러나 자신의 의견이 받아들여지지 않는 혈색이 있고 거기에 더욱 검은 흑기(黑氣)가 식록에서 법령 바깥 부분까지 나타나 있을 때는 반드시 자신의 의견으로 인해 지위나 직책이 없어지고 백수가 될 것입니다. 이렇게 자신의 의견이 받아들여지지 않는 혈색이 얼굴 한 면에 있고 푸르고 검은 어두침침한 회색의 기(氣)가 삼양(三陽)과 삼음(三陰)을 관통하며 나타날 때는 자기가 낸 의견으로 인해 자살할 수 있다고 판단합니다. 이처럼 검고 어두침침한 회색은 먹구름이 낀 색으로 생각합니다.

1. 푸르스름한 청기(青氣)가 천양(天陽)에서 관록(官祿)까지 있고 더욱이 어두운 기색이 관골을 덮고 있을 때는 반드시 상사나 윗사람으로부터 출입을 금지당한다고 판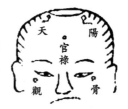

단합니다. 또한 천양과 관골에 어두운 기색이 나타날 때는 근신 처분이 있을 것으로 판단합니다. 천양 바로 밑에서 아래쪽을 향하는 푸르스름한 청기(青氣)는 누렇게 보입니다.

1. 명궁에서 잿빛 기색이 올라가 관록의 자리를 둘러쌀 때는 상사나 윗사람이 처한 위험을 본인이 구해 준다고 판단합니다. 이 회색을 띤 기색은 명궁에서 올라가서 관록 좌우에 흩어져 혈 주위에 있습니다. 또한 눈이 날카롭고 핏줄이 선 살벌한 기색이 있습니다. 더욱이 천양이나 주골 주변에 이러한 어두운 기색이 드러나기도 합니다. 이 회색은 '구름이 끼어있는 색'으로 생각하십시오.

1. 명궁(命宮)에서 어두운 기색이 올라와서  관록의 혈자리 주위를 둘러싸면서 상정에 붉은 주름이 거듭해서 나타날 때는 상사

나 윗사람이 처한 위험은 구하지만 자기 스스로는 죽음을 피하기 어렵다고 보십시오. 이것은 안색이 어두운 듯하고, 얼굴 전체는 구름 낀 듯하며 눈이 날카롭고 분노한 듯이 보입니다. 또한 빨간 주름이 거듭해서 뒤틀어지면서 특히 산림과 변지 주위에 많이 나타납니다. 그리고 천양과 주골 주위에는 어두운 흑기(黑氣)가 드러납니다.

1. 얼굴 한쪽 면에 어두운 기가 있고 상정에 빨간 주름이 거듭 나타나며 눈이 날카롭고 화나 있는 것같이 보일 때는 전쟁에 나가면 사망합니다. 어두운 기색이란 것은 한쪽 면이 파르스름한 듯이 어두운 것을 말합니다. 그리고 붉은 주름은 반복적으로 뒤틀려 나타납니다.

1. 천양에서 관록에 향해 거무스름한 잿빛 회색(灰色)을 띤 기색이 있으며 명궁(命宮)에서 관록을 향해서 잿빛 기색이 올라오고, 명궁에서부터 거무스름한 회색기가 삼양과 삼음에 나타날 때는 자기가 모시는 상사를 위해서 자기 목숨을 희생합니다. 이럴 때는 얼굴 한쪽 면이 검푸르고 명궁에서 관록으로 올라오는 잿빛 회색기에 윤기가 생깁니다. 삼음과 삼양이라는 것은 눈의 아래위와 좌우 머리 측면까지를 말합니다. 이 부위에 잿빛 기색이 나타납니다.

여기에서 말하는 잿빛 기색은 '구름 낀 색'이라고 생각하십시오.

1. 코에 어두운 기색이 나타나고 하정과 변지에 흙빛 기색이 나타나서 인당까지 이 어두운 기색이 드러나 변지를 향해 갈 때는 가까운 시일 내에 노상에서 사망하게 됩니다. 이럴 때는 어두운 흙빛을 띤 기색이 변지에서 확실하게 나타납니다. 또 코의 한쪽 면이 검은색으로 덮고, 하정 한 면이 흙빛 기색으로 변합니다. 특히 입 주변에 나타난 흙색 기색은 뚜렷하게 나타납니다. 이런 얼굴 상(相)에 나타난 기색은 흙색과 검은색이 모두 쓸쓸한 듯하며 노상에서 쓰러질 듯한 혈색으로 보입니다.

1. 관록(官祿)에서부터 명궁(命宮)에 걸쳐 아름다운 미색이 드러난 사람은 음덕(陰德)을 쌓은 사람입니다. 비록 음덕(陰德)까지 아니라 하더라도 사람의 생명을 구  한 적이 있다면 곧 이 혈색이 나타납니다. 이런 혈색은 악을 극복해낸 것이기 때문에 다른 나쁜 혈색이 있어도 나쁜 상으로는 보지 않습니다. 이것은 세상에 있는 관상가의 생각이 아직 미치지 못한 부분입니다. 그래서 음덕이나 충효를 다하는 마음은 관상가들이 가장 깊이 생각하고 고뇌해야 합니다.

이마 부위

1. 이마에 윤기가 있고 빛이 나는 것은 힘든 고생이 끝나지 않았고 한 가지도 생각한 대로 진행되지 않습니다. 마음도 안정되지 않습니다. 이런 이마는 밝고 어둡지도 않으며 기름을 칠한 것처럼 윤기가 납니다. 이런 이마가 사라지고 혈색이 나빠지면 운이 좋아집니다. 역시 이런 사람은 얼굴 전체의 안색이 구름

이 낀 것처럼 보이지 않고 혈색이 좋아 보입니다.

1. 이마의 좌우가 검은 것이 반드시 나쁜 상이라고는 말할 수 없습니다. 처지에 맞는 복이 있습니다만 어려움이 끊이지 않고 사람들에게 많은 도움을 주어야 합니다. 여기서 말하는 검은 색은 이마가 탄 것처럼 거므스름한 것을 말합니다. 다만 이 검은 색에는 윤기가 있으며 이마의 중앙은 검지 않고 밝습니다. 또 이마에 큰 트러블이 있으며 이마 좌우가 검은 사람이 있습니다. 이런 사람이 띤 검은 색은 허전하고 더러운 검은 색입니다.

1. 이마가 어둡고, 파도 모양의 붉은 주름이 아래로 향하면서 나타날 때는 사고가 일어날 상(相)입니다. 더구나 가까운 시일 내에 발생합니다. 그러나 사망하지는 않 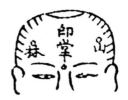 습니다. 이마가 어둡다는 것은 예를 들어 차가운 날씨에 털구멍이 하나하나 솟아오른 듯한 느낌입니다. 또 빨간 주름은 홍색이 아니고, 피 같은 적홍색을 말하며 두꺼운 머리카락 같고, 1.5센티 정도의 길이로 나타납니다. 이것은 머리카락이 나는 주변이나 인당(堂印) 주변에 나타나지만 거의 산림(山林)이나 변지 주위에 나타납니다.

1. 이마가 어둡고, 이마 좌우에 붉은색이 있으며 인당에 붉은색이 나타날 때는 화재가 있습니다. 또 산림, 변지(邊地), 복당(福堂) 주위와 인당에 옅은 붉은 색이 흩어지듯 나타납니다. 이런 혈색은 불에 놀랐을 때도 나타납니다. 화재를 만나기 40일이나 50일 전에는 피부 깊이 잠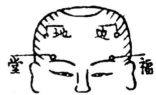

겨있어서 알아보기 어렵습니다만 화재 발생이 가까워지면 보기 쉬워집니다.

1. 이마와 턱에 윤기가 없고 어두우며 토성(土星), 관골이 연기에 그을린 듯 어두울 때는 재산을 잃든지 세상으로 나갈 수 없을 정도로 큰 재난을 만납니다. 이마와 턱이 윤기가 없고 그을린 듯한 것은 어둡고 그을린 듯한 어두움을 말합니다.

1. 이마 좌우가 누렇고 어두운 기색이 있을 때는 마음에 걱정거리가 있습니다. 이럴 때 누런색은 이마 좌우의 산림, 변지, 역마(驛馬) 주위에 나타납니다. 걱정거리가 있는 상은 산림, 역마 주변에서 옆얼굴에 걸쳐서 허전한 듯 보입니다. 이것은 피부가 거칠어서 마치 찬 공기로 인해 모공이 열린 듯한 모습을 말합니다. 때로는 푸른색처럼 보입니다만 원래는 누런색입니다.

1. 습진과 같은 피부병을 앓고 있는 사람은 이마가 어둡고 흐릿합니다. 이런 사람은 병세가 나빠지고 있으며 이런 어두움이 맑아지는 듯하면 사망한다고 봐주십시오. 그러나 환자가 쾌유하면서 안색이 조금씩 맑아질 때는 몸이 건강해져서 죽을 걱정은 없다고 봅니다. 또한 병을 앓고 있는 환자의 이마가 어두워질 때는 병이 나으려면 시간이 걸립니다.

복당(福堂) 부위

1. 복당(福堂) 주변에 붉은 색을 띤 가로 주름이 여러 개 겹쳐 있는 사람은 심한 고생이 끊이지 않으며 무엇 하나도 생각대로

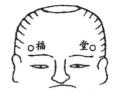

되지 않습니다. 이 빨간 색은 이마 좌우에 있는 복당 주변을 끌어당겨 넓게 보면 확실하게 보입니다. 이것은 피부 안에 있는 붉은색이기 때문에 강하게 당겨서 봐야 합니다.

1. 복당에 검은 기색이 있는 사람은 재산을 잃은 사람입니다. 이 검은색은 새끼손가락 안쪽으로 눌러서 보이는 정도의 넓이만큼 옅게 보입니다. 그리고 재산을 잃기 전에는 복당의 살이 마른 듯 어둡습니다. 재산을 잃은 후에는 검게 됩니다. 그러나 재산을 조금 손실한 경우는 복당에 나타나지 않습니다. 많은 재산을 잃은 후에 다시 일어나지 않은 사람에게는 언제까지나 사라지지 않고 나타납니다. 또 이런 검은 색은 8개월 후에 생길 걱정거리가 미리 나타나는 검은 색과는 차이가 있습니다. 이렇게 걱정거리를 드러내는 검은 색은 사람 몸에 따라서는 나타나지 않을 수도 있습니다.

관골(觀骨) 부위

1. 관골(觀骨) 뒤에서 지고(地庫) 주변까지 아름다운 미색(美色)이 드러나 있는 사람은 다른 사람들을 위해서 일하는 후견인이 됩니다. 관골 뒤에서부터 지고 주위는 얼굴에서 뒷부분으로 음(陰)에 속합니다. 그리고 후견이라는 것은 어떤 사람의 뒤에 서서 그 사람의 모든 일을 처리해 주는 것입니다. 비록 자신의 처지는 좋지 않더라도 후견을 해주는 집이 부자로 번창한다면 이 사람의 혈색도 좋아집니다. 만일 후견을 해주는 사람이 쇠퇴하게 되면 본인의 혈색도 나빠집니다. 만일 후견인이라는 직업이 아닌 사람에게 이런 혈색이 나타날 때는 비밀

스러운 기쁨이 있습니다.

1. 관골(觀骨) 뒷부분에서 지고(地庫) 주위까지가 어두우면 세상 사람들에게 드러나지 않은 모르는 큰 고통이 있습니다. 이런 어두운색은 불에 그을린 듯 보이거나 잿빛 회색처럼 보이기도 합니다. 혹은 쓸쓸한 듯 보이기도 하고 피부가 메마른 듯 보이기도 합니다. 이런 경우에는 후견 일을 직업으로 하는 사람인지 아닌지를 잘 살펴보고 생각해 주십시오.

1. 붉은색이 관골(觀骨) 뒷부분에 있을 때는 마음속에 심한 고통이 있고 무엇하나 생각한 대로 진행되지 않습니다. 이 혈색은 붉은색과 어두운색이 섞여서 나타나서 검붉은 듯이 보입니다. 또 명문 앞인 머리가 나는 부분의 바깥쪽에도 나타납니다. 대체로 이런 기색은 약 3센티 정도 범위에서 산발적으로 나타납니다.

1. 관골 위에 검은색이 있으면 부인과 인연이 약해집니다. 결혼한 사람은 부인과 마음이 맞지 않아 부부싸움을 자주 합니다. 이것을 '여왕의 상'이라 합니다. 이 검은 색은 관골 위, 눈썹 아래에 나타납니다. 이것은 눈 아래 좌우 모두 항상 나타나 있는 것이 일반적입니다. 또 눈 아래로 연결되어 나타난 것이 있으며 관골이 높은 사람에게 특히 많이 보입니다.

   눈 아래가 검은 사람은 음란하다고 합니다만 반드시 그렇지는 않습니다. 간의 기운이 강해져서 모든 일에 초조하며 마음이 불안하고 마음고생을 할 때 바로 눈 아래 검은 기색이 나타납니다. 이것은 신장의 기운은 약하고 간의 기운이 강해진 상태입니다.

명궁(命宮) 부위

1. 명궁(命宮) 좌우에 푸른 청색이 세로로 있을 때
   는 이사를 하거나 집을 마련하고 싶다는 희망이
   있습니다. 이런 시기에는 무엇을 하든지 집 문제
   로 마음이 안정되지 않습니다. 또는 은둔 생활을 바라기도 합
   니다. 이 푸른 청색은 좌우 눈 아래 푸른색 주름처럼 가로로
   나타납니다. 이것은 명궁에 푸른 청색이 가로로 나타나는 것
   과는 다릅니다.

1. 명궁에 붉은색이 있으면 집에 화재가 발
   생하든지, 가정 내에 불화가 일어나든지,
   본인 마음에 걱정거리가 생기든지 합니
   다. 이 붉은색은 밤톨을 뿌려놓은 것처럼
   혼잡스럽게 나타납니다. 그리고 이런 기색에는 가정 사정이 혼
   잡하다는 의미도 있습니다. 또 이곳에 붉은색이 있으면 몸에
   상처를 입을 수도 있습니다. 이 붉은 색은 인당과 명궁 사이에
   옅게 나타납니다.

1. 명궁에 아름다운 미색(美色)이 있으면 가정에 기쁜 일이 생깁
   니다. 환자에게 나타나면 병이 완쾌됩니다. 이 아름다운 미색
   은 윤기가 있는 붉은 색을 말합니다. 또 환자에게 나타날 때는
   이런 붉은색이 아닌 윤기만을 봅니다. 만약 윤기 없이 붉은색
   이 있을 때는 병이 변한 상태를 말합니다.

1. 명궁에 어두운색이 있으면 주거 이전이 있습니다. 이 어두운색
   이 불에 그을린 듯이 보이고, 사람에 따라서는 가까운 시일 내
   에 병이 날 수 있다고 생각합니다. 역시 가정 내에 매우 고통

스러운 일이 생길 때도 이 혈색이 나타납니다.

1. 명궁이나 명문에 아름다운 미색(美色)이 있으면 가정 내에 기쁜 일이나 결혼을 할 수 있습니다. 명문에 나타난 아름다운 색 속에 붉은 점이나 어떤 문제가 있을 때는 혼담이 한번은 잘 진행되어도 문제가 있어서 진행되지 못합니다. 이 붉은 점은 바늘 끝으로 찔린 것 같은 붉은색이고 부풀어 오른 모습은 아닙니다.

코 부위

1. 코의 우신(右身)과 좌신(左身)에서 누런 황색(黃色)이 나타나고, 콧방울 주변까지 나타날 때는 반드시 재산이 흩어지든지, 무언가 손실이 있습니다. 이 누런 황색은 년수(年壽, 코의 중앙)에서 생겨 우신과 좌신과 콧방울 좌우 주변까지 퍼지듯 나타납니다. 그리고 이 혈색에는 윤기가 없고 푸른색처럼 보입니다만 원래는 누런 황색입니다. 또한 이 혈색은 재산이 흩어지는 모습이지만 돈이 나가고 집을 사서 권리 등을 얻을 때도 나타날 수 있습니다.

1. 어두운 색이 콧방울 주위를 둘러싸며 콧구멍으로 들어가는 것처럼 보이거나 어두운색이 입 주위에서 입 안으로 들어가는 것처럼 보일 때는 반드시 물로 인해서 재난이나 손실을 만납니다. 이 어두운색은 어두운 기운으로 옅게 나타납니다. 또 물로 인한 재난과 관련된 혈색과 함께 임맥(任脈)(얼굴 중앙, 콧날)의 길이 약해지는 것이 두드러지게 나타날 때는 반드시 물

로 인해 사망할 것으로 보십시오. 역시 물에는 빠지지 않으면서 물로 인해서 재난을 만난다는 것은 진짜 물로 인한 재난이 아니고 물때문에 손실을 보는 상(相)입니다. 따라서 물에 빠지지 않고 다만 물로 인한 재난이 생길 상이 나타날 때는 반드시 손실을 보는 상(相)과 함께 나타납니다. 또한 물로 인한 손실이 있을 때는 수(水)로 극(克)을 당하는 혈색도 나타날 것입니다. 이처럼 물로 인한 손실에 대한 것은 얼굴에 '토극수(土克水)'와 '수극화(水克火)'의 이치로 생각해 주십시오. 이것을 문장이나 말로 다 설명할 수 없어서 각자 연구하고 수련해서 깨닫기 바랍니다.

1. 콧구멍 테두리에 누런 황색(黃色)을 띠고 있으면 반드시 재산을 손에 넣습니다. 또 이것은 현금에 한하지 않고 무엇인가 물건도 얻습니다. 이 누런 황색(黃色)은 예를 들어서 나뭇잎이 얼룩진 것처럼 콧구멍 테두리에 나타납니다. 또 콧구멍 테두리 한쪽 면에 나타날 수도 있습니다. 이 혈색은 원래 콧구멍 안쪽에서 바깥쪽으로 나타나며 윤기가 있습니다.

1. 코가 붉은 사람은 자식과 인연이 약하며 일생 만족을 모릅니다. 코가 붉은 것은 세상에서 말하듯이 '석류 같은 코'입니다. 또 '석류 같은 코'는 아니더라도 코끝이 항상 붉은 사람이 있습니다. 이런 사람도 자식과 인연이 적다고 합니다만 '석류 같은 코'만큼은 아닙니다. 코는 토(土)를 본뜨고 있으며 자신의 몸에 해당합니다. 그래서 붉다는 것은 화(火)의 색이 나타난 것입니다. 화(火)로 자기 신체를 태워 없애는 것과 같습니다. 또한 불에 타버린 흙에서는 만물이 성장하지 않습니다. 그래서 일생 만족하지 못한다고 말합니다. 그리고 자신의 몸에서

태어나는 것은 자식입니다. 그런 몸이 망가져 버렸기 때문에 자식과 인연이 적다고 합니다. 비록 자식이 있더라도 의지처가 안 됩니다. 역시 토(土)에 화(火)가 있을 때는 '화생토(火生土)'가 됩니다만 코에 나타난 붉은 적색(赤色)은 여기에 해당하지 않습니다.

1. 코끝이 메마르고 어두운 사람은 고생이 끊이지 않으며 현재 아무것도 순조롭게 진행되지 않습니다. 이 어두운 기색은 코의 안쪽에서 아래로 콧방울에 걸쳐서 마르고 타는 듯한 느낌이 듭니다. 이 혈색은 원래 윤기가 없는 황색(黃色)에 어두운 색이 섞여서 나타나는 것이기 때문에 그을린 황색으로 보입니다. 코는 얼굴 중앙에 있고 자기 신체에 해당합니다. 그래서 코가 메마르고 윤기가 없을 때는 몸이 약해지고 있는 것에 비유할 수 있어서 심한 고생이 끝나지 않는다고 말합니다. 또한 코는 중앙에 있으며 토(土)에 해당합니다. 흙인 토(土)가 윤기를 잃으면 만물이 성장하기 어렵기 때문에 이런 상이 나타난 사람은 무슨 일을 하든 순조롭지 않습니다.

1. 코와 귀가 구부러져 있고 어두우며 특히 콧방울과 명궁(命宮)이 거무스름하고 눈빛이 약한 사람은 반드시 사망할 것입니다. 이렇게

구부러지 어두울 때는 잿빛이 나타난다고 합니다. 또 특히 콧방울이 거무스름하다는 것은 어두운색과 잿빛이 섞여서 나타납니다. 즉 명궁이 어둡다는 것은 윤기가 없고 잿빛이 도는 것을 말합니다. 죽을 사람의 상(相)에 대해서는 40일이나 50일 안에 사망할 사람은 눈 안을 보면 알 수 있습니다. 사람은 태어나서 49일까지 눈 안에 정신이 머물 곳이 전혀 없어서

탁한 듯이 흐려있습니다. 그래서 사망하기 전 49일 동안도 눈 안에 정신이 머물 곳이 전혀 없어서 눈에 기세가 없이 흐릿하게 보입니다. 또한 환자가 사망하기 7일 전에 보이는 눈빛과 태어난 후 7일 된 아기의 눈빛은 같습니다. 사망하기 49일 전의 눈빛과 생후 49일 된 아기 눈빛은 같습니다. 오늘 바로 사망할 사람의 눈빛과 태어나자마자 처음 뜬 아기의 눈빛도 같습니다. 자세한 것은 사망 직전의 사람과 출생 직후 신생아의 눈빛을 살펴보고 생각하십시오. 또 환자의 호흡이 멈추고 사망한 듯이 보여도 눈, 귀, 코가 살아 있는 동안은 아직 사망한 것이 아닙니다. 눈, 귀, 코는 심장, 폐, 신장에 해당하고 그것들이 아직 끊어진 것이 아닌데, 왜 사망했다고 결정해 버리는지요!! 비록 신체가 건강한 듯해서 매일 일에 정열(情熱)을 쏟고 있어도 심장, 폐, 신장이 이미 끊어졌을 때는 어떤 명의(名醫)도 아무것도 할 수 없습니다. 약도 돌과 같습니다. 역시 깊이 고찰해 보십시오.

법령(法令) 부위

1. 법령(法令) 주름 바깥쪽에 윤기가 있으면 현재 가업이 번창하고 있습니다. 또한 사업을 할 사람은 무엇인가 사업계획을 진행하  고 있습니다. 이 아름다운 미색(美色)은 법령 주름의 바깥쪽에 나타나지만 때로는 주름에 걸려서 나타날 수도 있습니다. 또한 입 주변에서부터 법령 주름 바깥을 향하여 흩어지듯 희미하게 보이거나 아니면 법령 주름에 많이 보입니다. 역시 개인차가 있어서 사람에 따라서는 법령 주름의 줄이 많이 보이

는 사람도 있습니다만 코의 근원에서 흘러나오는 것을 진짜 법령이라 합니다.

1. 법령 주름 바깥쪽에 지저분한 색이 있으면 가업이 잘 돌아가지 않아서 이익이 없습니다. 오히려 손실이 있습니다. 원래 이 지저분한 색은 어두운 기운에서 생긴 것으로 시간이 지나면서 지저분하게 변한 것입니다. 사람에 따라서는 어두운색 그대로 마무리될 수도 있습니다. 또 이 어두운색은 약간 보기 어려울 수도 있습니다. 그러나 이 어두운색은 자체만으로도 재난이 있다는 것에는 변함이 없습니다. 앞에서 말한 것처럼 이것은 입 주변에서부터 법령 주름 바깥으로 걸쳐서 나타납니다.

1. 법령 주름 바깥이 아름다운 미색(美色)을 띠고 있으며 법령 안쪽에는 어두운색이 있다면 자신의 가업이 사람들에게는 잘 되어 가는 것처럼 보여도 내실은 좋지 않다는 것을 나타내고 있습니다. 아름다운 미색이란 윤기가 있는 것을 말하고, 거무스름한 색은 옅게 있으면 어두운 기운처럼 보입니다.

1. 코의 우신(右身)과 좌신(左身)에서 아름다운 미색이 나타나 있고 입 주위까지 퍼져있으면 가까운 시일 내에 기쁜 일이 생기거나 가업이 번창하는 등으로 모든 방면에서 좋은 길상(吉相)입니다. 이 아름다운 색은 코의 우신과 좌신에서 생겨서 법령 주름을 거쳐 입 주변까지 내려갑니다. 이것은 목욕한 후에 옅은 윤기가 있습니다만 붉은색 윤기는 아닙니다.

1. 법령 주름의 근본에서부터 입 주변까지 어두운색이 있으면 가업이 쇠퇴하거나 손실이 나고 이익이 없습니다. 이것은 어린

아기 새끼손가락의 끝마디 정도 크기로 나타납니다. 또한 법령 주름 안에 그림자가 비치듯이 보이는 것이 있거나 혹은 법령 주름을 따라서 안쪽이나 바깥쪽에 나타나기도 합니다.

1. 법령에 흙색이 보이고 더불어 지각(地閣)이나 노복(奴僕) 주변에 어두운색이 있으면 재산을 잃거나 가업에 문제가 생기는  등 큰 어려움이 일어납니다. 이 법령의 흙색이란 것은 누런 황색(黃色)에 어두운 기운이 섞여 나타나고 지저분한 듯이 보입니다. 이 기색은 법령 주름을 따라 입 주변까지 나타납니다. 또한 법령 주름의 근본에서부터 입 주변까지 지저분하게 거무틱틱한 것처럼 보일 수도 있습니다. 지각이나 노복이 거무틱틱한 것은 어두운 기운과 잿빛 기운이 섞여서 나타난 것입니다. 이것을 '한쪽 눈을 감은 어두움'이라 하며 집안의 가운(家運)이 기울어지고 있습니다. 이 혈색은 흉상입니다.

1. 법령 주름이 확실하지 않은 사람은 직업이 좀처럼 정해지지 않습니다. 대체로 사람이 가야 할 도리를 저버리고 반사회적 일을 할 사람은 특히 법령 주름이 정리되지 않고 확실하지 않기 때문에 뭔지 모르게 쓸쓸하고 외로워 보입니다.

1. 직업이 안정된 사람인데 법령 주름이 확실하지 않을 때는 하는 직업이 부진하던지 집안의 가업이라면 축소되리라 생각합니다.

1. 법령 주름 안에 진흙 색이 있으면 파산이나 가업의 도산이 있습니다. 진흙 색이란 것은 예를 들어서 피부에 땟국물이 쌓여 있는 것처럼 보입니다. 자신에게 어려운 고통이 있을 때도 이 혈색이 나타납니다.

식록(食祿) 부위

1. 식록(食祿)에 아름다운 미색(美色)이 있으면 마음속으로 기쁜 일이 있습니다. 이것은 가업이나 집 안에 생기는 기쁜 일입니다. 이 아름다운 미색은 식록에서 퍼지듯 넓게 나타납니다. 특히 콧구멍 주변에서 확실하게 드러납니다. 이 기색은 붉고 윤기가 있습니다만 기쁜 일이 생기기 전에는 붉지는 않고 윤기만 있습니다.

1. 식록에 아름다운 미색(美色)이 있고 이 기색이 법령 주름의 바깥쪽까지 나타날 때는 마음속에 있는 기쁨이 세상에 널리 알려집니다. 이 아름다운 미색(美色)이 식록에 멈추고 떠나지 않는 동안은 마음속에만 기쁨이 있으며 그 일이 아직 정돈되지는 않은 상태입니다. 일이 정리되고 성취됨에 따라서 법령 주름 바깥에 이 미색이 나타납니다.

1. 식록에 지저분한 기색이 있으면 가업이나 집안 혹은 상속에 관해서 매우 어려움이 있는 나쁜 흉상(凶相)입니다. 이 지저분한 색은 그을린 듯 보이기도 하면서 식록의 한쪽 면에 나타납니다. 이런 혈색이 있으면 만사가 순조롭지 않으며 마음이 안정되지 않습니다.

1. 식록에 지저분한 기색이 있고 이 기색이 법령(法令) 주름 바깥에 나타날 때는 가업이나 가족을 떠납니다. 또 자신의 어려운 고통이 세상에 알려지게 됩니다.

1. 식록에서 누런 황색(黃色)이 나타나서 입 주변을 감쌀 때는

곧 좋은 일이 있습니다. 이것은 가업에서든지 장남에 관한 것입니다. 이 누런 황색(黃色)이 입 주변에 나타나는 것을 '맑은 하늘인 새벽 인시(寅時, 새벽 3시 반에서 5시 반까지)에 빛나는 3가지 윤기'라고 합니다. 이것은 흐린 듯한 황색(黃色)으로 보입니다만 잠시 보고 있으면 선명한 누런 황색이 됩니다. 식록은 장남을 담당하고 입은 사람의 온 몸인 오체(五體)를 키우는 문입니다. 누런 황색(黃色)은 기쁨과 번영을 나타내는 기색입니다. 귀한 사람이든지 낮은 사람이든지 모두 이와 같은 이치로 생각해 주십시오.

1. 식록에 윤기가 있으며 이 윤기가 입으로 들어갈 때는 곧 장남에게 기쁜 일이 있습니다. 이런 윤기가 있는 기색은 좌우 식록에서부터 퍼져서 나타나고 입으로 들어가는 것처럼 보입니다. 이것을 '구름 낀 하늘의 새벽 인시(寅時)'라고 하며 구름이 낀 듯한 윤기입니다만 좋은 일을 알리는 길상입니다.

1. 식록에 누런 황색이 옆으로 나타날 때는 주거를 위한 집 문제나 장남에게 기쁜 일이 생깁니다. 이런 누런 황색은 식록 위 콧구멍에 가깝게 옆으로 나타납니다. 예를 들어서 손끝으로 끌어당기듯이 또는 퍼지듯이 나타납니다. 또 이런 혈색이 법령 주름 바깥에 나타날 때는 기쁨이 가까운 시일 안에 생깁니다. 아무튼 길상입니다.

1. 식록에 붉은 적색(赤色)이 나타날 때는 가업이나 장남이 떠나게 됩니다. 이런 붉은 적색은 붉은색과 어두운색이 섞인 것으로 검붉게 보입니다. 또한 장남을 떠나보내기 전에는 붉은 적색이 없고 어두운색만 나타납니다. 장남이 떠난 후에는 붉고 검은색으로 확실하게 나타납니다. 이런 혈색은 식록의 한쪽

면에 나타납니다. 이처럼 나쁜 색은 메마르고 쇠약한 듯하며 윤기가 없어서 집안의 가업이나 장남이 쇠약해진다고 봅니다. 또 얼굴의 어떤 부분이든지 나쁜 기색이 나타나도 코의 우신과 좌신에서 아름다운 미색이 생겨서 콧방울을 거쳐 아래로 향하고 있을 때는 쉽사리 나쁜 기색으로 판단해서는 안 됩니다. 이럴 때는 나쁜 일이 많이 생겨도 도움을 받아서 자연스럽게 피해 간다고 보아주십시오. 비록 피하기 어려운 나쁜 일이 생겨도 그 후에 처지에 맞는 복이 옵니다.

1. 식록에서 지저분한 색이 있으며 이것이 입을 둘러싸고 입술까지 닿고 더욱이 아랫입술의 안쪽으로 검은색이나 푸른색이 드문드문 나타나면 가까운 시일에 노숙자가 됩니다. 이 지저분한 색은 메마른 듯이 쓸쓸한 느낌이며 지저분하게 구름 낀 듯 탁한 기색으로 흐린 하늘로 해를 가린 것과 같이 어두운색입니다. 노숙자의 상이라는 것은 자기가 하늘로부터 받을 식록이 하나하나 메말라 사라져서 자신의 처지를 잃어버린 모습입니다. 그래서 하늘의 식록이 부족하여 노숙자가 되는 것입니다. 그러나 노숙자가 된 후에 2주 정도 지나면 이런 혈색은 사라집니다. 이것은 이미 노숙자라는 처지에 익숙하게 되어버리고, 그 나름대로 먹을 것을 얻기 때문에 자연히 이런 기색은 사라져 버립니다. 또 이런 혈색이 나타나도 노숙자가 되지 않을 때는 반드시 다른 사람들에게 신세를 질만큼 곤궁해집니다. 또 부귀한 사람이 이런 혈색이 나타날 때는 대단히 어려운 일이 생기며 장남이 떠나고 집은 파산하며 그 후에도 다른 사람들에게 신세를 질 만큼 곤란이 지속됩니다. 귀한 사람이든 낮은 사람이든 이것을 기준으로 해서 봐주십시오.

　　노숙자 상(相)이라 하더라도 특별하게 있을 리 없으며 자신이 행한 행동에 따라 좋고 나쁨이 결정됩니다. 이것은 자기 행위의 결과입니다. 그래서 골상(骨相)에는 드러나지 않고 혈색으로만 볼 수 있습니다.

처첩(妻妾) 부위

1. 처첩(妻妾)에 푸른 청색이 있을 때는 이 혼할 의지가 있습니다. 이 푸른 청색은 처첩에서부터 눈꼬리 주변까지 확대되거나 관골(觀骨)로 퍼지기도 합니다. 다만 푸른  청색을 띤 주름은 아닙니다. 또한 이런 푸른 청색(靑色)이 강하고 확실하게 나타나면 이혼하기로 결정된 것입니다.

1. 왼쪽 처첩에 아름다운 미색(美色)이 있고 오른쪽 처첩에 온화한 색이 있으면 아내 마음은 안정되어 있습니다만, 남편 마음은 불안정합니다. 이 온화한 색은 아름다운 미색(美色)처럼 깨끗하지 않습니다. 뭔지 모르게 조용하고 차분한 혈색입니다. 또 왼쪽 처첩에 온화한 색이 있고 오른쪽 처첩에 아름다운 미색이 있으면 남편은 안정되어 있습니다만 아내 마음은 불안정합니다.

1. 처첩(妻妾)에 윤기가 나면 아직 아내를 맞이하지 못합니다. 이런 윤기는 옅고 붉은 홍색처럼 화려하지만 안정적인 모습으로는 보이지는 않습니다.

1. 항상 처첩에 온화한 색이 있으면 이미 아내가 정해진 것입니다. 이 온화한 색은 앞에서 말한 것처럼 차분하고 안정적인 색입니다. 이것을 '인시(寅時, 새벽 3시 반에서 5시 반 사이)에

뜬 2가지 윤기'라고 하며 잠시 보고 있으면 대단히 건강하게 보입니다.

1. 결혼한 사람인데 처첩에 윤기가 있으면 아내와 이혼할 의사가 있습니다. 이런 사람은 이혼하면 곧 재혼합니다. 또 이런 기색은 음(陰)으로써 여자관계에 문제가 있을 때도 이 혈색이 나타납니다.

1. 오른쪽 처첩에 푸른 청색이 있으면 아내가 남편에게 이혼을 이야기하기 시작합니다. 또 왼쪽의 처첩에 푸른 청색이 있으면 남편 쪽에서 이혼을 이야기합니다. 이런 푸른 청색은 처첩에 퍼지듯 나타납니다. 또 약간 관골을 향해 퍼져 보일 수도 있습니다. 왼쪽 처첩은 양(陽)으로 남편을 본뜬 것이고, 오른쪽 처첩은 음(陰)으로 아내를 본뜬 것입니다. 그리고 푸른 청색(靑色)은 간의 기운이며 분노를 의미하는 기색이기 때문에 이 혈색은 스스로 화가 나서 파괴해 버린다는 의미입니다.

1. 처첩에 푸른 기를 띤 잿빛 색이 있으며 토성(土星)의 좌우로 누런 황색이 있으면 황달을 앓고 있습니다. 이 혈색은 옅게 푸르고 구름이 낀 것 같은 색입니다. 황달은 간의 기운이 비장의 토(土)를 극(克)을 해서 비장과 간의 기운이 모두 약하기 때문에 발병한 것입니다. 이런 사람은 항상 기(氣)가 가라앉아 있고 작은 일에도 걱정을 많이 합니다. 또 처첩은 눈의 뒤쪽에 있어서 간 기운으로 달리는 곳이며 토성(土星)의 좌우는 비장의 토(土)를 담당합니다. 그래서 비장과 간의 기운이 건강하지 않을 때는 반드시 처첩에 청색이 나타나고 토성의 좌우에 누런 황색이 드러납니다. 또 비장과 간의 기운이 끊어진 것 같을 때는 몸 전신에 청황색이 나타납니다. 이 병을 가

진 사람에게 토성 좌우에 눈에 띄게 누런 황색이 나타났을 때는 중병으로 봐주십시오.

명문(命門) 부위

1. 명문(命門)에 아름다운 미색(美色)이 있으면 반드시 애인이 있습니다. 명문에 나타난 아름다운 미색이 만일 옅은 홍색이고 대단히 밝을 때는 애인 때문에 반드시 문제가 생기고 심한 고통을 겪습니다. 일반적으로 명문이 옅은 홍색으로 밝을 때는 여성으로부터 재앙을 받는다고 생각해주십시오.

1. 명문에 윤기가 있고 관골 뒤쪽으로 붉은 적색(赤色)이 있으면 여성으로부터 재난을 받습니다. 이 붉은 적색(赤色)은 관골(觀骨) 뒤쪽에서부터 명문으로 퍼지듯 있거나 그냥 붉은 적색만으로 나타나기도 합니다.

1. 애인도 없으며 여자로부터 어려움을 받을 상(相)도 아닌 사람인데 명문에 아름다운 미색이 나타나는 것은 아내가 반드시 다른 곳으로 갑니다. 이 아름다운 미색은 여성으로부터 재난을 받는 것과 똑같습니다. 특히 이 기색은 젊고 음욕이 강한 사람에게 볼 수 있습니다. 또한 부부일지라도 성행위가 없으면 간기운이 움직여서 이렇게 나타납니다. 만일 부인이 돌아와서 2주일 정도 성행위를 하면 이런 혈색은 자연스럽게 사라집니다.

1. 명문에 살집이 두텁고 건강한 사람은 반드시 간의 기운이 강하고 장수합니다. 명문에 살집이 없고 초라한 듯 보이는 사람은 간의 기운이 약해서 몸을 잘 양생하지 않으면 단명하게 됩

니다. 이런 사람이 용모가 험해지면 병 없이 사망하는 관상이
며 오히려 병이 나면 길게는 가지 않습니다.

1. 병에 걸린 사람이 명문에 살집이 적고 어두운 기색이 나타나
면 반드시 사망합니다. 또 일반적인 보통 사람이라면 간이 허
하다는 전조입니다. 이런 사람은 가까운 시일 내에 병에 걸립
니다. 만약 이런 어두운 기색이 귀를 돌아서 가면 반드시 사망
합니다.

　　오직 작은 혈색도 잘 관찰하고 판단해 주십시오.

눈과 남녀궁 부위

1. 눈 흰자위에 푸른 청색 기색이 있으면 스스로 모든 일을 파탄
시키고 몸을 망가뜨립니다. 이런 사람은 몸을 조심하지 않으
면 반드시 단명하게 됩니다. 아니면 미치거나, 불미스러운 죽
음을 맞이할지도 모릅니다. 이런 사람은 아주 몸을 조심한다
면 피할 수 있습니다.

1. 여성으로 눈 흰자위가 푸른 사람은 대단한 악녀로 광기가 있
습니다. 이런 여성은 반드시 남편을 누르고 무슨 일이든지 중
뿔나게 나섭니다. 남편과의 인연이 자주 바뀌고, 자식과의 인
연도 약하며, 몸을 신중하게 하지 않으
면 노후가 대단히 흉하게 됩니다. 또 미
치거나 불미스러운 죽음을 맞이할지도
모르기 때문에 주의가 필요합니다.

어미(魚尾)와 간문 부분

1. 어미(魚尾)에 붉은 적색(赤色)이 있으면 부인이
병에 걸리거나 부부싸움이 끊이지 않습니다. 이
붉은 적색은 대체로 약 3~5밀리 정도의 넓이로 번지듯 나타
납니다. 눈을 감으면 사라지고 열면 나타나서 눈꼬리에서 눈
안으로 들어가듯 나타납니다. 단지 붉은 적색일지라도 약간
검은 색이 섞였기 때문에 검붉게 보이거나 옅은 홍색처럼 나
타나기도 합니다. 또 이런 상인데 부인이 없는 사람이라면 여
자로 인해 문제가 발생합니다.

1. 어미에 검은 흑색이 있으면 부부싸움이 끊이지 않으며 부인과
인연이 적어서 이혼이나 재혼을 합니다. 이 검은 흑색이 있어
도 아내와의 인연이 변하지 않을 때는 반드시 부인이 아픕니
다. 아무튼 여성으로 인한 고통이 끊이지 않습니다. 이런 기색
은 눈꼬리에서부터 눈 안으로 들어가듯 보입니다. 이것은 그을
린 듯하게 보이며 눈을 감으면 보기 어렵고 뜨면 확실하게 보
입니다.

1. 어미에 붉은 적색 점이 있으면 주거이전이나 집 문제로 어려움
이 있습니다. 이 붉은 적색을 띤 점은 좁쌀 정도의 크기이며
붉은 점이라고 말할 정도는 아니며 뾰료지나 부스럼과도 다릅
니다. 또 수가 많을 때는 생각하지 말고 오직 한 개만 있을 때
잘 살펴서 판단해야 합니다. 또한 이것은 어미 주변이나 아래,
위에 나타나기도 합니다.

1. 간문(奸門)에 붉은 적색이 있으면 큰 고난이나 여성으로 인
한 고통이 있습니다. 이런 붉은 적색은 간문 주위에 있는 발

제에서 확실하게 보이고 그을린 듯한 검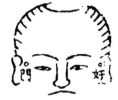
붉은 색입니다. 역시 간문은 얼굴을 옆
에서 봐서 뒤쪽에 있으며 음(陰)입니다.
이 검붉은색은 수(水)와 화(火)가 싸우
는 기색입니다. 이 이치로 판단하십시오. 간문은 음(陰)인 여
성을 나타냅니다.

1. 간문에 붉은 적색(赤色)의 점이 있다면 여자로 인한 어려움
과 여자 때문에 문제가 생깁니다. 이 붉은 적색의 점은 좁쌀
이나 쌀 부스러기 정도의 크기이며 많이 나는 부스럼이나 뾰
로지가 아니고 오직 한 개 있을 때만 의미가 있습니다. 이 붉
은 적색의 점은 간문이 있는 머리카락이 나는 부위의 조금
안쪽에 있으며 음(陰)인 여성을 나타냅니다. 이런 붉은 적색
은 재난을 담당하는 색이기 때문에 여성으로 인해서 어려운
문제가 생긴다는 것을 의미합니다. 또한 머리카락은 피의 여
분이며 몸 안의 상태를 나타냅니다. 그래서 붉은 적색의 점이
머리카락에 걸려있을 때는 재난이 몸 안까지 미친다는 것을
뜻합니다.

천중(天中)과 관록(官祿) 부위

1. 천중(天中)에서 관록(官祿)까지 푸른 청색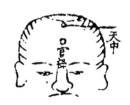
이 내려올 때는 윗사람이 낸 분노가 내려
옵니다. 이 푸른 청색은 천중에서 두 개의
모양으로 나누어 관록까지 내려오거나 번
지듯 한 개의 모양으로 내려오기도 합니다. 이것은 아기 새끼

손가락 끝마디 정도의 넓이로 나타납니다. 그러나 눈에 띌 정도가 아니며 확실한 푸른 청색(靑色)도 아닙니다. 또한 푸른색의 주름과도 전혀 다릅니다.

1. 천중에서 관록까지 붉은 기색이 있으면 반드시 윗사람으로부터 재난을 받습니다. 이 붉은 기색은 천중에서 생겨서 관록 주위까지 번지듯 내려오며 나타나고 갓난아기 새끼손가락 끝마디 정도의 크기로 불의 심지가 구불구불 넘실대듯 나타납니다. 끝 부위가 특히 좁을 때는 큰 재난으로 재난을 당할 날이 가까이 왔다고 봐주십시오.

1. 관록 기색이 약해지고 쓸쓸한 듯 보일 때는 현재 대단히 나쁜 운입니다. 이럴 때는 커다란 고통이 있습니다. 또 무엇 하나 바라는 대로 가지 않습니다. 이처럼 약하고 쓸쓸한 듯이 보이는 것은 어두운색과 잿빛 회색이 섞여서 나타난 기색입니다. 이런 사람은 반드시 집안이 몰락하든지, 자신의 위치를 잃어버리든지, 세상에 얼굴을 들고 다닐 수 없게 됩니다.

1. 남편이 없는 여성은 관록의 혈색이 쇠하고 나빠지며 남편이 있는 여성은 혈색이 좋습니다. 이 혈색은 몸가짐이 나쁘고, 정조 관념이 없어서 하늘의 도리에 등을 돌린 사람에게는 나타나지 않습니다. 미망인이나 미혼인 사람에게 나타납니다.

1. 관록에서 인당(印堂)까지 푸른 청색이 있으면 예상외로 놀랄 일이 있습니다. 이 푸른 청색은 퍼지듯 엷게 나타납니다. 탁한 듯한 잿빛 회색으로 보이기도 합니다. 푸른 청색은 걱정거리나 놀라는 것을 나타내는 색입니다.

일월(日月)과 인당 부분

1. 집안에서 대를 잇는 자식이 사망할 때는 일월의 혈색이 쇠해지고 살집도 사라진 것처럼 보입니다. 이것은 많은 자식 중 한 사람을 말하는 것이 아니라 외동이 사망하는 경우입니다.

1. 일월(日月)이 아름다운 미색을 띠면 자신이 의지할 수 있는 유력한 윗사람이 있습니다. 또 현재 부모가 건재한 사람은 자기보다 부모의 운이 강한 것을 말합니다. 이런 혈색은 일월(日月) 궁에 대체로 동전 크기로 옅고 희미하게 나타나기 때문에 잘 눈에 띄지는 않습니다. 아름다운 미색(美色)은 윤기가 나는 상태를 말하며 사람에 따라서는 확실하게 나타나기 때문에 아름답다고 합니다.

1. 인당(印堂)에 붉은 적색(赤色)이 떠오를 때는 반드시 공적으로 문제가 생깁니다. 이 붉은 적색은 두 가지의 모양으로 퍼지듯이 떠오르던가, 옅고 희미하게 떠오르듯이 보입니다. 단지 이러한 붉은 적색은 개인차가 있어서 사람에 따라서는 조금 더 진하게 보이기도 합니다. 혹 붉은 적색이 두드러지고 진할 때는 특별하게 생각해야 합니다. 이 붉은 적색은 집을 몰락시키는 혈색이지만 여기에다 세상으로부터 버림받는 혈색이 있을 때는 이 붉은 적색의 문제는 작은 것이 아니라 큰 문제입니다.

1. 인당이 넓고 항상 붉은 적색(赤色)이 기미처럼 있는 사람은 선천적으로 어리석은 사람입니다. 이런 사람은 항상 악의가 없어서 인당에 붉은 적색이 나타난 것입니다. 결국 어리석은 사

람입니다. 이런 붉은 적색에는 두 가지 모양이 있습니다. 악의가 없는 사람의 붉은 적색과 또 한 가지는 간의 기가 강하고 매우 힘든 고난이 있을 때 마음속에 있는 화(火)가 올라와서 인당(印堂)에 붉은 적색이 나타나기도 합니다. 이것은 악의가 없는 적색이 아닙니다. 이런 사람은 안색이 하얗지 않고 인당도 좁습니다.

1. 인당에서부터 관록에 걸쳐 아름다운 미색(美色)을 띠면 매사가 순조롭습니다. 이런 사람은 마음속에 희망을 품고, 이제부터 자기의 운이 열리고 있다고 생각합니다. 이런 아름다운 미색(美色)은 원래 붉게 윤이 나는 기색이며 마음의 화기(火氣)가 건강할 때 나타나는 혈색입니다. 그래서 마음속에 기쁨을 느끼고 있을 때 나오는 색인 것입니다. 보통 마음에 있는 화(火)의 기운이 건강할 때는 어떤 일을 해도 지장이 없으며 순조롭게 진행됩니다. 그러나 이런 혈색은 음덕(陰德)을 쌓은 사람의 혈색과는 차이가 있습니다.

1. 인당(印堂)에 붉은 적색을 띤 점이 있으면 반드시 싸울 일이나 재난이 있습니다. 이 붉은 적색 점은 아주 작거나 좁쌀 정도 크기입니다. 또 인당 조금 위나 아래에도 나타나기도 합니다. 그 숫자가 많을 때는 무시하고 오직 한 개만 있으면 취해서 생각하십시오. 아주 보기 어려운 것이기 때문에 주의해주십시오.

1. 인당(印堂)에 푸른 청색(靑色)이 나타나서 주변으로 향하고 있을 때는 현재의 입장을 버리고 먼 곳으로 가기를 바랍니다. 그러나 결국 갈 수 없습니다. 이 혈색은 간의 기운이 대단히 약해져서 기(氣)가 가라앉아 인생의 허무함만을 생각하는 기

분에 잠겨있습니다. 즉 현재 자기 처지에서 벗어나 어딘가 먼 곳으로 떠나고 싶은 마음이 생길 때 나타납니다. 이런 사람은 간 기운을 다스리면 이런 혈색이 바로 사라집니다. 이 혈색이 나타난 사람은 자기 주변에 생긴 변화와 혼돈은 많은데 판단을 내리기 어려워하는 결정 장애가 있는 사람입니다. 진짜로 자기 처지에서 벗어나 어딘가 멀리 가려고 결심했을 때는 이런 혈색은 인당이 아니라 변지나 역마에 나타날 것입니다. 이 외에도 여러 가지를 주의해서 봐주십시오.

입술과 양장(兼漿) 부위

1. 입술이 검붉은 사람은 운이 강하며 처지에 맞는 출세를 합니다. 그리고 신장의 기운이 강해서 정력이 강한 사람입니다. 예를 들어서 입술 색이 적동색처럼 검붉고 윤기가 있으며 아랫입술 안쪽이 새빨갛다면 이 사람의 안색은 하얗지 않고 조금 검붉은 사람입니다. 만일 얼굴색이 하얗다면 대단히 흉한 상(相)입니다.

1. 입술이 홍색으로 붉은 사람은 길상(吉相)이며 입술 색이 나빠지면 운세도 나빠집니다. 입술 색이 나빠지면 무엇인가 일을 하는 데에 장애가 생겨서 성취하지 못합니다. 그러나 역시 노인은 기와 혈이 약해져서 입술 색이 나쁜 것은 당연하며 몸이 늙어서 생긴 것은 일반적입니다. 젊은 사람은 기와 혈이 왕성해서 입술 색이 좋은 것입니다.

1. 입술이 탁하고 검은 반점이 있는 사람은 운이 약하고 몇 번이고 재난을 만납니다. 단 한 가지도 일이 이루어지지 않습니

다. 이 검은 반점은 쌀알 정도 크기이며 검푸른 것이 입술에 드문드문 나타납니다. 또 쌀알보다 작게 으깬 듯이 보이는 것도 있습니다. 이 검은 반점이 옅어지면서 운도 좋아집니다. 검은 반점이 아니더라도 비슷한 것이 나타날 때는 같다고 보아주십시오.

1. 입술이 히연 듯한 것은 비장에 병이 있으며 기분도 우울합니다. 또 작은 일에도 걱정하기 때문에 이런 사람은 반드시 병 때문에 운이 제압당해 버립니다. 비록 병이 아니더라도 우울해지면 할 수 있는 일도 할 수 없어서 모든 일이 생각처럼 되지 않아서 자신의 운을 방해하게 됩니다.

1. 환자의 양장(羨漿)에 나쁜 색이 나타나면 병과 맞지 않은 약을 먹고 있는 것으로 봐주십시오. 이런 나쁜 색은 아무튼 나쁜 색입니다. 이 색은 병의 증상으로 인해 그을린 듯하기도 하고 보랏빛 같은 검푸른 듯이 보이기도 합니다. 어떤 색이 나타나든 이처럼 나쁜 색이 나타날 때는 병의 치료 방법과 잘못된 약을 먹고 있습니다. 이런 나쁜 혈색은 양장(羨漿)의 한쪽 면에 나타납니다.

1. 평소에 지병이 없는 사람이 양장에 나쁜 색이 나타날 때는 식중독으로 봐주십시오. 그러나 식중독으로 생각해도 이 양장의 색이 바뀌지 않을 때는 식중독이 아닙니다. 또한 약을 잘못 처방받고 있는 것 같은데도 양장(羨漿)에 나타난 나쁜 색에 변화가 없을 때는 잘못된 약 때문은 아닙니다.

역마(驛馬) 부분

1. 역마(驛馬)에서 변지까지 아름다운 미색이 있
   으면 집을 건축하거나 이사를 합니다. 집안에
   기쁜 일이 있을 때도 이 혈색이 있습니다. 이
   아름다운 미색은 역마에서 생겨 변지로 넓게
   퍼지는 것으로 붉은 홍색에 윤기가 섞인 아름다운 색입니다.

1. 역마(驛馬)에 어두운 기색이 있으면 집안에 고민할 매우 어려
   운 일이 있습니다. 이 어두운 기색은 구름 낀 듯 보입니다. 이
   것을 '일몰의 어둠'이라고 합니다. 이 기색은 꽤 판단하기 어려
   운 혈색입니다만 약 7, 8센티 정도 떨어져서 보면 알 수 있습
   니다. 또한 이 기색이 어두운색으로 보이기도 해서 이때는 바
   로 알 수 있습니다.

1. 역마(驛馬)에서부터 산림(山林)에 걸쳐서
   어두운색이 있으면 집이 망하거나 집안에
   문제가 생깁니다. 이 어두운 기색은 연기
   에 그을린 듯이 보이는 작은 부분입니다. 이런 혈색은 역마에
   서 나와서 산림을 향하여 끌려가듯이 나타납니다. 이것은 새
   끼손가락 마지막 마디 정도의 넓이로 보이지만 눈에 잘 띄지
   는 않습니다.

얼굴 안색 부분

1. 얼굴이 적동색처럼 검붉은 사람은 운이 강하며 처지에 맞는
   복이 있습니다. 이것은 '철의 안색'이라고 합니다. 이 기색은 귀

한 사람이거나 지위가 낮은 사람이거나 모두 좋은 길상입니다. 이 기색은 기력이 강하고 정력이 왕성하다는 표시입니다. 비록 가난한 상을 가진 사람이더라도 '철의 안색'을 가진 사람은 결코 곤란하거나 가난하지 않습니다. 고독한 상이더라도 반드시 자식 한 명은 있습니다. 또한 이런 사람은 친척들과 가족들 모두에게 귀중한 사람으로 대접받습니다. 그리고 이런 혈색에는 검붉을 뿐만 아니라 윤기가 있는 사람도 있습니다. 이런 혈색을 가진 사람은 '더러운 얼굴' 또는 '오염된 얼굴'이라고 합니다만, 이처럼 윤기 나는 혈색은 앞서 말한 '철의 얼굴색'과 다르며 구별하기 쉽지 않습니다. 여기서 말하는 '철의 안색'은 윤기가 조금도 없으며 더러운 먼지가 낀 듯한 얼굴색으로 간혹 그을린 듯이 보입니다.

1. 얼굴에 더러운 색이나 지저분한 색이 항상 드러나 있는 사람은 비록 좋은 관상이더라도 일생 가난에서 벗어나지 못하고 사회적으로 활약하지도 못합니다. 이 얼굴색은 더럽고 먼지가 낀 듯 누추하게 보입니다. 다만 이런 얼굴의 색은 얼굴 한쪽 면에 나타나며 갑작스럽게 보이는 것은 아니고 선천적으로 있는 얼굴색입니다. 이런 사람은 반드시 일생 주거가 안정되지 않으며 아무리 고생해도 보람이 없는 상(相)으로 봐주십시오. 그러나 신앙심을 가지고 정진하면서 좋은 일로 음덕을 쌓아간다면 반드시 변화가 있습니다.

1. 얼굴의 한쪽 면에 지저분한 안색이 나타날 때는 피할 수 없는 궁핍과 위험이 있습니다. 이런 안색은 더럽고 그을린 듯하게 보입니다. 이런 사람은 궁핍함과 위험한 재난이 있고, 가업은 파탄됩니다. 혹 가난한 사람이라면 기아로 고통받는 등 모든

일에서 대단히 나쁩니다. 환자라면 특히 주의가 필요합니다.

1. 얼굴 한 면에 진흙 색이 나타날 때는 현재 모든 일이 땅에 떨어진 사람으로 봐주십시오. 이런 진흙 색 얼굴에 나타날 때는 재난 후이거나 가업 또는 집안이 파산한 후라고 봐주십시오. 이런 혈색은 처음에는 지저분한 색을 띠고 나중에는 진흙 색이 됩니다. 혹 이런 혈색을 가진 사람이 운기가 강한 사람이라면 진흙 색 자체일 수도 있습니다. 지저분한 색과 진흙 색을 주의해서 봐주십시오. 역시 이런 혈색은 항상 눈에 띄는 얼굴 색이 아니고 현재 나쁜 운으로 인해서만 나타납니다.

1. 어린아이라도 집안의 가장이나 위엄있는 인물로 인정받을 때는 얼굴의 양(陽) 부분이 좋아집니다. 비록 집안의 가장일지라도 우두머리가 아닐 때는 얼굴에서 양(陽)의 부분이 좋지 않습니다. 얼굴에서 양(陽)의 부분은 얼굴 정면이며 세상의 일을 담당합니다. 또 얼굴에서 음(陰)의 부분은 옆쪽 얼굴이며 음(陰)에 관한 일을 담당합니다. 그래서 어린아이라도 우두머리가 되면 사람들 앞에 나서야 하기 때문에 얼굴의 정면에 혈색이 좋아집니다. 집안의 가장일지라도 우두머리가 되지 못해서 사람들 앞에 나서지 않는 사람은 얼굴 정면의 혈색이 좋지 않습니다. 이것은 귀한 사람이든지 지위가 낮은 사람이든지 모두 같습니다.

1. 잠시만 보고 있어도 얼굴 전체에 기색이 퇴색된 부분이 없는 사람은 기력도 운도 강하며 반드시 출세하고 사람들로부터 귀중하게 대접받습니다. 그러나 처음 보는 순간은 좋아 보이더라도 잠시 후에 어딘가 퇴색한 듯 보이는 사람은 기력이 약하고 끈기도 없어서 커다란 출세는 못 합니다. 또한 기력이 강해도

건전하지 않다면 잠깐 보는 동안에 얼굴 정면의 혈색이 퇴색해 갑니다. 그러나 이런 경우라도 정신력은 강합니다. 그리고 기력이 약하더라도 마음 중심에 기쁨이 있을 때는 잠깐 보고 있는 사이에도 퇴색되는 듯하게 보이지는 않습니다. 그러나 이런 경우에 정신력은 없습니다. 이것은 기력이 강할 때와 비슷합니다만 마치 성곽은 견고하지만 대장이 될 임금이 없는 것과 같습니다.

1. 얼굴 한쪽 면을 푸른 청색(靑色)이 덮을 때는 이혼을 합니다. 이것은 얼굴이 창백한 듯 보입니다. 이 푸른 기색은 원래 잿빛 회색입니다만 푸른 청색이라고 생각하고 보면 구별하기 쉽기 때문입니다. 이런 청색은 간의 기운이 강해져서 기분이 가라앉고 얼굴색도 창백하게 보입니다. 이것은 남녀 모두 같습니다.

1. 광기(정신이 나가는 것)의 상(相)이 있어도 얼굴에 막힌 기와 혈이 있을 때는 결코 광기가 아닙니다. 막혀있는 기나 혈은 보통 간의 기(氣)가 강한 사람에게 간의 기를 억눌렀을 때 나타납니다. 간의 기가 몸에서 막혀 얼굴색이 어둡게 잠기는 모습입니다. 즉 이것은 간의 기를 누르기 때문에 막혀버린 것이 표면으로 나온 것일 뿐이지 광기는 아닙니다.

제 2 권

혈색에 대하여

논 변

　상(相)을 볼 때 혈색을 잘 보라고 하는 말은 아침과 저녁에 들어오고 나가는 조석 간만을 생각하면서 때를 알고 맞추어서 보아야 마땅하다는 것입니다. 이렇게 해야만 마음도 명쾌하며 관상가도 쉽게 봅니다.

　대체로 사람의 몸 안에 있는 기(氣)와 혈(血)이라는 것은 하늘과 땅 사이에 존재하는 아침과 저녁의 조수(潮水)로 인한 간만(干滿)의 차이입니다. 사람의 기혈은 아침저녁에 일어나는 조수간만을 기준으로 해서 차고 빠짐을 말합니다. 해와 달의 중력으로 생긴 조수가 가득 차서 들어올 때는 사람의 기혈도 차게 됩니다. 이 시기에 관상을 보면 혈색도 잘 떠올라 보이기 때문에 판단하기 쉽습니다. 그러나 조수가 밀려갈 때는 마음이 음(陰)으로 들어가면서 기혈도 잠기기 때문에 보기 어려워집니다.

　상을 보는 사람도 같아서 마음이 음(陰)으로 들어갈 때 관상을 보면 기분이 가라앉아 정확히 보기 어렵습니다. 또한 기혈이 약해서 항상 혈색이 나쁜 사람일지라도 천지에서 밀려오는 파도가 찰 때는 혈색이 떠올라 드러나기 때문에 잘 보이게 됩니다. 언제나 혈색이 좋은 사람인 경우도 같습니다만, 음(陰)이 많은 대음(大陰)인 사람은 파도가 밀려갈 때 좋아지고 파도가 밀려와서 가득 차는 시기에는 약해집니다.

1. 남녀궁(男女宮)에 보랏빛 기색이 나타나
　면 자식이 탄생합니다. 대체로 음양(陰陽)
　이 화합하면 자손이 태어납니다. 남녀궁은 얼굴 중 하늘과 땅
　의 가운데에 있고 삼양(三陽)과 삼음(三陰)의 아래입니다. 그

래서 이 부위를 '남녀궁' 또는 '자손궁'이라고 합니다. 이 부위에 나타나는 보랏빛 색은 2가지 종류가 있습니다. 청색과 적색이 합해서 보랏빛 색이 될 때는 푸른 청색입니다. 이 기색은 푸른색인 목(木)과 적색으로 드러나는 화(火)가 '목생화(木生火)'가 되어 상생하는 색이 됩니다. 그래서 자손궁에 상생의 색이 나타나서 자식이 생긴다고 합니다. 붉은 적색과 검은색이 합해져서 보랏빛 색이 나타날 경우도 있습니다. 이 경우는 붉은 적색이 아버지인 대양(大陽)이고 검은색은 어머니인 대음(大陰)의 색으로 음과 양이 화합하여 자손궁에 들어간 것이기 때문에 자식이 생긴다고 말합니다. 그러나 붉은 적색과 검은 흙색이 합해서 보랏빛 색이 될 경우는 붉은 적색은 화(火)이고 검은색은 수(水)로 '수극화(水克火)'가 됩니다. 그래서 이것은 서로 상극으로 상생하지 않기 때문에 난산하는 상으로 봐주십시오. 또한 청(青)과 적(赤)이 합해서 보랏빛 색을 띨 때는 '목생화(木生火)'의 상생이 되어서 순산하는 상으로 봐주십시오.

1. 가난하고 낮은 상이라도 이미 남편이 정해진 여성은 관록의 혈색이 자연히 좋습니다. 그러나 부귀한 여성이더라도 남편이 없는 경우에는 관록(官祿)의 혈색이 좋지 않습니다. 관록은 이마 중앙에 있으며 군주이기 때문에 여성에게는 '남편궁'이 됩니다. 그래서 이미 남편이 있는 여성은 군주를 얻은 것과 같아서 관록에 윤기가 있습니다. 이것은 남편의 빛을 이마에 품고 있는 것입니다.

　또 남편에 대한 정조가 없는 여성은 남편이 있어도 군주를 얻었다고 생각하지 않고 남편의 빛이 있는 것도 모릅니다. 단지 자신만이 현명하다고 생각하고 남편을 누르고 모든 일을 앞에 나서서 합니다. 이런 여성과 결혼하면 그 집을 몰락시킵니다. 아마도 이것은 물이 불을 끄는 간단한 이치일 것입니다. 이런 가정에서는 싸움이 끊이지 않고 재앙이 생깁니다. 또한 여성의 복과 의식주 세 가지는 모두 남편으로부터 얻는 것으로 여성의 상이 아무리 좋아도 모두 얻기에는 충분하지 않습니다. 그러나 남편을 군주처럼 존경하고 항상 감사하는 마음으로 정조를 지키는 여성은 비록 남편의 운세가 나빠져도 다소는 여성의 덕으로 인해 남편을 도울 수 있습니다. 이것은 음(陰)이 양(陽)을 도와서 화합하고 번영하는 이치입니다.

1. 수없이 많은 착한 일을 한 상이더라도 관록의 혈색이 나쁠 때는 어떤 일도 순조롭게 진행되지 않습니다. 관록은 이마 중앙에 있으며 군주이기 때문에 모든 길흉은 이곳에 나타납니다. 이것은 세상의 청탁(淸濁)이 그 군주의 몸에 있는 덕의 유무(有無)와 같은 것이기 때문입니다. 관록의 혈색이 탁할 때는 군주의 몸에 덕이 없는 것으로 그 나라의 미래와 번영을 가져올 수 없습니다. 만사가 순조롭게 가지 않는 이유는 바로 이것 때문입니다.

1. 이마 좌우에 윤기 없는 누런 황색(黃色)이 나타나면 반드시 가족들로 인한 걱정거리가 생깁니다. 대체로 사람의 신체는 흙인 토(土)의 기(氣)를 받고 성장하기 때문에 자신의 신체는 토(土)의 기운이 됩니다. 또한 누런 황색은 중앙의 토(土)를 나타내는 색입니다. 그래서 가족 중에 사망자가 있을 때는 자기 신체와 동일한 토(土)의 기운이 자연스럽게 감응해서 약해지는 것입니다. 그래서 윤기가 없는 누런 황색이 이마의 좌우에

나타난다고 봐주십시오. 원래 누런 황색은 기쁨의 기색이지만, 모든 사람에게는 성쇠가 있고 기색에는 맑음과 흐림이 있어서 한마디로 말할 수 없습니다. 이미 기쁜 일이 있었을 때는 신체에서 토(土)의 기운이 윤기를 얻어서 누런 황색의 기색에도 빛이 납니다. 이것은 자기 신체에서 토(土)의 기운이 왕성한 까닭입니다.

1. 일월(日月) 궁에 어두운 검은 색이 나타나면 반드시 자식을 잃습니다. 일월은 부모, 선조를 나타내는 궁입니다. 대체로 자손은 부모와 선조로부터 혈과 맥을 받아서 하나의 몸이 된 것입니다. 그래서 자신의 자손이 사망할 때는 혈맥이 감응하여 자신의 일월(日月)에 거무스름한 흑색(黑色)이 나타납니다. 이 거무스름한 흑색은 사망하는 기색입니다. 또 일월(日月)의 살집이 메마르고 없어질 때는 선조가 약해진 것과 같아서 자손도 장수하지 않습니다. 자손이 장수하는 사람은 일월(日月)에 살집이 있고 건강해 보입니다. 그러나 일월에 살집이 빠지면 혈색도 약해집니다. 또한 이 거무스름한 흑색은 자식이 많으면 나타나지 않고, 유일한 한 사람을 잃었을 때 일월의 혈맥에 나타납니다.

1. 이마가 구름 낀 듯 탁하며 머리카락 같은 붉은 주름이 나타나면 사고를 만납니다. 이 붉은 주름은 피의 색이며 재앙의 색입니다. 이것은 살을 나누어 먹어버리는 것처럼 나타나기 때문에 재앙의 색입니다. 이마에 나타난 이런 색은 온몸의 살에 상처를 입히는 것과 같아서 사고가 있다고 말합니다. 또 사고가 있을 때는 일월의 혈색이 약해진다고 봐주십시오. 또 자신의 몸, 머리카락, 피부는 부모와 조상으로부터 받은 것입니다. 이

런 신체에 상처를 입힌다는 것은 부모와 선조의 신체를 손상하고 상처를 입히는 것과 같아서 일월의 혈색이 약해지는 것입니다. 일월은 '부모와 선조의 궁'입니다.

1. 하반신에 습기를 품은 사람은 턱 주변이 탁합니다. 또 턱이 탁한 사람은 배꼽 아래도 탁합니다. 이마는 얼굴에서 남(南)으로 마음을 상징하는 화(火)에 속하며 몸의 상반신과 연결되어 있습니다. 코와 관골(觀骨) 주변은 가운데로 비장을 상징하는 토(土)에 속하고 신체의 중앙과 연결되어 있습니다. 턱 주변은 북(北)으로 신장을 상징하는 수(水)에 속하며 하반신과 연결되어 있습니다. 그래서 하반신에 습기를 품은 사람은 턱의 주변이 탁합니다. 또 수기(水氣)가 많은 곳에서 생활하는 사람은 수기(水氣)를 하반신으로 품어서 배꼽 아래와 턱 주변이 탁합니다. 그러나 건강하고 병이 없는 사람과 섭생과 양생이 좋은 사람은 수기(水氣)도 머금지 않아서 탁하지 않습니다. 다만 대부분의 사람이 하반신에 습기를 품고 있는 것은 피할 수 없습니다.

1. 남녀궁(男女宮)에 기색이 생기고 중정에 있는 변지로 올라가며 메마른 듯이 하얗게 되면 반드시 자손이 타국에서 사망합니다. 남녀궁은 자손의 궁입니다. 이러한 자손궁에서 기색이 발생해서 변지로 올라갔기 때문에 자손이 외국에 간다고 합니다. 그러나 이 기색이 변지에서 메마르듯 하얗게 되면 자손이 외국에서 사망합니다. 이런 하얀 기색은 마음의 걱정거리를 나타내는 색입니다.

1. 손바닥 안이 붉은 홍색을 띠며 윤기가 나타나면 신체는 건강하고 하는 일 모두 성공합니다만, 이 붉은 홍색의 윤기가 약

해지면 모든 일이 조화롭게 되지 않습니다. 기혈이 건강할 때는 마음도 건강하고 손바닥 안에 붉은 홍색에서 윤기가 납니다. 또한 마음이 건강하면 신체도 건강해서 하는 일마다 모든 일이 성공합니다. 손과 발은 신체의 가지이기 때문에 기혈이 순조롭지 않을 때는 두 팔과 두 다리도 윤기를 잃습니다. 이것은 초목의 뿌리가 튼튼하지 않으면 가지와 잎이 약해지는 것과 같습니다. 따라서 손바닥에 윤기가 없을 때는 신체가 건강하지도 번성하지도 않습니다. 이럴 때는 아무튼 시간의 흐름이 내 편이 아니기 때문에 순조롭지는 않습니다. 사람의 기혈이 순조롭지 않을 때는 병이 나고, 기혈이 순조로워지면 병이 치료됩니다. 그래서 환자는 완치되기 전에 손바닥에 윤기가 생기기 시작합니다. 또한 손바닥이 항상 붉은 홍색과 윤기가 나는 사람은 붉은 홍색과 윤기가 사라지려고 할 때 먼저 윤기가 없어지고 그 후에 붉은 홍색이 사라집니다. 반대로 항상 메마른 손바닥이 붉은 홍색과 윤기가 있을 때는 먼저 윤기가 나타나고 그 후에 붉은 홍색이 나타납니다. 얼굴에 나타나는 혈색도 좋은 혈색이 나타나기 전에 윤기가 있고, 나쁜 혈색이 나타나기 전에는 항상 윤기를 잃습니다. 그래서 붉은 홍색이 나타나 있어도 손바닥이 메말라 있든지, 건조한지, 윤기가 있는지를 주의해서 봐주십시오.

1. 얼굴 전체 혈색이 나빠도 쉽사리 나쁜 얼굴상으로 판단해서는 안 됩니다. 가업이 번영하여 마음에 생각이 많을 때는 얼굴색도 대체로 약하고 잿빛 회색처럼 탁합니다.

관상을 볼 때는 법령(法令)을 잘 보아야 합니다. 집안에 사업이 번창하고

있는 사람은 사업 때문에 어려움도 많아서 얼굴 안색이 나빠집니다. 그러나 법령만은 특별하게 좋은 혈색을 보입니다.

1. '일몰 후의 윤기'가 있는 사람은 공적인 어려움이 있는 혈색이라고 합니다. 이것은 상정만으로는 분별하기 어려워서 관골을 보는 것이 좋겠습니다. 관골(觀骨)은 세상적인 일을 담당하기 때문에 이곳에 어두운색을 띠고 있을 때는 세상일이 어둡고 나아가야 할 길을 잃는 상태로 공적인 어려움이 있다고 봅니다. 이런 어두운 기색은 본래 상정에 있습니다만 '일몰 후의 윤기'로 덮여있어서 몹시 분별하기 어렵습니다. '일몰 후'라는 것은 태양이 서쪽에서 빛나고 그 빛이 동쪽으로 투영한 것을 말합니다.

1. 곤란한 상황인데도 얼굴색이 좋고 두툼한 듯이 살집이 좋은 사람이 있고, 고된 노동이 없어도 살집이 약하고 말라 보이는 사람이 있습니다. 마음이 약하고 단단하지 않은 사람은 자연히 그것이 얼굴에 나타나서 살이 내려앉습니다. 이것은 얼굴에 윤기가 나서 언뜻 보면 살집이 충만해 있는 것처럼 보이지만 진짜로 충만한 모양이 아닙니다. 이런 것을 '탁한 살집'이라고 합니다. 또한 마음이 강하고 단단한 사람은 기혈도 혼란스럽지 않아서 혈색이 온화하게 드러나며 살집도 아주 단단합니다. 이런 사람은 심한 노동을 하지 않아도 살집이 약하고 메마른 듯 보입니다만 진짜 마른 것이 아닙니다. 이것을 '여문 살집'이라고 하며 대단히 좋은 길상입니다. 선천적으로 마음이 강한 사람은 기색이 건강하며 혈색도 힘이 넘칩니다. 이런 사람은 살집도 많고 두터워 보입니다. 이것을 '살집이 두텁다'라고 하며 부귀한 사람으로 볼 수 있습니다. 오랫동안 가난한 생활

을 해서 안색이 약한 사람에게 좋은 운이 올 때는 얼굴이 두 터워 보입니다. 그러나 이것은 진짜로 두터운 것은 아니고, 기 력이 충실한 것이 얼굴에 드러나서 두터워진 것처럼 보일 뿐입 니다. 이것을 '살집의 색 즉 육색(肉色)'이라고 합니다. 원래 살 집은 기력에서 생기는 것입니다. 기력이 약해지면 기색도 사라 지고, 혈색이 약해지면 살집도 없어집니다. 당연히 적어진 살 집에는 윤기가 없습니다. 또한 탁한 기색을 지닌 살집에는 윤 기가 있어도 신(神) 즉 정신이 존재하지 않습니다. 두꺼운 살 집이 건강하고 윤기가 있을 때는 신(神)이 존재해서 정신도 충 실합니다. 이것은 모든 것에 기력이 활동하고 있는 까닭입니 다. 이러한 기력은 작은 우주 천지의 중심으로 모든 것의 길흉 은 바로 이 기력에서 생기는 것입니다.

1. 오랜 세월에 걸쳐서 불운한 사람은 얼굴 전체에 어두운 기색 으로 덮여있습니다. 어두운 기색이 검은 흑색으로 변할 때는 좋은 길상이 됩니다. 어두운 기색이란 것은 옅은 어두운색을 말하고, 검은 흑색은 대단히 어두운 색을 말합니다. 사람의 기 색은 천지자연의 순조로운 기(氣)와 합하고 있습니다. 예를 들어서 태양이 동쪽에서 뜨기 전에는 천지는 흐리듯이 어둡 고 이것을 해뜨기 전의 새벽 '축시(丑時)의 어둠'이라고 합니 다. 태양이 떠오르기 직전에는 대단히 어둡고 이것을 해뜨기 직전 '인시(寅時)의 어둠'이라 하며 검은 흑색이라고 합니다. 이것은 음기(陰氣)가 다해서 양기(陽氣)로 돌아가는 이치입니 다. 따라서 어두운 기색이 검은 흑색으로 변할 때는 이제부터 점점 양기(陽氣)로 변하여 대단히 좋은 길상이 됩니다.

1. 눈 안에 핏줄이 서고 검은 눈동자가 붉은색으로 덮여서 눈에

기세가 없이 초조해하는 느낌으로 정신이 없을 때는 반드시 사고로 사망할 상입니다. 사고로 사망하는 사람에게는 죽는 상이 나타나지 않습니다. 대체로 사람의 수명은 하늘로부터 받습니다. 병으로 죽는 사람은 천명(天命)을 다하여 심장, 비장, 신장이 스스로 약해져 오행이 모두 본래로 돌아간 것입니다. 오행이 본래로 돌아가기 위해서 죽는 상이 나타나기 때문에 병으로 죽을 때는 확실하게 알 수 있습니다. 그러나 사고로 인해 사망하는 사람은 죽기 직전까지 신체도 건강하고 오장에도 병이 없습니다. 이런 사람은 오행이 건강하기 때문에 죽을 상이 나타난다는 것은 이치에 맞지 않습니다. 그러나 눈은 신체의 해와 달이기 때문에 사고를 당할 사람의 상(相)은 눈에 나타납니다.

1. 이마가 밝게 기름 바른 것처럼 빛이 나는 사람은 대단히 나쁘고 어떤 일이든 잘되지 않습니다. 마음속에 무엇인가가 차지 않는 것이 있으면 그것이 얼굴에 나타나서 마치 기름을 칠 한 것처럼 빛이 납니다. 이것을 "마음의 기운이 얼굴로 설명하며 모든 것을 드러낸다"라고 합니다. 또 '일몰 후의 윤기'라고도 합니다. 어떤 일도 순조롭게 가지 않는 대단히 나쁜 상입니다. 또 단전에 마음의 기(氣)가 가득할 때는 이것이 얼굴에 투영되어 태양이 동쪽에서 떠오르는 순간처럼 얼굴색이 윤택하고 전진하는 힘으로 넘칩니다. 이것을 "마음의 기(氣)가 단전에 있어야 만사를 이룬다"라고 말합니다.

1. 이마 좌우가 검은 것은 흉한 것이 아니며 이런 사람의 상은 처지에 맞는 복이 있습니다. 아직 젊은 사람으로 직업이 정해지

지 않은 사람은 인생 경험도 적고 세상일에 대해서 아무것도 모릅니다. 이런 사람은 세상과 다른 사람을 생각하지 않고 게으르게 지냅니다. 이런 모습의 상은 하늘이 맑아서 문제가 없는 것이기 때문에 이마가 맑습니다. 그러나 직업이 이미 정해지고 차차로 번성해지면 사람은 다른 사람을 생각하고 어떤 일에도 배려심이 많아집니다. 이처럼 배려하는 마음은 이마에 확실하게 드러나기 때문에 이마가 그을린 듯 검은색이 나옵니다. 이것은 자신이 하는 일이 번성하고 있음을 나타내는 것으로 결코 나쁜 것이 아닙니다. 역시 이러한 검은 색은 간의 기운이 올라온 것으로 초조한 사람에게 많이 나타납니다. 옛 고서에는 "이마의 좌우에 검은색이 드러날 때는 큰 어려움을 만난다"라고 하는 것은 이런 검은 색과는 다릅니다. 어려움을 나타내는 검은 색은 윤기가 없으며 마치 먹구름이 언덕에서 솟구쳐오르듯이 보입니다. 제가 여기서 말하는 검은 색은 돌발적으로 생기는 것이 아니기 때문에 이마가 그을린 듯이 보입니다. 이 검은 색은 본래 좋은 색으로 윤기가 있습니다. 이것을 '새벽에 비치는 윤기'라고 하며, '태양의 빛으로 동쪽에서 비친다'라는 의미를 가집니다.

1. 피부병이 있는 사람은 이마가 자연히 흐립니다. 만약 피부병 중에 있는데 흐린 것이 맑게 밝아지면 그 사람은 반드시 사망합니다. 사람은 양(陽)의 화(火)를 근본으로 합니다. 이마는 여러 가지 다양한 양(陽)이 모여 있는 곳으로 양명(陽明)에 속하고 양(陽)의 화(火)를 담당합니다. 피부병이라는 것은 원래 수기(水氣)에서 발생합니다. 그래서 신체가 습기를 많이 포함하고 있을 때는 신체에서 양(陽)의 화(火)가 수기(水氣)로 인

해 덮여버려서 이마가 흐립니다. 병을 앓는 중에 흐린 것이 맑고 밝아질 때는 수기(水氣)가 드러나게 증가해서 신체의 양화를 없애버리게 됩니다. 그래서 이것은 검은 기색이 밝아진 것이 아니라 천명을 다한 때가 다가와서 신체의 양화가 하늘로 돌아가려고 이마가 밝은 것입니다. 이런 이치로 생각하면 피부병에 한정되지 않고 사람이 사망할 때는 모두 이마가 맑고 밝아집니다. 결국 이것은 천명을 다했기 때문입니다.

1. 산림궁(山林宮)에 살집이 마른 듯이 매우 빈약하고 아주 옅은 누런 황색이 나타날 때는 산림을 벌채하여 논이나 밭이 된 것입니다. 산림궁은 이마에 있어서 선조부터 산림을 담당하는 부위입니다. 산림을 채벌해서 논과 밭으로 바꿀 때는 반드시 토(土)가 활동합니다. 이처럼 토기(土氣)가 움직이고 산림궁(山林宮)이 이에 감응했기 때문에 그 살집이 바뀌어 옅은 황색이 드러납니다. 원래 산림(山林)이라는 것은 천지자연(天地自然)이 만든 것입니다만, 이것을 벌채한 것은 인간의 의지입니다. 논과 밭은 지고궁(地庫宮)이 담당하는 것이기 때문에 토지를 조성한 후에는 지고(地庫)에 윤기가 나고 살이 오릅니다. 결국 지고가 찬 것을 말합니다.

1. 지각(地閣)에서 윤기가 생기고 좌우가 나누어질 때는 반드시 좋은 일로 인해서 집이 두 개가 됩니다. 지각은 집을 담당하고, 윤기는 기쁨으로 봐주십시오. 푸르스름한 청색은 간기에서 생기는 분노의 색입니다. 그래서 푸르스름한 청색이 지각에 나타나고 좌우로 나누어질 때는 집안에 분쟁이 일어나서 집안이 두 개로 분열됩

니다. 이런 어두운색은 멸망의 색이기 때문에 지각에 나타나 분리될 때는 집안이 망하고 있는 것입니다.

1. 관록(官祿) 부분 좌우에서 어두워지며 관
록의 혈 자리를 덮을 때는 상속자 혹은
장남을 빼앗기는 것입니다. 관록 혈 자리
는 귀하든 천하든 모두 자기의 분수와 상속자 혹은 장남을 담
당합니다. 그래서 관록의 좌우를 세상으로 나가서 행하는 활
동하는 범위를 나타냅니다. 따라서 관록의 좌우에 어두운 기
색이 일어나 혈 자리를 덮을 때는 세상이 상속자 또는 장남을
빼앗는 혈색입니다. 이런 어두운색은 흐린 색이라고 생각해 주
십시오. 비록 장남을 덮고 있는 얼굴상(相)이라 해도 관록 좌
우에 윤기가 일어나고 그 관록의 혈 자리를 교차하고 있을 때
는 상속자나 장남을 빼앗기는 일은 절대 없습니다. 오히려 세
상에서 상속자나 장남을 도와주려는 사람이 나옵니다.

1. 형제궁에서부터 어두운 기색이 일어나 관록의 혈 자리를 덮을
때는 친척 중에서 장남이나 상속자를 빼앗는 사람이 나올 것
입니다. 형제궁은 친척을 나타내기 때문에 이 부위에서 윤기
가 일어나 관록의 혈과 섞일 때는 반드시 친척들로부터 원조
를 받습니다. 결과적으로 상정(上停)에 있어서는 관록의 혈자
리를, 중정(中停)에 있어서는 코를, 하정(下停)에서는 입을 자
신이나 자신의 신체로 생각합니다.

1. 주골(主骨)에서부터 푸르스름한 청색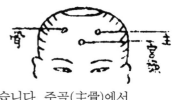
의 기가 생겨서 관록(官祿)으로 내려
올 때는 반드시 주인으로부터 비난을
받던지, 커다란 분노를 받을 일이 있습니다. 주골(主骨)에서

아름다운 기색이 생겨 관록을 향해 내려올 때는 주인으로부터 좋은 일이 내려온다고 봐주십시오. 더욱이 관록에서 윤기가 나타나면 좋은 일이 빠른 시일 안에 생깁니다. 이것은 관록을 자신의 신체이며 주골은 주인이나 상사를 담당합니다. 그래서 이곳에 푸르스름한 청색이 나타나면 분노의 색으로 이해하고, 어두운색이 나타나면 놀라는 색으로 이해하며 아름다운 색이 나타나면 기쁨의 색으로 생각한다면 이해하기 쉬울 것입니다.

1. 눈썹 중앙에서 붉은 적색이 생겨서 눈을 덮고 눈꼬리로 내려올 때는 가까운 시일 안에 커다란 어려움이 닥칠 것입니다. 이런 혈색이 나타날 때는 비록 작은 어려움을 맞이해도 큰 어려움이 되며 자신의 신체를 덮쳐옵니다. 눈은 몸에서 해와 달이며 좌우 눈썹은 라후성과 계도성이라고 합니다. 그래서 눈썹과 눈썹 사이 중앙에서 붉은 적색이 생겨 눈을 덮을 때는 이 두 성이 해와 달을 덮는 것을 의미합니다.

1. 관골(觀骨)에 날카로운 붉은 적색이 명궁(命宮)을 향하고 명궁에도 붉은 적색이 나타날 때는 다른 사람의 문제가 자신에게 영향을 미치게 됩니다. 이 적색은 아무튼 날카롭고 격한 색이므로 사고를 뜻합니다. 또한 관골은 사회활동이나 다른 사람을 뜻하며 명궁은 자기 일을 담당합니다. 관골에 항상 머리털처럼 가늘게 적색이 나타나 있는 사람이 있습니다만 이것은 마땅한 것이 아닙니다. 여기서 말하는 적색은 가늘고 옅은 붉은색입니다만 이상하리만큼 날카롭게 눈에 띄는 혈색

을 말합니다.

1. 처첩(妻妾)궁에 붉은 홍색과 윤기가
나타나는 사람은 아직 아내가 정해지
지 않은 사람입니다. 그러나 홍색 윤기가 없고 혈색이 차분하
게 보이는 사람은 부인이 정해진 사람입니다. 처첩궁은 아내와
의 인연을 담당합니다. 이곳은 간의 기(氣)와 신장의 기(氣)가
모인 곳으로 아내가 정해지면 신장과 간의 기가 차분해지기
때문에 처첩의 혈색도 안정되게 보입니다. 아내가 아직 결정되
지 않은 사람은 간의 기와 신장의 기가 차분하지 않기 때문에
처첩궁의 혈색이 움직여서 홍색에 윤기가 나타납니다. 비록 노
인일지라도 아내가 없으며 색정이 강한 사람은 윤색이 드러납
니다. 아무튼 아내가 없는 사람은 사는 동안 이 윤기가 사라
지지 않습니다.

1. 왼쪽 처첩에는 붉은 홍색과 윤기가 나타나 있으며 오른쪽에
는 붉은 홍색과 윤기가 나며 이러한 혈색이 더욱 차분하다면
아내의 마음은 안정되어 있습니다만 남편의 마음은 불안정합
니다. 왼쪽은 양(陽)에 속하며 남편이라고 합니다. 왼쪽 처첩
의 색이 홍색으로 윤기가 있다는 것은 남편의 마음속에 아내
에 대한 불만이 있고 이 불만의 마음이 움직여 색으로 나타난
것입니다. 또한 오른쪽은 음(陰)에 속하고 아내라고 합니다. 오
른쪽 처첩의 색이 차분하고 붉은 홍색 윤기가 없는 것은 아내
는 남편에 대해 만족하고 있어서 마음이 움직이지 않기 때문
입니다. 모든 것은 마음이 움직일 때 자연히 혈색에 드러납니
다. 마음이 움직이지 않으면 단전(丹田)이 안정되어서 얼굴에
는 나타나지 않습니다.

1. 처첩에 푸른 주름이 나타난 사람은 아내와 사이가 좋지 않습니다. 처첩은 부부 관계를 보는 곳입니다. 푸른 청색은 간의 기에서 생긴 분노의 색이라서 부부 사이가 좋지 않다고 할 수 있습니다. 부부가 서로 마음속에 분노를 안고 있어서 자연히 인연도 바뀝니다.

1. 가슴에 옅은 적색이 있는 사람은 기가 강하고 성격이 급하며 낮은 상(相)입니다. 이 기색은 붉은 황토 껍질 같은 적색은 아닙니다. 가슴은 임금의 화(火)로써 화(火)인 심장을 담당합니다. 붉은 적색은 심장의 색입니다. 대체로 사람은 기력을 근원으로 하고 기(氣)가 강한 사람은 가슴이 붉어집니다. 이것은 임금의 화(火)를 나타내는 기색을 드러내고 있습니다. 또한 기력이 건강하고 충실하면 정신도 상쾌하고 운세도 좋은 흐름이 됩니다. 이럴 때는 이 부위의 붉은 색과 윤기가 드러납니다.

1. 식록(食祿)에 어두운색이 있으면 장남이나 상속인에게 큰 어려움이 있습니다. 또한 식록에 붉은 홍색에 윤기가 있으면 마음으로 느끼는 기쁨이 있습니다. 사람 얼굴에는 산과 바다를 갖고 있습니다. 코를 산이라 하고 입을 바다라 합니다. 코와 입 사이를 인중(人中)이라고 말하며 서민을 본뜬 것입니다. 서민은 국가에 세금을 내는 존재로 인중 좌우를 식록이라 부르고 장남이나 상속자를 담당합니다. 그래서 장남이나 상속자가 약해질 때는 식록 궁도 쇠약해지고 나쁜 색이 생깁니다. 이곳에 기쁜 일이 있을 때는 윤기가 있는 색이 일어납니다. 법령 주름 안쪽을 모두 '식록궁'이라 합니다. 이 부위는 집안의 일들을 담당하고 법령 바깥쪽은 세상의 일을 담당합니다. 그래서 식록에서부터 혈색이 일어나 법령 주름 바깥쪽으로 향해 나갈 때

는 마음으로만 생각했던 일이 세상으로 널리 알려진다는 것을 의미합니다.

1. 검은 흑색(黑色)이 콧방울 가장자리를 둘러싸며 입 주위에 검은 흑색이 생겨 입술로 들어갈 때는 반드시 물로 인한 어려움을 만납니다. 코는 얼굴 중앙에 있으며 인체의 오행 중 토(土)에 속합니다. 또한 검은 색은 수(水)의 색입니다. 그래서 검은 흑색이 코를 둘러싼 것은 수(水)가 자신의 몸을 감쌌다는 뜻으로 수극토(水克土)가 되어 물로 인한 어려움을 의미합니다. 입술은 비장의 토(土)에 속합니다. 그래서 검은 흑색이 입술로 들어갈 때도 마찬가지로 수극토(水克土)의 이치입니다. 입은 커다란 바다입니다. 검은 흑색이 바깥쪽에서 입으로 들어갈 때는 물이 넘쳐서 물길이 없는 곳에 물길을 만드는 것에 비유되며 이런 이치로 물로 인해서 재난을 당할 수 있습니다.

1. 심장이 얕고 욕심이 많으며 게다가 간의 기운이 강하여 조급해질 때와 간기가 강하여 기(氣)가 음으로 잠기는 사람은 병이 나지 않아도 사망합니다. 이런 사람은 병이 나도 오랜 시간 앓지 않고 급사할 것입니다. 역시 급사할 관상이라는 것은 밖이 아니고 심장이 얕고 간의 기가 강한 사람에게 많이 볼 수 있습니다. 그리고 심장, 비장, 신장이 모두 약하며 신체가 건강하지 않은데도 간의 기가 강한 사람은 상식적으로 행동은 합니다만 상에서는 패기가 없습니다. 이것을 속된 말로 '그림자 없는 사람'이라고 말하며 이런 사람은 긴 질병으로 사망하지 않습니다. 환자인데도 불구하고 죽음을 직면하기 직전까지 말을 확실하게 하고 목소리도 잘 들리는 사람이 있습니다. 이것도 간의 기(氣)가 활동하는 까닭입니다.

1. 왼쪽 주골에 어두운 회색이 있고 오른쪽 주골에 윤기가 있다면 현재 두 임금을 섬기고 있는 것을 의미합니다. 그러나 윤기가 강하면 두 임금을 섬겨도 오래 지속되지 않습니다. 이것은 "지나친 것은 부족한 것과 같다"라는 말과 같습니다. 다만 이 윤기가 옅어지면 오래 지속됩니다. 윤기가 있는 기색에 변색이 있으면 문제가 생겨 성취하지 못합니다. 왼쪽 주골은 양(陽)으로 먼저 섬긴 주인이고, 오른쪽 주골은 음(陰)으로 나중에 섬긴 주인입니다. 혹 현재 섬기는 주인을 업신여기며 전에 섬기던 주인을 부모라고 하는 사람이 있습니다. 이런 사람의 왼쪽 주골에는 어두운 회색이 나타나고 오른쪽 주골에는 윤기가 나타납니다. 그리고 그 윤기 속에 조금 어두운 회색이 있습니다.

1. 입 주변에 소용돌이 모양을 한 검은 흑색이 나타날 때는 물에 빠집니다. 이것은 소용돌이치는 물결모양입니다. 물이 역류하는 곳에서는 반드시 소용돌이가 치면서 한 개, 두 개, 세 개의 소용돌이가 일어납니다. 검은 흑색(黑色)은 수(水)에 속한 색인데 소용돌이를 치는 검은 흑색이 드러나면 물에 빠지는 것을 의미합니다.

　붉은 적색 소용돌이 모양 또는 어두운 소용돌이 모양이 나타날 때는 반드시 불로 인한 재앙이 옵니다. 이것은 맹렬한 화염이 휘감는 모양의 소용돌이이기 때문입니다. 어두운 기색의 소용돌이는 맹렬하게 불이 타오르기 직전이며 곧 연기가 올라오고 어두운 소용돌이가 생기기 때문입니다. 따라서 적(赤), 흑(黑), 암(暗)색과 같이 보이는 소용돌이 모양의 혈색이 나타날 때는 말과 불 모두 조심해 주십시오.

　또 화(火)에는 3가지가 있으며 수(水)에도 3가지가 있습니다. 그래서 음과 양을 합해서 '6가지의 사귐'이라고 합니다. 이 것은 역(易)에서 말하는 육교음양(六交陰陽)의 수와 같습니다. 그리고 이것들이 변화해서 화(火)가 되고 또 수(水)가 되는 것입니다. 역시 음기가 충만하여 극에 이를 때는 양(陽)의 화(火)로 변하고, 양기가 충만해서 극에 이를 때는 음(陰)의 수(水)로 바뀝니다. 이것은 마치 동그라미에 끝이 없는 것과 같습니다. 때문에 수(水)와 화(火)에는 음의 색과 양의 색이 있습니다.

1. 삼정(三停)에 각각 변지가 있습니다. 상정(上停)에 있는 변지 (邊地)는 이마 좌우 머리카락에서 머리카락이 나는 각이 진 부분부터 머리카락이 나는 부분을 내려와서 눈꼬리까지에 있는 사이를 말합니다. 또 눈꼬리에서 귓불까지 가로로 된 뼈까지를 하정의 변지라고 합니다.

처음부터 코는 얼굴 중앙에 있으며 한 나라의 수도를 담당합니다. 그래서 얼굴 주변을 변지라고 합니다. 그래서 얼굴 주변에서 중앙을 향하는 혈색은 모두 변지라고 하든지 바깥부터 온다고 봅니다. 그러나 명문과 간문은 여성에 관한 것이나 음욕을 담당하기 때문에 이 두 곳에서 중앙으로 향하는 혈색은 변지로는 보지 않습니다. 음욕과 여색은 바깥에서 온 것이기 때문에 간단하게 '외부에서부터'라고 말해 두겠습니다.

삼정의 세 가지 혈은 결국 천중, 천양, 고광은 넓어서 하늘을 담당하고 이것들은 결코 변지로 보지 않습니다. 또 하정의 세 가지 혈인 지각, 노복, 얼굴 중앙을 가로지르는 부분은 넓어서 땅을 담당합니다. 이것들도 변지로 보지 않습니다.

1. 상(相)에는 문제가 없는데도 형벌을 만나는 사람이 있습니

다. 애초부터 사람이란 마음은 하늘로부터 부여받고 몸은 땅으로부터 받습니다. 그래서 사람은 죽을 때 영혼은 하늘로 돌아가고, 넋은 땅으로 돌아갑니다. 이런 이유로 인해 사람의 얼굴 모습은 각각 모두 다릅니다. 하늘과 땅으로부터 받은 신체이기 때문에 처음부터 나쁜 마음이나 나쁜 상을 가지고 있지는 않습니다. 그러나 사람에게는 정신과 마음 두 가지를 가지고 있습니다. 처음에는 정신의 형태가 변하지 않습니다만 성장함에 따라서 마음에 욕심이 생기고 그 욕심으로 인해서 얼굴 모습이 바뀌어 갑니다. 이런 것은 일반적인 사람들의 경우입니다. 다만 사람의 마음이 커다란 악으로 싸여서 대단히 뻔뻔한 사람은 겉을 꾸며서 자기 마음속에 있는 악함을 드러나지 않게 속이기 때문에 일반적인 사람들은 이것에 속아 눈이 흐려져서 진짜 모습을 보지 못하는 경우가 있습니다. 그래서 얼굴 모습에 드러난 상에는 문제가 없는 데도 형벌을 받는 것이며 사람들은 이것을 궁금하게 생각합니다. 이런 사람은 마음속에 커다란 악함이 넘치기 때문입니다. 그러나 반대로 상에 문제가 있더라도 마음이 건전한 사람은 스스로 하늘과 땅으로부터 지켜지고 늙어도 곤궁해지지 않습니다.

1. 나쁜 일이 생겨서 혈색으로 나타나는 것인지, 혈색이 나빠져서 나쁜일이 생기는 것인지에 대해서는 확실히 나쁜 일이 생기기 때문에 혈색으로 나타나는 것입니다. 애초 길흉화복(吉凶禍福)은 인간의 행위에 의한 선악에 따른 것입니다. 착한 일을 하면 그 결과는 좋은 길(吉)이고, 악한 일을 하면 그 결과는 나쁜 흉(凶)입니다. 결국 인과응보입니다.

하늘이 내리는 행위에 따른 결과를 어찌 두려워하지 않겠습니까?

　자기 스스로 깨닫지 못하고 악한 일을 하기도 하고 혹은 선한 일이라고 생각하고 했던 일이 오히려 악한 결과가 될 수도 있습니다. 그럴 때 하늘은 그 사람에게 나쁜 색이 드러나게 하여 경고합니다. 이 경고를 보고 사람이 행동을 수정하지 않는다면 결국 나쁜 일이 일어나게 됩니다. 또한 마음이 움직여서 나쁜 마음이 생길 때도 커다란 마음의 변화로 인해 어두운 구름이 생기는 것처럼 악한 색이 나타나고 바로 나쁜 일이 생기기 시작합니다.

　무념무상의 사람은 온통 하늘에 구름 한 점 없듯이 바람과 비의 변화가 없습니다. 비록 이것들을 만나더라도 계절에 따른 비와 바람으로 지나갈 뿐입니다. 결국 기운이 바뀌는 것은 아닙니다. 또 작은 선한 일을 한가지라도 하는 사람은 그 덕이 하늘 창고에 쌓이게 되고 하늘의 복으로 빛나는 얼굴빛이 생겨서 바로 좋은 일이 있습니다. 그러나 작더라도 나쁜 일을 하면 하늘에서 주는 복의 부피가 줄어들고 나쁜 일과 인연이 되어 일생 떠나지 않습니다. 악한 일은 결국 하늘로부터 온 응답의 인연으로 인해 한번은 나쁜 일이 그 사람에게 오는 것입니다. 이것이 하늘이 준 운명의 이치입니다. 또한 착한 선한 일을 한 사람은 이것을 마음 안에 항상 의식하고 있습니다. 이것도 좋은 일과 인연이 되어서 평생 떠나지 않으며 그래서 마음속도 평안합니다. 역시 하늘은 그 응답으로 인연이 되는 좋은 일을 한번은 그 사람에게 줍니다.

　이렇게 길과 흉은 모두 자신이 행한 선한 일과 악한 일에 따라 생기는 것입니다. 외부에서 오는 것은 아닙니다.

1. 요괴에 홀린 사람은 산림(山林)궁에 어
   두운색이 나타나고, 살집이 부풀어 오
   른 듯이 모인다고 말하고 있습니다. 그러나 무언가에 홀리는
   것에 관한 나의 생각입니다. 산림궁은 양(陽)의 밝음에 속하
   며 귀한 곳입니다. 요괴는 음(陰)에 속합니다. 왜 음(陰)에 속
   하는 요괴의 기운이 양(陽)의 밝음이 있는 귀중한 곳에 머물
   수 있겠습니까? 본래 인간은 만물의 영장인데 요괴 따위를 숭
   배하겠습니까? 이것은 병으로 인해서 홀리는 무엇인가에 홀
   릴 수 있어서 이런 사람은 의미가 불분명한 말을 떠들고, 미친
   것처럼 보일 수 있습니다. 이것은 홀린 것은 아니고 광기가 드
   러나 발광했기 때문입니다. 이 발광이란 것은 간 기운의 움직
   임에 의한 것입니다. 애초부터 간은 나무에 속하고 성장하는
   것을 기뻐합니다. 그런데 만약 성장을 억제하고 막아서 더 성
   장할 수 없게 되면 간의 기운은 울적해져 안으로 쌓이게 되
   고 이것이 결국 폭발하여 발광하게 되는 것입니다. 그렇게 되
   면 마음은 황홀한 상태가 되어 광기를 보이고 의미가 불분명
   한 것을 말하면서 다닙니다. 또한 간의 기운은 모든 것에 금방
   반응하여 활동합니다. 그래서 매사에 총명한 사람을 자주 "간
   이 잘 움직인다"라든지 "간이 튼튼하다" 라고 말합니다. 사람
   들이 말하는 '홀린 것'은 간의 기운이 바로 감응하고 홀린 것
   처럼 마음에도 없는 말을 하는 상태입니다. 이와 같은 상태가
   된 사람을 보면 보통 사람들은 홀린 사람이라고 생각해 버립
   니다. 이것이 '발광'이라는 것은 이해하지 못합니다.

   게다가 어떤 광기를 부리는 사람은 '홀린 것'이라고 생각해
   서 신전에 데리고 가서 기도하고 봉양하고 제사를 올리면 곧
   조용해지고 아무 일도 없었다는 듯이 잠들어 버리는 사람이

있습니다. 이것을 사람들이 보고 홀린 것이 사라진 증거라고 말합니다만, 정말로 그럴까요?

애초부터 신은 만물을 거울처럼 비치고 감응을 합니다. 이 처럼 홀륭한 신의 덕으로 사람의 체(體)는 안정되며 마음과 일체입니다. 그래서 사람들은 신 앞에서 제사를 드릴 때 신의 덕으로 인해 혼란하고 얽힌 마음이 가라앉고 본래의 마음으로 돌아갑니다. 이럴 때 발광하던 사람은 스스로 간의 기운도 느슨해지고 아무 일도 없었던 것처럼 차분하게 잠들게 됩니다. 그러나 이것은 홀린 것이 사라진 것이 아닙니다. 간의 기운이 느슨해지고 발광 그 자체에 지쳐서 나온 것뿐입니다. 또한 산림궁에 어두운색이 나타났기 때문이라고 믿어서는 안 됩니다. 옛날 고서에서는 깊은 산중에 들어가서 산 도깨비에 홀리거나 갖혀버렸을 때 어두운색이 산림궁에 나타나기도 합니다만 이것 역시 맞지 않습니다. 이것은 옛날 사람들의 말씀이 아니라 후세에 사람들이 잘못 전달한 것일 뿐입니다. 원래 산림궁이란 것은 부모로부터 내려온 산림과 전답을 담당하는 것으로써 선조 이후에 나타난 가문의 길흉을 볼 뿐입니다. 이것을 제외에 하고 산림궁은 심산유곡에 있는 홀리는 것 따위를 보는 혈자리가 아닙니다.

1. 사람의 운명은 장수하는 사람과 단명하는 사람이 있습니다. 본래부터 사람의 운명이라는 것은 하늘이 부여한 천명이 있으며 장수하는 운명이나 단명하는 운명은 자신의 행위에 따라 달라집니다. 또 사람은 양화(陽火)에서 나오는 기력에 의해 살고 있습니다. 이 양화를 감쇠시키거나 손상하거나 하면 혹 죽게 됩니다만, 잘 양생하는 사람은 장수합니다. 양화(陽火)를

파손하는 이유는 음식을 절도 없이 과도하게 섭취하기 때문입니다. 이런 사람의 겉모습은 건강한 듯 보이지만 간기(肝氣)가 올라가기 때문에 절대 건강하지 않습니다. 간기(肝氣)가 올라가면 술과 고기를 운반하고 소화하는 비장의 토(土)를 손상하기 때문입니다. 이유는 비옥한 토양에는 나무가 잘 자랍니다만, 너무 지나치게 무성하면 오히려 토양이 손상되어 버립니다. 토양이 손상된다면 나무도 자연히 말라버립니다. 이것은 간의 기운이 비옥한 토양을 파헤쳐 극을 하면서 나무는 너무 무성해집니다. 결국 이것은 간기가 올라가도록 만들기 때문입니다. 또한 나무는 불을 일으키는 원동력이지만 나무가 말랐을 때는 불도 모두 사라져 버립니다. 그래서 수명이 길지 않습니다. 이것은 등불에 심지가 많이 있어 마구 불을 지펴 불을 활활 타게 하고, 기름을 빠르게 다 태워서 결국 불이 사라져 버리는 것과 같습니다. 따라서 술과 음식을 과도하게 먹는 사람은 겉모습이 건강한 듯 보이더라도 그것은 외모일 뿐 대단히 왕성한 등불과 같아서 의지할 수 없는 사람입니다.

또한 선천적으로 양화(陽火)가 작은 사람도 '3가지 흰 것과 푸른 것(쌀, 소금, 무, 채소)'를 자주 먹고, 신체를 양생하면 신체의 양화 즉 기운도 다 소비되지는 않습니다. 그것은 등불의 심지를 작게 해서 길고 긴 밤을 지내는 사람으로 신체가 쇠약한 듯 보여도 천명을 유지하고 장수 할 수 있을 것입니다. 더구나 선천적으로 양화가 왕성한 사람이 이 세 가지의 백색 음식과 다양한 채소를 먹으며 양생을 하게 된다면 장수할 것은 의심할 필요가 없습니다. 그리고 또한 농촌에서 생활하는 사람이 선천적으로 신체가 강하며 넘치도록 술과 고기를 먹지 않고 이 세 가지 백색 음식과 다양한 채소를 먹고 있다면 신체의 양화(陽火)를 키우는 것이 완전해집니다. 이러한 신체는 마치 돌과 같으며 얼굴의 안색은 누런 청동같으며 피부는 촘촘해서 늘어져 있지 않고 살집도 단단합니다. 이러한 사람으로서 단명한 사람이 적은 것은 바로 이런 이유 때문입니다.

옛날 고서에서도 몸의 살집이 늘어지지 않은 사람은 무병하며, 생명을 유지한다고 쓰여 있습니다. 몸의 양화(陽火)가 적은 사람이 과도하게 술과 고기를 섭취해서 비장을 고통스럽게 하면 양화가 작아져서 먹은 음식을 잘 소화하지 못합니다. 오히려 많이 먹은 것으로 오장을 손상하여 결국 단명의 원인이 됩니다. 또 보통 술과 고기를 많이 섭취할 때 우리의 몸은 열을 가지고 바로 양화(陽火)를 소비해 버립니다. 이것은 술과 고기의 기운이 이겼기 때문에 얼굴색은 윤이 나고 신체는 살쪄 보입니다만 근본적으로는 양화(陽火)를 소모하고 있어서 기운을 지키고 보호하지 못해서 살집이 늘어지게 됩니다. 이것은 살이 찐 것도 아니고 얼굴이 윤기가 나는 것도 아닙니다. 또 살집에 탄력이 없고 늘어져 있는 사람은 수명이 짧아져 단명합니다. 역시 술과 고기의 양이 과도할지라도 몸에서 임금과 신하가 잘 갖추어진 사람은 살집이 쳐지지는 않습니다. 때문에 "생명은 먹는 것에 달렸다"라고 말합니다.

1. 상은 때를 맞이하고 그 변화에 따라서 판단합니다.

나는 젊었을 시절에 어떤 사람의 상을 보았습니다. 처음에 상정을 보자 변지에 작은 콩알만큼 살집이 부풀어 올라와 있었습니다. 그 살집 위에는 희미하게 붉은색이 실처럼 아래로 내려가며 그 아래로 흩어지듯 퍼지고 있었습니다. 그 색은 진짜 피처럼 보였습니다. 거기서 나는 말했습니다. "당신은 다른 지방에 가서 반드시 높은 곳에서 떨어져 큰 상처를 입을 것입니다"라고 말했습니다. 그러자 그 사람은 "이제까지 한 번도 다른 지방을 갔던 적이 없습니다. 따라서 먼 곳에 가지 않으면 상처를 입지 않겠네요"라고 말하며 나를 비난하면서 나가 버렸습니다. 그러나 3일 후에 그 사람은 지붕에서 떨어져 큰 상처를 입었습니다. 사실은 그 사람은 지붕을 고치는 사람으로 다른 지방까지 갈 일은 전혀 없었던 사람이었습니다.

이 일을 계기로 생각해 보면 상을 볼 때는 우선 그 사람의 직업과 그 외의 것들을 잘 보고 판단해야 하고, 더욱이 깊게 집중한 후에 말을해야 합니다. 이 경우도 단지 상처를 입는다는 것만 말했다면 완전히 정확하게 맞았을 것입니다. 그러나 자신을 과신해서 눈이 흐려진 결과, 이 같은 잘못을 한 것입니다. 상을 보는 사람이 어떻든 적중을 해서 사람들의 이목을 끌고 놀라게 해야 한다고 생각하면 반드시 마음이 움직여서 차분하지 않아 그 변화를 정확하게 알아차릴 수 없습니다. 그래서 커다란 잘못을 저지른 적도 있습니다.

본래 상이란 것은 자신의 욕심을 버리고, 하늘과 땅 그리고 자신이 하나가 되는 경지에 이르러야만 되는 것입니다. 결국 사람의 상만을 보는 것은 아니라 사람에게 하늘이 준 운명인 '천(天)'을 보는 것이라고 말하겠습니다. 이러한 마음가짐으로 자세히 본다면 정확하게 사을 보는 것은 땅을 치는 것보다도 쉬울 것입니다.

또한 알고 있는 척하면서 보는 상은 자기 자신을 모르는 어리석은 관상가이며 자칫하면 사람을 속여서 이익을 탐하는 사람입니다. 이것은 상법을 하는 자들이 범하는 중대한 범죄입니다. 나는 이 일에 입문하는 사람들을 훈계할 때 항상 이 이야기를 합니다.

1. 몸 안에는 두 눈 이외에 세 개의 눈이 있습니다. 이것을 삼단전 (三丹田)이라고 합니다. 두 개의 눈썹 사이를 윗 단전(丹田)이라고 하며 이것을 '신하들의 의지가 모인 무한한 곳'이라고 말합니다. 이것이 제1의 눈입니다. 팔을 가운데 단전(丹田)이라고 하고 이것을 '장군들의 의지가 모인 무한히 살피는 곳'이라고 합니다. 이것이 제2의 눈입니다. 배꼽 아래를 아래 단전(丹田)이라 하고 이것을 임금의 마음이 모여서 바른 지혜를 집중하는 곳으로 '지관(止觀)'*이라고 합니다. 이것이 제3의 눈입니다.

무엇을 신하의 의지라 하겠습니까? 신하라는 것은 임금과 상반된 것으로 임금의 명령에 따라 분주하게 움직이는 사람이 신하입니다.

무엇을 '무한히 살피는 곳'이라고 하겠습니까? 사람은 어둡고 깜깜한 곳에서 이해하기 어려운 것을 보아야 할 때는 먼저 두 눈을 감고 양미간 사이에 마음을 집중시켜 생각하고 관찰합니다. 그렇게 하면 천 리 밖에 있는 무엇이든 알 수 있습니다. 깜깜하고 어두운 곳에서 물건을 찾을 때, 두 눈을 감고 마음을 집중하느냐에 따라서 찾으려 했던 것을 발견한 경험이 있습니다. 마음을 집중시켜서 어둡고 깊은 곳을 보기 때문에 '무한히 살피는 곳'이라고 합니다.

무엇을 '장군의 의지'라고 하겠습니까? 장군이라는 것은 지략과 용맹을 담당합니다.

무엇을 '무한히 살피는 곳'이라 하겠습니까? 신하의 의지는

---

* 지관 (止觀)【명사】〔불〕천태종(天台宗)에서, 잡념을 버리고 마음을 하나의 대상에 집중시켜 바른 지혜로 대상을 비추어 보는 일.

아득하고 깜깜한 곳인 천 리 밖 그 먼 곳을 볼 수 있더라도 이 것만으로는 생각하고 살필 수 없습니다. 그럴 때는 팔이 가운데서 이것을 깊이 있게 고찰하여 천 리 밖에 있는 무엇이라도 능숙하게 대처할 수 있습니다. 그래서 이것을 '무한히 살피는 곳'이라고 말합니다. 역시 가운데 단전은 육근(六根)**의 우두머리로 상가는 물론이며 귀한 사람과 귀하지 않은 사람 모두가 신하와 장군을 움직여서 보고 살피는 것은 당연합니다.

무엇을 임금의 마음이라 하겠습니까? 아래 단전(丹田)은 천지 만물의 기운이 모인 곳입니다. 그곳은 임금이 머무는 장소로 사방에서 제후들이 임금께 아뢰고 일하는 곳으로 이곳을 '기(氣)의 바다'라고 합니다.

무엇을 '바른 지혜로 집중하는 지관(止觀)'이라고 하겠습니까? 있는 것은 있고, 없는 것은 없으며, 있는 것과 없는 것 사이를 바른 지혜로 집중하는 것입니다. 이것은 대단히 어려운 일입니다.

1. 유년(流年) 중 사고가 있을 해(年)에는 자신과 '상극(相剋)의 상(相)'을 지닌 사람과 깊게 교제를 해서는 안 됩니다.

상극의 상(相)은 예를 들어 자신은 수(水)형의 상(相)인데 상대가 토(土)형의 상(相)이라면 이런 사람과의 교제는 '토극수(土克水)'로 극을 당합니다. 또는 자기는 화(火)형의 상인데 상대가 수(水)형의 상을 가진 사람이면 이것은 '수극화(水剋火)'로 나를 극합니다. 또 상대방에게서 나를 극하는 상이 있고 서로 상극인 상이 서로 교제하고 있을 때는 반드시 그 사

** 육근 (六根)【명사】〔불〕육식(六識)을 낳는 여섯 가지 근원《눈·귀·코·혀·몸·뜻의 총칭》.

람으로부터 사고나 폭력을 당할 것입니다. 그래서 사고가 있는 해에는 '상극횡사(相剋橫死)의 상(相)'을 가진 사람과의 교제는 주의해 주십시오.

나는 여러 해에 걸쳐서 사고를 당한 사람의 일을 생각해 왔습니다. 자신을 상극하고 횡사할 상(相)이 있는 사람은 모두 사고를 당하고 있습니다. 나 자신도 유년(流年)에 의해서 두 번 사고를 당했던 상(相)이 있었습니다. 한번은 젊었을 때 상법에 따라서 보면 왼쪽 손에 상처를 입었고, 또 한 번은 살상의 해를 맞아서 몸을 근신하고 음덕을 쌓는 행위를 했기 때문에 죽음은 피할 수 있었습니다만 오른손에 상처를 입었습니다. 이런 것들 모두는 '상극횡사'하는 상을 가진 사람이 상처를 입혔습니다. 이것을 생각해 보면 음덕은 쌓아야만 하는 것입니다. 비록 피하지는 못하더라도 큰 어려움을 작은 어려움으로 바꾸고 작은 어려움은 없던 것으로 바뀝니다. 이처럼 내가 경험했던 '살상의 해'를 돌아보면 십중팔구는 적중했습니다. 또 사고는 아니더라도 이러한 상극의 이치를 생각해서 유년을 본다면 나쁜 해가 오면 자기 자신을 극하는 상을 가진 사람을 주의하십시오.

제3권

혈색 부분

- 팔색(八色)에 관하여 -

1. 상(相)을 보기 위해서는 먼저 눈으로 푸른 청(靑)색이라고 보고, 더욱 마음으로도 청(靑)색으로 생각하며 볼 때는 반드시 청(靑)색입니다. 또 눈으로 하얀 백(白)색이라고 보고, 마음으로도 하얀 백색으로 생각하며 볼 때는 백색입니다. 청(靑), 황(黃), 적(赤), 백(白), 흑(黑), 미(美), 자(紫), 홍(紅) 모든 색은 이러한 요령으로 보아주십시오.

혈색은 '청(靑), 적(赤), 백(白), 흑(黑), 홍(紅), 자(紫), 암(暗), 체(滯), 몽(蒙)'색이라고 합니다만, 실제로는 다섯 색뿐입니다. 청색(靑色)은 간기(肝氣)에서, 황색(黃色)은 비기(脾氣)에서, 적색(赤色)은 심기(心氣)에서, 백색(白色)은 폐기(肺氣)에서, 흑색(黑色)은 신기(腎氣)에서 생깁니다. 이것들은 모두 오장에서 생기는 때문에 다섯 가지 색 이외에는 없습니다.

암(暗)색은 흑(黑)색과 비슷해서 신장(腎)의 기(氣)에서, 몽(蒙)색은 청(靑)색과 비슷해서 간장(肝)의 기(氣)에서, 홍(紅)색은 심장(心)의 기가 튼튼해서 생깁니다. 자(紫)색은 심장과 신장에서 생깁니다만, 간에서도 생기기도 합니다. 체(滯)색은 색이 없는 것을 말합니다.

본래 혈색이라는 것은 하늘과 땅의 기(氣)를 기준으로 해서 자연스럽게 생기는 것입니다. 혈색은 얼굴 표면에 드러나기 전에는 피부와 살집 안에 머물러있어서 확실하지 않으며 보기 어려워서 머무른 색인 '체(滯)색'이라고 합니다. 결국 다섯 색일지라도 표면에 드러나기 전에는 모두 '체(滯)색'인 것입니다.

예를 들어서 청색이 얼굴에 나타나기 전에는 '청(靑)의 체

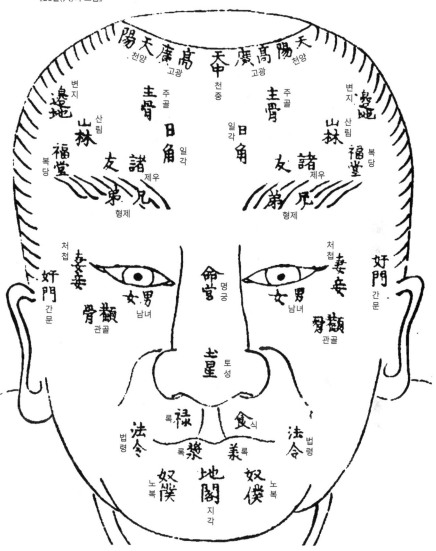

색'이고, 황색이 나타나기 전에는 '황(黃)의 체색'이라고 합니다. 다만 반드시 있다고 생각하며 헷갈려서는 안 됩니다. 보통 혈색으로는 몇 년이나 앞선 일까지는 모릅니다. 현재의 길흉만이 얼굴에 나타납니다.

- 21혈(穴)을 주관하는 곳 -

천중(天中), 천양(天陽), 고광(高廣) - 뜻하지 않게 생긴 일에 관한 길과 흉을 봅니다.

주골(主骨) - 주인과 윗사람의 일을 봅니다.

일월(日月) - 부모와 윗사람의 일을 봅니다.

형제(兄弟) - 친족의 일을 봅니다.

제우(諸友) - 친구의 길흉을 봅니다.

산림(山林) - 조상의 가업과 그 성쇠를 봅니다.

복당(福堂) - 재산에 관한 것을 봅니다.

변지(邊地) - 여행의 길흉과 먼 거리와의 관계를 봅니다.

토성(土星) - 자기 신체이기 때문에 자신의 길흉을 봅니다.

명궁(命宮) - 병의 유무와 집안 일을 봅니다.

처첩(妻妾) - 부인과 여성에 관한 일을 봅니다.

남녀(男女) - 자손과 아랫사람에 관한 일을 봅니다.

관골(官骨) - 세상과 타인과의 일을 봅니다.

간문(奸門) - 음(陰)적이고 위험한 여성에 관한 일을 봅니다.

식록(食祿) - 현재 상속자인 장남 길흉을 봅니다.

법령(法令) - 현재 직업에 관한 길흉을 봅니다.

양장(乘獎) - 약의 차이와 식중독에 관한 것을 봅니다.

노복(奴僕) - 부하와 아랫사람에 관한 일을 봅니다.

지각(地閣) - 주택에 관해서 봅니다.

청(靑), 백(白), 자(紫)	이 삼색은 어느 것이라도 걱정거리, 놀람, 힘든 일을 의미합니다.
적색(赤色)	재난이 있음을 의미합니다.
황(黃), 홍(紅), 미(美)	이 삼색은 어느 것이라도 기쁨, 좋은 일이 있음을 의미합니다.
흑색(黑色)	이별, 손실, 파손, 파탄이 있음을 의미합니다.

- 청색과 백색에 윤기가 없을 때는 걱정거리, 놀람, 어려운 일이 있을 것입니다. 윤기가 있을 때는 기쁜 일로 생각하십시오. 역시 자색은 윤기가 있어도 걱정거리를 피할 수 없습니다.

- 흑색에 윤기가 없을 때는 이별, 손실, 파탄이 더욱 확실하겠습니다. 윤기가 있을 때는 걱정거리나 어려운 일이 있다고 봅니다.

- 적색에 윤기가 없을 때는 재난이 옵니다. 윤기가 있을 때는 기쁜 일, 좋은 일이 있다고 봅니다.

  황색, 미색에 윤기가 있을 때는 기쁜 일이나 좋은 일이 있을 것입니다. 윤기가 없을 때는 걱정, 어려운 일이 있다고 봅니다.

청색으로 보여도 윤기가 있을 때는 황색으로 봐주십시오.
황색으로 보여도 윤기가 없을 때는 청색으로 봐주십시오.
적색으로 보여도 윤기가 있을 때는 홍색으로 봐주십시오.
홍색으로 보여도 윤기가 없을 때는 적색으로 봐주십시오.
백색으로 보여도 윤기가 있을 때는 미색(美色)으로 봐주십시오.
미색(美色)으로 보여도 윤기가 없을 때는 백색으로 봐주십시오.
흑색으로 보여도 윤기가 있을 때는 자색(紫色)으로 봐주십시오.
자색(紫色)으로 보여도 윤기가 있을 때는 흑색으로 봐주십시오.

이것은 모두 윤기가 유무일 뿐 혈색이 움직이는 것은 아닙니다.

- 혈색에 있는 윤기의 유무(有無) -

윤기가 없는 혈색을 잠시 보고 있으면 태양이 서쪽으로 질 때처럼 쓸쓸하게 보입니다. 또 윤기가 없는 혈색은 보고 있는 동안 눈에 띄게 자연히 탁해지는 사람입니다.

윤기가 나는 혈색은 처음에 윤기가 보여도 잠시 후에는 태양이 동쪽에서 떠오르는 것처럼 건강하게 보입니다. 결국 윤기 있는 혈색은 보고 있으면 알지 못해도 맑습니다.

● 천중, 천양, 고광 ...... 뜻하지 않은 일이 생기는 것에 관해서

• 청(靑), 백(白), 자(紫)의 삼색이 드러날 때는 뜻하지 않은 걱정과 대단한 어려움이 있습니다.
• 적색이 나타날 때는 뜻하지 않은 재난이 있습니다.
• 흑색이 나타날 때는 뜻하지 않은 손실과 파탄이 있습니다.
• 황(黃), 홍(紅), 미(美) 삼색이 나타날 때는 뜻하지 않은 기쁨이 있습니다.

● 주골(主骨) ...... 주인과 윗사람에 관해서

• 청(靑), 백(白), 자(紫)의 삼색이 드러날 때는 상사나 윗사람의 일로 걱정거리나 대단한 어려움이 있습니다.
• 적(赤)색이 나타날 때는 상사나 윗사람의 일로 재난이 있든지 주인이나 윗사람으로부터 재난이 자신의 신상을 덮칠 것입니다.
• 흑(黑)색이 나타날 때는 상사나 윗사람과 이별 또는 윗사람 신상에 실패가 있습니다.

- 황(黃), 홍(紅), 미(美)의 삼색이 나타날 때는 상사나 윗사람에게 기쁨이 있든지 윗사람으로부터 자신에게 기쁨을 전달할 것입니다.

● 일월(日月) …… 부모나 윗사람에 관해서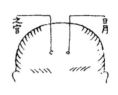

- 청(靑), 백(白), 자(紫)의 삼색이 드러날 때는 부모나 윗사람에 관한 일로 걱정거리나 대단한 어려움이 있습니다.
- 적(赤)색이 나타날 때는 부모나 윗사람의 일로 재난이 있든지 윗사람의 재난이 자신의 신상을 덮칠 것입니다.
- 흑(黑)색이 나타날 때는 부모나 윗사람과 이별 또는 윗사람 신상에 실패나 손실이 있을 것입니다.
- 황(黃), 홍(紅), 미(美)의 삼색이 나타날 때는 상사나 윗사람에게 기쁨이 있든지 윗사람으로부터 자신에게 기쁨을 전달할 것입니다.

● 형제(兄弟) … 친족(가족과 형제)에 관해서

- 청(靑), 백(白), 자(紫)의 삼색이 드러날 때는 친족에 관한 일로 걱정거리나 대단한 어려움이 있습니다.
- 적(赤)색이 나타날 때는 친족의 일로 재난이 있든지 친족의 재난이 자신의 신상을 덮칠 것입니다.
- 흑(黑)색이 나타날 때는 친족과 이별 또는 친족의 신상에 실패나 손실이 있습니다.
- 황(黃), 홍(紅), 미(美)의 삼색이 나타날 때는 친족의 일로 기쁨이 있든지 좋은 친족이 있어서 도움을 받습니다.

● 제우(諸友) … 친구들과의 길흉에 관해서

• 청(靑), 백(白), 자(紫)의 삼색이 드러날 때는 친구들에 관한 일로 걱정거리나 대단한 어려움이 있습니다.

• 적(赤)색이 나타날 때는 친구들의 일로 재난이 있든지 친구의 재난이 자신의 신상을 덮칠 것입니다.

• 흑(黑)색이 나타날 때는 신뢰할 수 있는 친구와의 이별 또는 친구와 관련해서 실패나 손실이 있습니다.

• 황(黃), 홍(紅), 미(美) 삼색이 나타날 때는 친구 일로 기쁨이 있든지 의지가 되는 친구를 얻을 수 있습니다.

● 산림(山林) …… 조상이 물려준 유산이나 장남에 관해서

• 청(靑), 백(白), 자(紫)의 삼색이 드러날 때는 유산이나 장남에 대해서 힘든 일이 있습니다.

• 적(赤)색이 나타날 때는 유산이나 장남에게 재난이 있습니다.

• 흑(黑)색이 나타날 때는 유산이나 장남을 떠나보내든지 손실이 있습니다.

• 황(黃), 홍(紅), 미(美) 삼색이 나타날 때는 유산이나 장남의 일로 기쁨이 있습니다. 결국 유산이 풍부해진다고 볼 수 있습니다.

● 복당(福堂) …… 재물에 관해서

• 청(靑), 백(白), 자(紫)의 삼색이 드러날 때는 재물로 인해 힘든 일이 있습니다.

• 적(赤)색이 나타날 때는 재물로 인해 재난이 있습니다.

- 흑(黑)색이 나타날 때는 재물 손실과 파손이 있습니다.
- 황(黃), 홍(紅), 미(美)의 삼색이 나타날 때는 재물로 인해 기쁨이 있습니다. 결국 재물이 들어옵니다.

● 변지(邊地) ······ 여행의 길흉이나 먼 거리와의 관계에 관해서

- 청(靑), 백(白), 자(紫)의 삼색이 드러날 때는 여행할 때 걱정이 있든지 먼 거리 여행에 관해서 걱정이 있으며 사업이나 장사에 큰 어려움이 있습니다.
- 적(赤)색이 나타날 때는 여행이나 먼 곳과의 사업에 재난이 있습니다.
- 흑(黑)색이 나타날 때는 여행이나 원거리 사업에서 손실이 있습니다.
- 황(黃), 홍(紅), 미(美) 삼색이 나타날 때는 여행이나 원거리 사업 및 모든 것에서 기쁨이 있습니다. 또 여행할 때도 기쁨이 옵니다.

● 명궁(命宮) ······ 병의 유무(有無)와 집안의 일에 관해서

- 청(靑), 백(白), 자(紫)의 삼색이 드러날 때는 병이 생깁니다. 또 집안에 걱정거리나 어려움이 생길지도 모릅니다.
- 적(赤)색이 나타날 때는 상처를 입습니다. 그것은 재난에 의한 것이든지 병에 의한 것입니다. 혹은 집안에 재난이나 분쟁이 생길 수도 있습니다.
- 흑(黑)색이 나타날 때는 반드시 죽습니다. 또는 집안이 흩어지든지 집안이 붕괴가 됩니다.
- 황(黃), 홍(紅), 미(美)의 삼색이 나타날 때는 병이 있다면 완

쾌되고 집안에 기쁜 일이 생깁니다.

● 토성(土星) …… 자신의 신체이기 때문에 처지
　의 길흉에 관해서

• 청(靑), 백(白), 자(紫)의 삼색이 드러날 때는 자신의 몸에 어려
  운 병이 있습니다. 결국 처지가 안정되지 않습니다.
• 적(赤)색이 나타날 때는 자신의 처지와 관련된 재난이 있습니
  다. 항상 드러나 있는 사람은 스스로 재난을 초래합니다.
• 흑(黑)색이 나타날 때는 자신의 처지에 파탄이 있습니다.
• 황(黃), 홍(紅), 미(美)의 삼색이 나타날 때는 자신의 처지에서
  기쁨이 있습니다. 가까운 시일 안에 처지가 안정될 것입니다.

● 처첩(妻妾) …… 아내와 여성에 관해서

• 청(靑), 백(白), 자(紫)의 삼색이 드러날 때
  는 아내나 여성의 일로 근심이나 어려움이 있습니다.
• 적(赤)색이 나타날 때는 아내나 여성으로 인해 재난이 있습
  니다.
• 흑(黑)색이 나타날 때는 아내나 여성과 이별하거나 여성에 관
  한 일로 손실이 있습니다.
• 황(黃), 홍(紅), 미(美)의 삼색이 나타날 때는 아내로 인해 기
  쁨을 얻거나 여성에 관해서 좋은 일이 있습니다.

● 남녀(男女) …… 자손과 아랫사람에 관해서

• 청(靑), 백(白), 자(紫)의 삼색이 드러날 때는
  자손이나 아랫사람으로 인해 걱정거리나 어려움이 있습니다.

- 적(赤)색이 나타날 때는 자손이나 아랫사람으로 문제가 생깁니다.

- 흑(黑)색이 나타날 때는 자손이나 아랫사람과 이별이나 자손이나 아랫사람에 대해 손실이 있을 것입니다.

- 황(黃), 홍(紅), 미(美)의 삼색이 나타날 때는 자손이나 아랫사람에 관한 기쁨이 있습니다.

● 관골(官骨) …… 사회활동과 다른 사람에 관해서

- 청(靑), 백(白), 자(紫)의 삼색이 드러날 때는 타인으로 인해 걱정거리가 생기거나 다른 사람의 어려움을 자기가 끌어안게 됩니다.

- 적(赤)색이 나타날 때는 사회생활로 인해 재난이 오거나 다른 사람의 재난이 자신에게 오기도 합니다.

- 흑(黑)색이 나타날 때는 사회생활에서 얼굴을 들 수 없는 수치가 있거나 사회기반을 잃습니다. 반드시 파탄하게 됩니다.

- 황(黃), 홍(紅), 미(美)의 삼색이 나타날 때는 세상으로부터 지지를 받고 다른사람으로부터 평판이 좋아져서 인기를 얻습니다.

● 간문(奸門) …… 음(陰)한 여성에 관해서

- 청(靑), 백(白), 자(紫)의 삼색이 드러날 때는 음(陰)한 여성의 일로 어려움이 있든지 여성의 원한을 살 것입니다.

- 적(赤)색이 나타날 때는 음(陰)한 여성으로 인해 재난이 있습니다.

- 흑(黑)색이 나타날 때는 음(陰)한 여성과 이별을 하거나 그런 여성의 일로 손실을 봅니다.
- 황(黃), 홍(紅), 미(美) 삼색이 나타날 때는 음(陰)한 여성으로 인해 기쁨이 있습니다.

● 식록(食祿) …… 지금 현재 유업이나 유 산에 관해서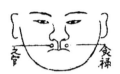

- 청(青), 백(白), 자(紫)의 삼색이 드러날 때는 유업이나 유산에 관해서 어려움이 있든지, 유산이나 유업이 쇠해질 수 있습니다.
- 적(赤)색이 나타날 때는 유산이나 유업에 재난이 생깁니다.
- 흑(黑)색이 나타날 때는 유산이나 유업과 이별하던지 그 만큼의 손실이 있습니다.
- 황(黃), 홍(紅), 미(美) 삼색이 나타날 때는 유업이나 유산으로 인해 기쁨이 있습니다.

● 법령(法令) …… 현재 직업에 관한 길흉

- 청(青), 백(白), 자(紫)의 삼색이 드러날 때는 직업에 관한 어려움이나 가업에 관한 고통이나 가업이 쇠해질 수 있습니다.
- 적(赤)색이 나타날 때는 가업에 재난이 생깁니다.
- 흑(黑)색이 나타날 때는 직업에서 몸을 빼던지, 가업으로 인해 손실이 있습니다.
- 황(黃), 홍(紅), 미(美) 삼색이 나타날 때는 직장 일로 기쁨이 있고 가업이 번창할 것입니다.

● 양장(羕漿) …… 약의 차도와 식중독에 관해서

• 청(靑), 백(白), 자(紫)의 삼색이 드러날 때는 식중독인지 보고 환자라면 약이 차도가 없다고 봐주십시오.
• 적(赤)색이 나타날 때는 먹는 것으로 재난이 있으며 결국 음식에도 궁합이 있습니다.
• 흑(黑)색이 나타날 때는 식욕부진으로 환자라면 사망할 것입니다.
• 황(黃), 홍(紅), 미(美)의 삼색이 나타날 때는 환자일지라도 식욕이 있고 일반적으로는 진귀한 음식을 먹게 됩니다.

● 지각(地閣) …… 주거에 관해서

• 청(靑), 백(白), 자(紫)의 삼색이 드러날 때는 주거로 어려움이나 가정의 근심사가 생길 수 있습니다.
• 적(赤)색이 나타날 때는 집에 관한 재난이나 가정에서 근심거리가 생깁니다.
• 흑(黑)색이 나타날 때는 집을 떠나게 되든지, 집으로 손실이 있습니다.
• 황(黃), 홍(紅), 미(美)의 삼색이 나타날 때는 집에 관한 좋은 일이 있든지 기쁨이 생깁니다.

● 노복(奴僕) … 부하나 아랫사람에 관해서

• 청(靑), 백(白), 자(紫)의 삼색이 드러날 때는 부하나 아랫사람에 대하여 걱정거리나 어려움이 있습니다.
• 적(赤)색이 나타날 때는 부하나 아랫사람에 대하여 재난이 있

습니다.

- 흑(黑)색이 나타날 때는 부하나 아랫사람으로 인해 떠나게 되든지, 그런 일로 손실이 있습니다.

- 황(黃), 홍(紅), 미(美) 삼색이 나타날 때는 부하나 아랫사람으로 인해 기쁨이 있습니다.

여기에서 이야기한 혈색은 168가지입니다만 더욱 중요한 것은 윤기의 유무(有無)로 이해해야 합니다. 8색을 한마디로 이야기하고 혈색이 수시로 움직인다는 것이 제일 중요한 요인입니다. 먼저 혈자리를 알고 다음에는 혈자리가 담당하고 있는 것, 8색이 담당하는 것, 마지막으로 윤기의 유무를 아는 것입니다. 그렇게 하면 얼굴에 드러나는 336가지의 혈색이 수시로 움직이고 있는 것을 스스로 깨달을 수 있을 것입니다. 그러나 수행이 부족한 사람이 청(靑), 백(白), 자(紫), 적(赤), 흑(黑), 황(黃), 홍(紅), 미(美)의 색을 잘 살펴서 본다는 것은 어려운 일입니다. 그래서 아직 미숙한 사람은 8색을 사용하기 어렵기 때문에 단지 혈색이 좋은지 나쁜지만을 보고 길흉을 판단해 주십시오.

- 선악(善惡)의 색에 관해서 -

신광(神光)은 신(神)과 부처님에 대한 신앙심이 있는지 없는지를 봅니다.

관록(官祿)은 현재 운세의 길흉을 봅니다.

인당(印堂)은 기대와 희망이 이루어질지를 봅니다.

역마(驛馬)는 집수리나 건축 또는 이사에 관한 일을 봅니다.

어미(魚尾)와 가속(家續)은 현재 마음의 길흉을 봅니다.

우신(右身)과 좌신(左身)은 도난이나 분실에 관한 일을 봅니다.

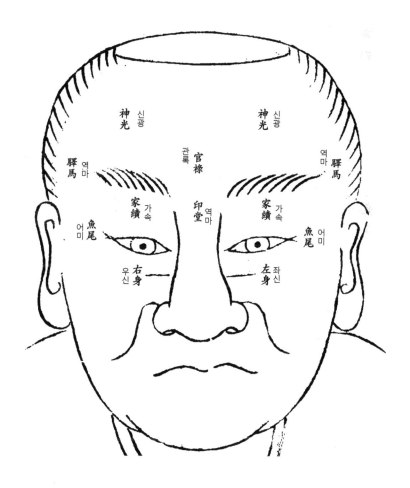

이 7가지 혈에 관해서는 청(靑), 백(白), 자(紫), 적(赤), 흑(黑), 황(黃), 홍(紅), 미(美)의 색을 사용하지 않고, 단지 좋음과 나쁨의 색으로 그 길흉을 판단하려고 합니다. 혈 자리와 합하면 28혈이 있습니다. 좋은 색, 나쁜 색만을 사용하면 다음과 같습니다.

● 천중(天中), 천양(天陽), 고광(高廣) …… 뜻하지 않게 생긴 일에 관한 길과 흉에 관하여

• 좋은 색이 나타날 때는 좋은 일이 온다고 보십시오.
• 나쁜 색이 나타날 때는 좋지 않은 일이 온다고 보십시오.

● 주골(主骨) - 주인과 윗사람의 일에 관하여

• 좋은 색이 나타날 때는 주인과 윗사람에게 좋은 일이나 윗사람으로 인하여 자신에게 좋은 일이 다가옵니다.
• 나쁜 색이 나타날 때는 주인과 윗사람에게 좋지 않은 일이 있던지 윗사람으로 인해 자신에게 나쁜 일이 초래됩니다.

● 일월(日月) - 부모와 윗사람의 일에 관하여

• 좋은 색이 나타날 때는 부모와 윗사람에게 좋은 일이 있든지 부모나 윗사람으로부터 은혜를 받습니다.
• 나쁜 색이 나타날 때는 부모와 윗사람에게 좋지 않은 일이 있던지 윗사람의 나쁜 일이 자신에게 덮어집니다.

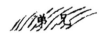

● 형제(兄弟) - 친족의 일에 관하여

- 좋은 색이 나타날 때는 친족에게 좋은 일이 있든지 친족으로부터 은혜를 받습니다.
- 나쁜 색이 나타날 때는 친족에게 좋지 않은 일이 있던지 친족의 나쁜 일이 자신에게 덮어집니다.

● 제우(諸友) - 친구의 길흉에 관하여

- 좋은 색이 나타날 때는 친구에게 좋은 일이 있든지 친구로부터 자신에게 좋은 일이 생깁니다.
- 나쁜 색이 나타날 때는 친구에게 좋지 않은 일이 있던지, 친구의 나쁜 일이 자신에게 덮어집니다.

● 산림(山林) - 조상의 가업과 성쇠에 관하여

- 좋은 색이 나타날 때는 가업이 번성합니다.
- 나쁜 색이 나타날 때는 가업이 쇠퇴합니다.

● 복당(福堂) - 재물에 관하여

- 좋은 색이 나타날 때는 재물에 관한 좋은 일이 있으며 결국 재물이 들어옵니다.
- 나쁜 색이 나타날 때는 재물에 관한 고통이나 어려움이 있습니다.

● 변지(邊地) - 여행의 길흉과 먼 거리와의 관계에 관하여

- 좋은 색이 나타날 때는 여행을 해도 좋고 사업의 거래에서도

반드시 이익이 있습니다.
- 나쁜 색이 나타날 때는 여행도 나쁘고 사업도 대흉하여 이익이 없습니다.

● 토성(土星) - 자신의 신체이기 때문에 자기에
  관한 길흉에 관하여

- 좋은 색이 나타날 때는 현재 처지가 안정적이며 문제가 없습니다.
- 나쁜 색이 나타날 때는 현재 자신의 신상에 어려움이 있고 처지가 불안정합니다.

● 명궁(命宮) - 병의 유무(有無)와 집안일에 관하여

- 좋은 색이 나타날 때는 환자라면 곧 쾌유하고 일반 사람이라면 가정적으로 좋은 일이 있습니다.
- 나쁜 색이 나타날 때는 병이 생기든지 가정적으로 어려움이 있을 것입니다.

● 처첩(妻妾) - 부인과 여성에 관한 일에 관하여

- 좋은 색이 나타날 때는 부인으로 인해 좋은 일이 있습니다. 아무튼 여자로 인해 좋은 일이 있습니다.
- 나쁜 색이 나타날 때는 부인이나 여성으로 인해 어려움이 있습니다. 대체로 여성에 관한 일로 좋지 않습니다.

● 남녀(男女) - 자손과 아랫사람 일에 관하여

• 좋은 색이 나타날 때는 자손이나 아랫사람으로 인해서 기쁨
이 있습니다.

• 나쁜 색이 나타날 때는 자손이나 아랫사람으로 인해서 어려
움이 있습니다.

● 관골(觀骨) - 사회생활과 타인과의 관계에
관하여

• 좋은 색이 나타날 때는 사회로부터 평판이 좋으며 인기가 올
라갑니다.

• 나쁜 색이 나타날 때는 사회생활에서 얼굴을 들지 다니지 못
하며 다른 사람들로부터 나쁜 평판을 듣습니다.

● 간문(奸門) - 음험한 여성에 관한 일에 관하여

• 좋은 색이 나타날 때는 음험한 여성의 일로 인해 기쁨이 있습
니다.

• 나쁜 색이 나타날 때는 음험한 여성의 일로 인해 어려움이 있
습니다.

● 식록(食祿) - 현재 상속이나 상속자의 길흉에
관하여

• 좋은 색이 나타날 때는 상속이나 상속자에 대해 기쁨이 있습
니다.

• 나쁜 색이 나타날 때는 상속이나 상속자가 쇠퇴합니다.

● 법령(法令) - 현재 직업에 관한 길흉에
   관하여

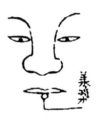

• 좋은 색이 나타날 때는 현재 직업이 번창
  하든지 좋은 일이 있습니다.

• 나쁜 색이 나타날 때는 현재 직업적인 일로 어려움이 있든지
  가업이 쇠퇴합니다.

● 양장(兼漿) - 약의 차도와 식중독에 관하여

• 좋은 색이 나타날 때는 환자라면 식욕이 돌
  아오고, 일반사람이라면 진기한 음식을 먹습
  니다.

• 나쁜 색이 나타날 때는 식중독이 일어나는지, 환자라면 약을
  잘 못 사용한 것입니다.

● 노복(奴僕) - 부하와 아랫사람 일에 관하여

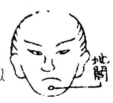

• 좋은 색이 나타날 때는 부하나 아랫사람의
  일로 기쁨이 있든지, 좋은 아랫사람을 맞이합니다.

• 나쁜 색이 나타날 때는 부하나 아랫사람의 일로 어려움이 있
  든지, 좋은 아랫사람을 맞이하지 못합니다.

● 지각(地閣) - 주택에 관하여

• 좋은 색이 나타날 때는 가정에 좋은 일이 있
  습니다.

• 나쁜 색이 나타날 때는 가정에 어려움이 있습니다.

● 신광(神光) - 신(神)과 부처님에 관하여

• 좋은 색이 나타날 때는 신앙심이 있는 사
람이기 때문에 기원하는 것과 이익이 있다고 봅니다.

• 나쁜 색이 나타날 때는 신앙심이 없는 사람입니다.

● 관록(官祿) - 현재 운세의 길흉에 관하여

• 좋은 색이 나타날 때는 현재 운세가 좋고 모
든 것이 순조롭게 갑니다.

• 나쁜 색이 나타날 때는 현재는 운이 좋지 않으며 어려움이 끊
이지 않습니다.

● 인당(印堂) - 바람과 희망 성취에 관하여

• 좋은 색이 나타날 때는 희망이 성취될 것입니다.
나쁜 색과 섞여 있지 않은지 잘 보아야 합니다.

• 나쁜 색이 나타날 때는 희망이 하나도 이루어지지 않습니다.

● 역마(驛馬) - 집수리나 건축 또는 이사에
관하여

• 좋은 색이 나타날 때는 집을 건축 또는 수
리하거나 이사할 일이 생길 것입니다.

• 나쁜 색이 나타날 때는 집이 파손되거나 집으로 인해 어려움
이 생길 것입니다.

● 어미(魚尾) - 현재 길흉에 관하여

• 좋은 색이 나타날 때는 기력이 있습니다.
• 나쁜 색이 나타날 때는 기력이 쇠퇴하고 있습니다.

● 우신(右身)과 좌신(左身) - 도난이나 분실
  에 관하여

• 좋은 색이 나타날 때는 도난이나 분실물이 있어도 그 물건이
  돌아옵니다.
• 나쁜 색이 나타날 때는 도난이나 분실할 물건이 있습니다.

1. 남녀(男女)에 검은색이 나타나면 자식이나 아랫사람과 이별할
   수 있습니다만 이것은 아랫사람이 검은색을 가리키는 건 아닙
   니다. 밝은색 중에 희미하게 검은색이 나타나는 것을 말합니다.

1. 관골(官骨)에 적색이 나타날 때는 사회생활 중의 일이나 다른
   사람의 재난이 자신의 몸에 덮쳐옵니다만, 이것은 관골(官骨)
   이 항상 붉은 사람을 말하는 것은 아닙니다. 바늘침으로 찌른
   것과 같은 붉은 색으로 그 수가 많은 것이 아니고 단지 한 개를
   말합니다. 입으로 불어서 흩은 것처럼 흩어진 것은 아닙니다.

1. 간문(奸門)에 적색이 나타날 때는 음란한 여자 때문에 재난
   이 있습니다만, 이것은 간문이 항상 붉은 사람을 말하는 것은
   아닙니다.

1. 양장(兼漿)에 적색이 나타날 때는 음식을 궁합에 맞게 먹어야
   약의 차도가 있습니다. 또 비장에 열이 있을 때도 여기에 적색

이 나타나기 때문에 주의해서 봐주십시오.

1. 처첩(妻妾)에 나쁜 색이 나타날 때는 여성에 관해 어려움이 있습니다만, 부인과 잠시 떨어져 있는 사람은 처첩의 혈색이 나쁘게 보이기 때문에 주의해 주십시오.

1. 신광(神光)에 좋은 색이 나타날 때는 신앙심이 두터운 사람입니다. 그러나 이마 좌우에 항상 검은색이 드러나 있는 사람은 주의하십시오. 신앙심이 두터운 사람은 검은색 안에 윤기가 나타나는 사람입니다.

1. 역마(驛馬)에 검은색이 나타나면 집이 파손됩니다. 이것은 역마가 항상 적색이나 검은색이 있는 사람을 말하는 것은 아닙니다.

1. 간문(奸門)에 좋은 색이 있는 사람은 음(陰)한 여성으로부터 기쁨이 있다고 합니다만, 보통 색정에 관한 것은 누구에게나 양기(陽氣)로써 즐거운 것입니다. 그래서 비록 색정으로 문제가 있더라도 윤기가 있고 좋은 색이 나타나기 때문에 주의해 주십시오.

1. 토성(土星)에 적색이 나타나면 처지나 입장에 관련해서 재난이 있습니다만, 이것은 세상에서 '석류 같은 코'로 코가 항상 붉은 사람을 말하는 것은 아닙니다. 여기서 말하는 붉은 색은 밤알 정도의 크기나 보리알맹이 정도의 붉은 색입니다. 결코 붉은 점이나 붙어서 흩어져 있는 모양은 아니며 오직 한 개만을 말합니다.

- 혈색의 출생에 대하여 -

모든 혈색은 오장에서 만들어집니다.

즉 간의 기운이 건강할 때는 청색(靑色)에 윤기가 있으며 나빠질 때는 윤기가 사라집니다.

비장의 기운이 건강할 때는 황색(黃色)에 윤기가 있으며 나빠질 때는 윤기가 사라집니다.

폐의 기운이 건강할 때는 백색(白色)에 윤기가 있으며 나빠질 때는 윤기가 사라집니다.

검은 흑색은 신장의 기운에서 생깁니다만 신장의 기운이 건강할 때는 윤기가 나타납니다. 이것을 '신명문음화(腎命門陰火)의 윤기'라고 말합니다.

또 신장의 기운이 나빠질 때는 명문(命門)에서 화(火)가 스스로 뜨거워져서 얼굴에 불같은 적색이 나타납니다. 그래서 정력을 쇠진한 결과로 신체가 쇠약(신장이 허한 상태)하면 이 적색은 검은 흑색으로 변화합니다. 결국 검은 흑색(黑色)은 나쁜 색으로 신장의 기운이 건강할 때는 생기지 않습니다. 검은 흑색(黑色)은 '죽어서 본래로 돌아간다'라는 의미입니다. 예를 들면 만물이 지구를 떠나서 무(無)로 돌아갈 때는 변화해서 검은 흑색(黑色)으로 됩니다. 그래서 이 색을 혈색의 종착지로 생각하십시오.

붉은 적색(赤色)은 심장의 기운에서 생기는 것으로 종류가 많이 있습니다. 심장의 기운이 건강할 때 생기는 적색은 옅은 붉은색으로 윤기가 있습니다. 이것은 '심장의 기쁨을 나타내는 적색'으로 홍색(紅色)이라고 합니다. 또 심장의 기운이 약해질 때는 음(陰)의 화(火)가 강해져서 불같은 적색(赤色)이 나타납니다. 이것을 '재난의 적색'이라고 합니다. 심장과 신장이 모두 건강할 때는 얼굴에 윤기가 있는 홍조가 나타납니다. 이런 홍색(紅色)은 심장을 드러내는 색이고, 윤기는 신장을 드러냅니다. 그래서 이러한 색을 '미색(美色)'이라고 합니다.

자색(紫色)은 심장과 간에서 생기기도 하고 심장과 신장에서 생기기도 합니다. 그러나 심장, 간장, 신장이 건강할 때는 자색(紫色)이 생기지 않습니다. 심장, 간장, 신장이 약해지면 자색(紫色)이 생깁니다. 예를 들어 급사할 때는 심장과 간장이 현저하게 나빠졌기 때문입니다. 또한 독을 먹었을 때도 심장과 신장이 대단히 나빠져서 사망하고 그래서 입술에 자색(紫色)이 나타납니다. 결국 이것은 좋지 않은 색입니다.

인간은 음과 양의 혈맥으로 이루어졌기 때문에 혈색은 약간 적색으로 윤기가 나는 것이 정상적인 신체라고 합니다. 즉, 양기가 약해질 때는 적색이 옅게 되고 음기가 약해질 때는 윤기가 사라집니다. 그런 까닭으로 인간은 음양(陰陽)이 교대로 있는 것을 '길(吉)'이라 합니다. 그렇다면 오장육부가 건강할 때 신체도 건강하고 항상 윤기가 있는 색이 나타납니다.

옛 서적에서는 청색(靑色)은 봄에 감응하기 때문에 봄에는 얼굴색이 푸른 것이 길(吉)이라고 합니다.

적색(赤色)은 여름에 감응하기 때문에 여름에는 얼굴색이 붉은 것이 길(吉)이라고 합니다.

백색(白色)은 가을에 감응하기 때문에 가을에는 얼굴색이 하얀 것을 길(吉)이라고 합니다.

검은 흑색(黑色)은 겨울에 감응하기 때문에 겨울에는 얼굴색이 검은 것을 길(吉)이라고 합니다.

다만 이것은 덕이 있는 사람에게 나타나는 것은 아닙니다. 즉 덕이 있는 사람은 천지에 따라서 돌아가는 것이 아닙니다. 천지자연과 하나가 되는 사람입니다. 또 천지자연과 일체이기 때문에 사계절에 감응한 혈색이 자연스럽게 나타납니다. 그래서 천지자연의 길흉은 덕이 있는 사람의 혈색에 나타납니다. 그러나 어리석은 사람은 천지자연과 하나인 자신을 이해하지 못합니다. 하늘을 원망하기 때문에 사계절에 감응한 혈색이 나타나지 못하는 것입니다.

사실 혈색은 두 종류라고 말합니다. 천지자연의 기운에 의해서 생기는 혈색, 즉 그 시기에 감응해서 나타난 혈색을 '천시(天時)의 혈색'이라고 합니다. 이것은 덕이 있는 사람에게 나타나는 것으로 자연스럽게 준비되어 풍성합니다. 이것과 반대로 자신으로부터 저절로 생기는 혈색이 있어서 이것을 '자기 욕심에서 나오는 혈색'이라고 하며 맹렬하고 날카롭습니다.

이것들을 항상 마음속 깊이 간직하고 관상을 봐주십시오.

제

4

권

- 월(月)과 일(日) 분할에 관하여 -

옛날 고적에서는 단지 혈색을 보고 100일 안에 좋은 일이 있든지, 7일 안에 나쁜 일이 있다고 쓰여있습니다. 그러나 이것은 아직 상법의 이치에 이르지 못한 이론이기 때문에 확실하게 우리가 받아들여야 할만한 이론은 아닙니다.

애초부터 사람은 천지(天地)와 하나이기 때문에 기혈(氣血)도 천지가 운행하는 기(氣)의 순환에 따릅니다. 그러나 천지에는 예측할 수 없는 갑작스러운 변화가 있어서 기후만으로는 알 수 없는 불안정한 요소가 있습니다. 사람의 혈색도 역시 시간의 흐름에 의하여 변하는 것입니다. 그런데 어떻게 한때의 혈색만을 보고 몇 일내에 좋은 일이 있을지 나쁜 일이 있을지를 앞서 예측할 수 있겠습니까?

나는 수년에 걸쳐서 이런 것들에 대하여 심혈을 기울여 생각해 왔습니다. 그 결과 혈색에 의해서 길흉의 일시를 확실하게 알기 위해서는 혈색의 월 분할과 일 분할을 이용해야 합니다. 월 분할과 일 분할에 따라 생각했더니 백 명 중 한 명도 적중하지 않은 사람이 없습니다. 옛날 분들은 왜 이것을 깨닫지 못했던 것일까요!

세상 만물에는 모두 '체(體)'와 '용(用)'이 있습니다. 혈색은 길흉을 보기 위한 요소이고 상을 볼 때 '체(體)'가 됩니다. 월 분할과 일 분할은 이것을 한 발 더 나아가 상세히 알기 위한 '용(用)'입니다.

옛날 사람들은 단지 체(體)만을 중시하고 용(用)은 언급하지 않았습니다. 후세 사람이 이것을 알지 못하고 쉽게 혈색만으로 길흉의 일시를 예측할 수 있다고 생각한 것은 큰 잘못이라고 말할 수 있겠습니다. 그래서 나는 수년에 걸친 연구의 결과로 천지 자연의 이치를 밝히고 옛사람이 전혀 논하지 않았던 새로운 방법을 생각했습니다.

그것은 혈색에서 '체(體)'와 '용(用)'을 갖추고 월 분할과 일 분할을 만들어 사용하는 것입니다. 이것이야말로 상법에 있어 나의 독창적인 방법이며 옛날의 이치로부터 독립할 수 있는 이유입니다.

- 월 분할 방법에 관하여 -

1. 정월과 9월은 콧방울 뿌리에서 귓불 바깥쪽까지를 한일(一)자로 연결해서 보면 왼쪽을 정월, 오른쪽을 9월로 합니다.

1. 2월과 8월은 귀의 돌기 앞에서 콧방울 조금 위까지를 한일 (一)자로 연결해서 보면 왼쪽을 2월 오른쪽을 8월로 합니다.

1. 3월과 7월은 역마에서 눈 아래쪽을 지나 코까지의 사이를 한 일(一)자로 연결해서 보면 왼쪽을 3월 오른쪽을 7월로 합니다.

1. 4월과 6월은 이마 양쪽 모서리에서 눈썹 중간 정도까지를 한 일(一)자로 연결해서 보면 왼쪽을 4월 오른쪽을 6월로 합니다.

1. 5월은 천중에서 인당까지를 일(一)자로 연결해서 보면 됩니다.

1. 10월과 12월은 콧방울 측면에서 입술 끝을 걸쳐서 턱의 바깥 부분까지를 한일(一)자로 연결해서 보면 왼쪽을 12월, 오른쪽을 10월로 합니다.

1. 11월은 코 아랫부분에서 턱 바깥 부분까지를 한일(一)자로 연결해서 보면 됩니다.

● 월별 분할 그림

월 분할 그림에서 혈자리는 대강 5미리 정도 폭을 마음으로
측정해 한일(一)자로 연결해서 보고 그 영역 안에서 길흉을
봅니다.

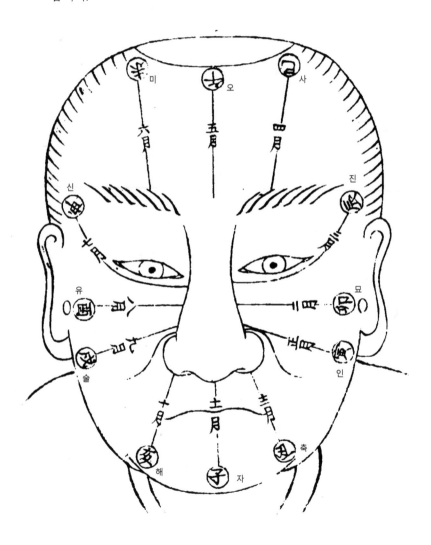

- 월별 길흉에 관하여 -

1. 그달에 해당하는 부위에서 윤기가 있고 아름다운 미색이 나타나 있을 때는 좋은 달로 봅니다. 윤기가 없고 속이 비어있는 것처럼 보일 때는 반드시 나쁜 달로 봅니다. 또 그달에 해당하는 곳이 좋지도 나쁘지도 않게 보일 때는 평안한 달로 봐주십시오. 역시 자세한 것은 앞에서 이야기한 대로 8색에 의해 어떤 길흉이 있는지를 생각하고 판단하십시오.

1. 월 분할된 곳에 밤알 정도의 붉은 적색이 나타나 있을 때는 나쁜 달로 봅니다. 이것은 작은 부스럼을 말하는 것이 아닙니다. 또 2, 3개월 전에 이런 붉은 적색이 나타나 있어도 보지 않도록 하십시오. 다만 임기응변을 위한 것도 생각해야 합니다. 상처, 사마귀, 또는 반점, 갈색반점, 대머리도 다루지 않도록 해 주십시오.

- 일자별 길흉에 관하여 -

1. 월 분할 안에서 아름다운 미색(美色) 또는 나쁜 색이 드러나듯 나타나 있을 때는 그 드러난 곳이 몇일에 해당하는지를 생각해서 그 날짜의 길흉을 봐주십시오. 아름다운 미색일 경우에는 좋은 길일(吉日)로 보고 나쁜 색이면 좋지 않은 흉한 날로 봅니다.

1. 좋은 달이라 해도 나쁜 날이 있을 때는 그날에 해당하는 나쁜 색이 날 듯이 나타납니다. 또 나쁜 달이라 해도 길일(吉日)이 있을 때는 그날에 해당하는 곳에 아름다운 미색이 날 듯이 나

타납니다.

이 미색이 '날고 있는 것처럼'이란 표현은 예를 들어서 나뭇잎에 얼룩이 있는 모양과 같습니다. 그래서 나쁜 색이 날듯이 있다는 것은 일반적으로 주근깨나 하얀 반점이 있는 피부입니다. 그러나 임기응변으로 봐야 할 때는 바늘침으로 찌른 듯한 붉은 적색이거나 오늘 생긴 상처 등이며 그 외의 조그마한 문제도 모두 살펴주십시오.

다만, 수양과 공부가 부족한데 하면 안 됩니다. 수양과 공부가 쌓인 후에는 임기응변으로도 무엇이든 취할 수 있게 됩니다.

● 일자별 분할 그림

일자별 혈자리는 코의 아랫부분을 1일로 하고 그곳에서부터
순서대로 진행하여 끝나는 곳을 말일로 합니다. 한 달을 30일
로 해서 나눕니다.

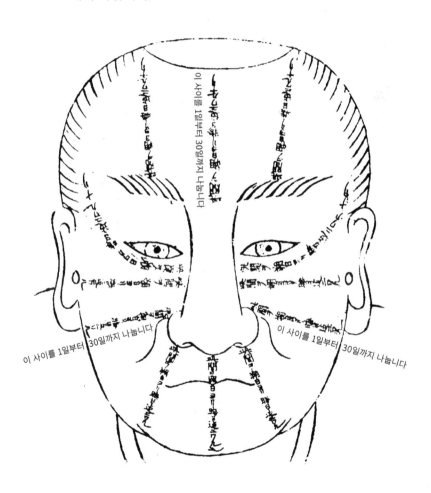

● 사계절의 그림

사계절의 길흉은 눈을 응시하고 자세히 보면 반드시 헷갈리
고 결정하기 어려워집니다. 그런 까닭에 약 1미터 정도 떨어져
서 보는 것이 좋을 것입니다. 그리고 5그것이 아름다운 미색이
며 건강한지 쇠퇴하고 있는지를 결정하고 나서 사계절의 길흉
을 생각하도록 하십시오. 결코 가까이서 보지 않도록 해주십
시오. 역시 코는 중앙에 있고 사계절의 토(土)의 용(用)을 담
당합니다.

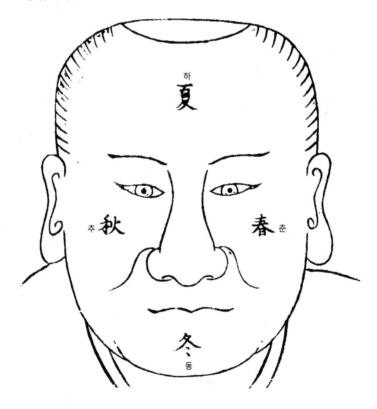

옛 서적에는 이것을 방각(方角) 방향의 모서리에 해당하고 있
습니다만, 그것은 다루지 않습니다.

- 방각(方角)의 그림 -

방각(方角)은 머리카락이 나는 부분에서 양 눈썹까지를 기준으로 해서 둥글게 그립니다. 그 원 안에 있는 동서남북(東西南北)이 방각에 해당합니다.

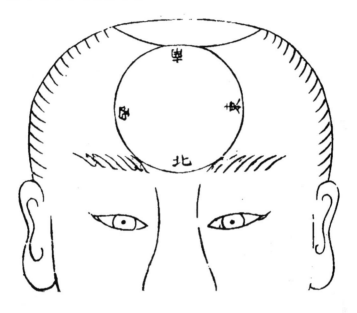

머리와 눈썹 사이가 좁은 사람은 원도 작으며 넓은 사람은 원도 커지지만, 반드시 이 원을 무시하지 않도록 하십시오. 아름다운 미색이 있는 방향은 좋은 방각이고 나쁜 색이 있는 방향은 나쁜 방각이라고 합니다. 또 갑작스럽게 봐야 할 때는 밤알 정도 붉은 적색(赤色)이나 막 생긴 작은 상처도 다루어주십시오. 다만 수양과 공부가 부족하다고 생각하는 동안은 다루어서는 안 됩니다. 길흉의 색만을 다루어 주십시오.

● 방각의 12지지(地支) 그림

방각을 자세하게 알고 싶을 때는 12지지의 그림을 생각하십
시오.

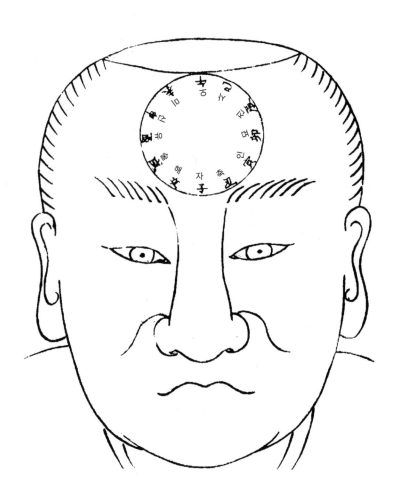

● 방향과 방각의 그림

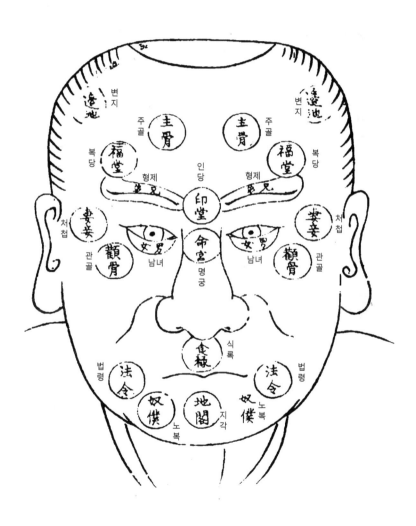

- 방각(方角)과 혈자리에 관하여 -

1. 상사나 윗사람에 관한 일은 주골에서 동서남북의 방각을 봅니다.

1. 가족이나 친척에 관한 일은 형제로 그 방각을 봅니다.

1. 바램이나 희망은 인당에서 그 방각을 봅니다.

1. 여성에 관한 일은 처첩에서 그 방각을 봅니다.

1. 사회생활에 관한 일은 관골에서 그 방각을 봅니다.

1. 자손이나 아랫사람의 일은 남녀에서 그 방각을 봅니다.

1. 직업에 관한 일은 법령에서 그 방각을 봅니다.

1. 여행에 관한 일은 변지에서 그 방각을 봅니다.

1. 주택에 관한 일은 지각에서 그 방각을 봅니다.

1. 부하에 관한 일은 노복에서 그 방각을 봅니다.

1. 치료를 받을 의사에 관한 방각은 환자의 명궁에서 그 방각을 봅니다.

1. 재물은 복당에서 그 방각을 봅니다.

1. 상속이나 유산에 관한 일은 식록에서 그 방각을 봅니다.

- 방각(方角)의 길흉에 관하여 -

아름다운 미색이 날 듯이 나타나 있는 방향을 좋은 방각으로 여기고, 나쁜 색이 나타나 있는 방향을 나쁜 방각이라 생각합니다. 역시 갑작스럽게 판단해야 할 때는 작은 것이라도 그 방각에 있는 것을 봐야 합니다. 당연히 수양과 공부가 부족하면 많은 것을 보지 말고, 오로지 좋은 색과 나쁜 색만을 봐주십시오.

또 이 책에서 말하고 있는 방각의 혈자리가 정밀하지 않기 때문에 이것을 볼 때는 정신을 집중시키고 진중해야 합니다. 보기 쉬운 것만 취한다면 반드시 착오가 생길 것입니다.

옛날 고서에서는 얼굴 전체를 방각으로 보고 있습니다만, 얼굴은 넓어서 판단하기 어렵습니다. 예를 들어 친척에 관한 일로 동쪽 방각에서 좋은 일이 있고, 자손의 일로 동쪽 방각에서 나쁜 일이 있으며 또 여성에 관한 일로 동쪽 방각에서 나쁜 일이 있다고 말하는 것처럼 한번에 동쪽 방각에서 좋은 일과 나쁜 일이 중복하여 올 때는 얼굴 전체 방각으로는 판단하기 어렵습니다.

이런 이유로 이처럼 자세하게 진술했습니다만, 마음을 다해서 공부해 주십시오.

또 얼굴로 모든 것을 판단할 수 있다고 말하고 있습니다. 그래서 옛날 사람들은 얼굴에서 130곳의 혈자리를 골라서 모든 것을 판단하려 했습니다. 나 역시 젊었을 때부터 상법만을 공부하는데 심혈을 다 기우였습니다. 그 시절 여러 지방을 걸어서 다녔을 당시에 동쪽 지방에 사는 외국인을 우연히 만나서 몸의 130부위에 관한 모든 판단에 대해 들었습니다. 그러나 아직 반 정도밖에 이해하지 못했습니다. 지금 공부하고 있는 여러분들은 이 130부위로 판단하는 방법을 깨달으시기를 바랍니다.

- 정월(正月)•5월•9월의 그림 -

　정월, 5월, 9월은 모두 5의 숫자를 포함하고 있습니다. 정월, 2월, 3월, 4월, 5월과 5월, 6월, 7월, 8월, 9월과 9월, 10월, 11월, 12월, 정월과 각각 5의 수를 합한 것은 정월, 5월, 9월을 천, 지, 인 삼위를 담당합니다. 그리고 이 삼위에 오행을 배당했습니다.

　즉 사람들은 정월, 5월, 9월을 엄숙하게 기념할 때는 재난을 자연스럽게 피할 수 있을 것입니다. 또 불운한 해에는 반드시 정월, 5월, 9월에 문제가 생긴다고 생각하십시오.

　얼굴에 있어서 정월과 9월은 볼에 있는 뼈 아래에 있고, 턱 상하를 연결한 곳입니다. 그 때문에 이 3개는 얼굴 안에서 가장 중요한 곳이 되며, 이 3곳의 달이 있는 곳에 혈색이 나쁠 때는 그 해는 대단히 나쁜 1년이 될 것입니다. 또 이 3개월이 있는 곳의 살집이 두드러질 만큼 내려앉고 혈색이 나빠지면 반드시 그 해에 사망한다고 봐주십시오. 그러나 이것은 충분히 수양과 공부를 쌓은 후에 활용해 주십시오.

　이 그림의 얼굴에 나타난 혈색이 나쁠 때는 그 한 해는 대흉이고, 살집이 늘어져 보일 때는 1년 안에 사망합니다.

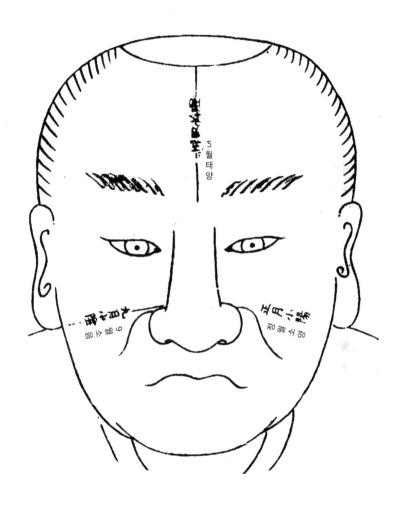

- 2월·8월의 그림 -

2월, 8월은 얼굴 12지(支)에서 동(東)과 서(西)이고, 삼음(三陰)과 삼양(三陽)이 있으며 그 위는 남방(南方)의 대양(大陽)입니다. 여기를 중심으로 위는 2월, 3월, 4월, 5월, 6월, 7월, 8월로 하고, 아래는 북방(北方) 대음(大陰)으로 8월, 9월, 10월, 11월, 12월, 정월, 2월로 합니다. 이것은 모두 7의 수를 포함하고 음(陰)의 7, 양(陽)의 7이 됩니다. 예를 들면 사람이 태어나서 칠일째 밤을 '첫 번째 7일 밤'이라고 말하고, 이것이 양(陽)의 7이 됩니다. 또 사람이 사망하고 7일이 지난 날을 '첫번째 7일 밤'이라고 하고 음(陰)의 7이라고 말합니다. 따라서 '7'이란 수는 선과 악을 모두 성취하는 수가 됩니다.

또 얼굴 중앙에 있는 2월과 8월에 해당하는 부분에서 천지(天地)가 열리며 그 위가 남방(南方)의 양(陽)으로 떠오른다는 의미가 있습니다. 그 아래는 북방(北方)의 음(陰)으로 가라앉는다는 의미가 있습니다. 즉 2월, 8월에 해당하는 부분은 음과 양의 중심이기 때문에 작은 좋은 일이 있더라도 이 부위에 확실한 윤기가 있을 때는 큰 기쁨이 있습니다. 사소한 나쁜 일이 있어도 이 부위에 윤기가 없고 구름 낀 듯 있을 때는 크게 나쁜 일이나 몸을 상하는 일이 있다고 봐주십시오. 그러나 이것도 수양과 공부를 쌓은 후에 활용해야만 적중합니다. 공부가 미숙하다면 사람들을 미혹시킬 뿐이니 근신하시기 바랍니다.

이 그림의 부분 혈색이 쇠할 때는 그 1년에는 반드시 큰 어려움이 있고 살집이 건조하고 마를 때는 반드시 몸이 많이 안 좋습니다.

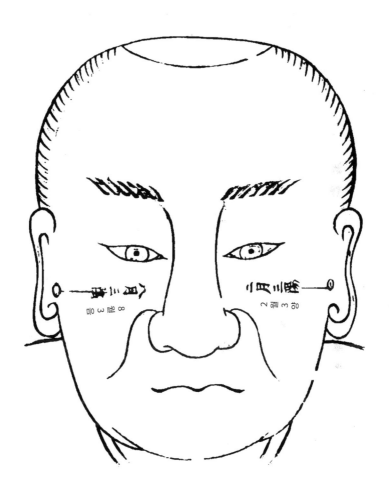

- 다른 사람의 오장에 따른 길흉과 생사에 관해서 -

1. 다른 사람의 오장은 예를 들어 부모를 보고 그 자식의 병과 길흉을 보는 것입니다. 또 오장 중 어떤 장기에서 병이 생기고 있는지, 어느 장기가 건강한지, 어느 장기가 약해지고 있는지를 보기 위해 활용하는 방법입니다.

1. 아랫사람의 관상을 보고 상사의 병증을 생각할 때는 그 부하의 주골(主骨)에서 오장을 나누어서 혈색이 막힌 부분을 살펴보고 어느 장기가 약해지고 있는지를 봅니다. 또 그 막힌 부분의 색에 따른 길흉으로 병이 낫는지 또는 더 심각해지는지와 생사(生死)를 생각해 봅니다.

1. 가족의 관상을 보고 가족들이 가진 병을 생각할 때는 형제(兄弟)에서 오장으로 나누어 보고 혈색의 막힌 부분을 봅니다. 여기서 어느 장기가 쇠약해지는지를 생각하고 그 색의 길흉으로 병이 좋아지는지 나빠지는지와 생사를 생각해 봅니다.

1. 남편의 관상을 보고 부인의 병을 생각할 때는 남편의 처첩(妻妾)에서 오장을 나누어서 혈색의 막힌 부분을 본 후에 병이 좋아질지 나빠질지 와 생사를 생각해 봅니다.

1. 자식의 관상을 보고 부모의 병을 생각할 때는 자식의 일월(日月)에서 오장을 나누고 혈색의 막힌 부분을 봅니다. 그 후에 병이 좋아질지 나빠질지 그리고 생사를 생각해 봅니다.

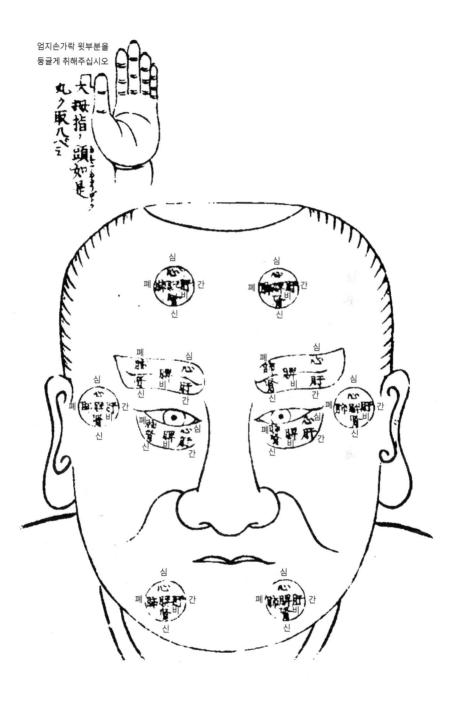

1. 부인의 관상을 보고 남편의 병을 생각할 때는 부인의 관록(官祿)에서 오장을 나누어서 혈색의 막힌 부분을 보고 병이 좋아질지 나빠질지와 생사를 생각해 봅니다.

● 다른 사람 몸의 오장 그림

다른 사람 오장에 있는 혈자리 크기는 관상을 보기 원하는 사람의 엄지손가락 안쪽의 한마디 크기를 기준으로 해서 원을 그려주십시오.

여기까지 서술한 것은 다른 사람 오장에 관한 쇠함과 병을 보는 방법입니다. 예를 들어 자신의 상사가 병이 들었을 때는 자신의 주골의 혈색에 따라 약해진 것으로 판단합니다. 그러나 주의할 것은 막힌 혈색이 다른 부분에 나타날 수 있습니다. 따라서 잠긴 혈색이 오장 안의 어느 부분에 해당하는지를 보고 그 장기의 병을 생각해야 합니다. 그 외에도 모두 이런 이치를 기준으로 해서 다른 사람 몸속에 있는 병이나 오장이 약해진 것을 생각합니다.

● 오장의 혈자리 그림

1. 환자가 병이 좋아질 때는 그 혈자리가 자연스럽게 윤기가 나고, 사망할 때는 그 혈자리의 살집이 마르고 윤기가 사라집니다. 그러나 다른 사람의 병에 관해서는 수양과 공부가 부족할 때는 보고 판단하기가 어렵습니다. 수양과 공부가 쌓인 후에는 간단하게 볼 수 있게 됩니다.

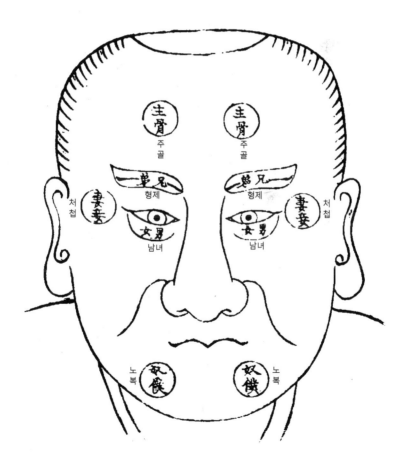

역시 친척, 부부, 사업과 관련된 부분에 관해서도 그 병에 대해 성의가 있는 사람에게는 확실하게 드러납니다만 성의가 없는 사람에게는 확실하게 드러나지 않습니다.

1. 대단히 장수하신 부모님이 사망할 때는 일월(日月)이 희미해집니다만, 윤기는 사라지지 않고 오히려 기쁨의 색이 나타납니다.

1. 부모, 자식, 형제, 부부에 한정하지 않고 오랜 병환으로 고통받던 사람이 사망했을 때는 그것을 담당하는 혈자리의 살집이 자연스럽게 적어지기는 하지만 윤기는 사라지지 않고 오히려 기쁨의 색이 나타납니다. 그래서 이런 혈자리를 볼 때는 판단이 헷갈리지 않아야 합니다.

친척에 한정하지 않고 다른 사람일지라도 그 사람에게 성심성의를 다하고 싶은 사람이라면 보입니다. 왜냐하면 이것은 스스로 불성실한 것을 다른 사람은 모르며 알지 못한다고 생각해도 하늘의 길은 모든 것에 관통하고 있어서 모든 것이 자연히 혈색에 나타나기 마련입니다. 이것을 두려워하지 않으면 안됩니다.

1. 형제에 관한 것은 눈썹의 상하로 난 부분을 봐주십시오. 그리고 눈썹의 중앙을 비장으로 생각합니다. 또 남녀는 눈 아래를 눌러서 뼈가 없는 곳을 봐주십시오

- 주택에 관하여 -

1. 주택에 관한 혈자리는 입의 좌우를 기준으로 취합니다. 입의 좌우 끝에서 아래를 일자로 보고 그 안쪽에 집을 지었다고 가정을 합니다. 아랫입술 쪽을 집의 기둥으로 하고 왼쪽을 집의 바깥면으로 하고, 오른쪽을 집의 안쪽으로 합니다. 또 지은 집의 밖을 지면으로 본뜨고 턱과 떨어진 부분을 집 옆의 지면, 틈, 행랑방으로 생각합니다.

1. 주택의 안쪽이 맑은 집에서 생활하는 사람은 지은 집안에 해당하는 부분도 맑습니다. 주택의 안이 어두운 집에서 생활하는 사람은 지은 집안에 해당하는 부분도 어둡습니다. 주택을 이사할 때는 거주할 집 부분에 해당하는 살집이 움직이며 어둡게 보입니다. 이 부위는 수기(水氣)가 많은 부분으로 생활하는 사람은 자연히 수기(水氣)를 포함하기 때문에 집에 해당하는 부위가 어두워집니다.

1. 집안에 우물이 좋은지 나쁜지, 새로운 우물을 판 집 앞에 조성한 산이나 호수 등의 유무, 집의 파손, 집 안에 환자 유무, 문 앞에서 생길 재난의 유무, 또 그 재난이 자신의 집에 영향이 있을지 없을지, 그 집에서 사람을 키울지 어떨지, 양기(陽氣)가 있는 집인지, 음기(陰氣)가 있는 집인지, 지저분한 집인지, 청결한 집인지, 안에 신(神)을 모신 곳이나 돌비석 등이 있는지 어떤지, 배수는 어떤지, 그 외 집이든 집안에 눈에 띄게 문제가 될 만한 것은 이 주택 법을 활용해서 본다면 모든 것이 명확할 것입니다. 그러나 이런 것은 그 집 주인에게만 나타나는 것이고

결코 처나 자식, 동거인에게 나타나지 않습니다.

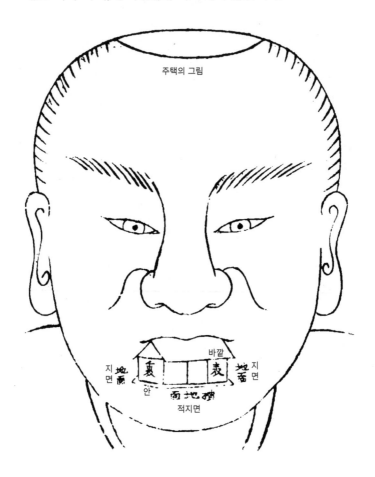

주택의 그림

바깥
地面
지
면
안
地面
적지면
地面
지
면

- 유년(流年)에 관하여 -

● 유년(流年)의 1세부터 20세까지 그림

머리가 나는 곳에서 양 눈썹까지의 이마를 20세로 합니다. 이
방법은 양미간과 머리를 기준으로 해서 위쪽에서 일자로 내
려오고, 안쪽을 취하고 바깥쪽은 취하지 않습니다. 눈썹 털이

많아서 눈썹의 앞을 정하기 어려울 때는 그 사람의 엄지손가락을 양미간 사이에 놓고 그 폭을 기준으로 해서 취합니다.

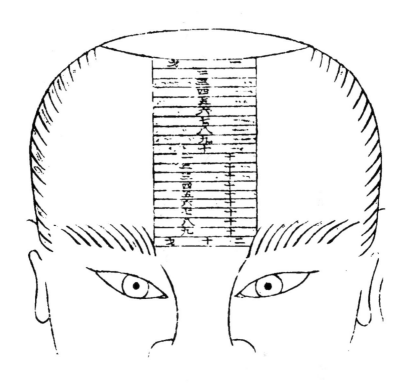

● 유년에서 21세부터 42세까지 그림

양미간에서 콧방울까지를 42세로 하고, 왼쪽의 콧방울을 41세, 오른쪽 콧방울을 42세로 합니다. 그리고 양 눈썹에서 콧방울까지 일자로 내려오면 이 부분을 기준으로 안쪽을 취하고 바깥쪽은 취하지 않습니다.

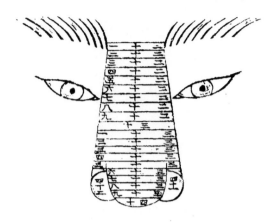

● 유년에서 43세부터 60세까지 그림

코 아래 혈자리부터 턱 바깥쪽까지를 60세로 합니다. 좌우 콧
망울에서 입 양쪽 끝까지를 일자로 보고 이것을 기준으로 해
서 그 안쪽을 취합니다. 똑같이 입의 양쪽 끝을 기준으로 턱
바깥쪽까지를 일자로 보고 그 안쪽을 봅니다.

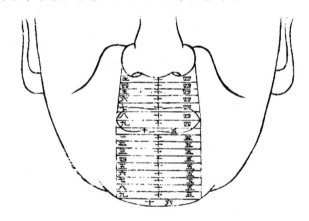

● 유년에서 61세부터 80세까지 그림

60세를 기준으로 바깥쪽에서 좌우 귓불까지를 80세로 하고
위를 향해 나누어갑니다. 1세부터 60세까지는 양인(陽人)입니

다. 그래서 상정에서 시작하여 양(陽)의 면인 대양(大陽)에 나타납니다. 60세 이후는 음인(陰人)이여서 하정 아랫부분부터 시작하여 음(陰)의 면에 나타납니다. 60세 이후는 원래 1살로 되돌아간다고 말합니다만, 음인(陰人)이기 때문에 유년(流年)은 양면(陽面)에 나타나지 않습니다. 또 80세 이후의 일은 저도 잘 모르겠습니다.

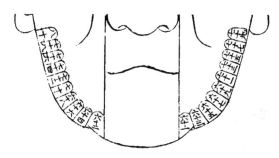

● 1세부터 20세까지 사계절 그림

유년에서 1년을 4계절로 나누어 길흉을 봅니다. 사마귀, 상처, 문제가 있는 부부은 흉(凶)으로 하고, 문제가 없고 살비듬이 건강하면 길(吉)로 합니다.

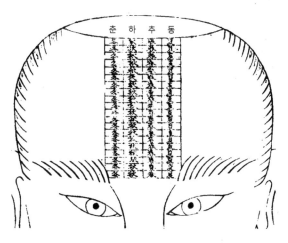

● 21세부터 42세까지 사계절 그림

구분은 앞에 있는 그림과 같습니다.

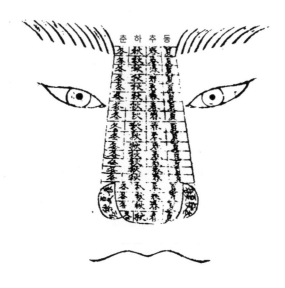

● 43세부터 60세까지 사계절 그림

구분은 앞에 있는 그림과 같습니다.

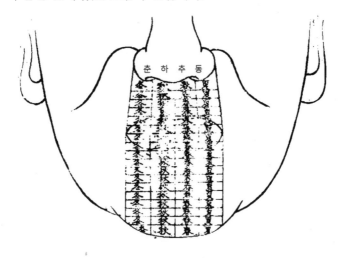

● 유년(流年)의 12개월 그림

유년(流年) 중에서 20세까지의 12개월은 상정에서만 나타납니다. 21세부터 43세까지는 중정에 같은 형태로 나누어집니다. 또 43세 이후에는 하정에 같은 형태로 나누어집니다. 그러나 수양과 공부가 부족하면 코 앞부분의 12개월은 판단하기 어려워서 4계절의 길흉만 봐주십시오. 또 콧방울도 4계절만 보도록 하십시오.

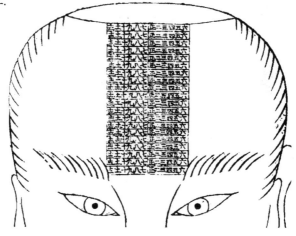

여기서 말하는 유년을 더욱 자세히 보려면 1세부터 20세까지를 한꺼번에 합해서 그 가운데를 취해 10세로 하고, 1세부터 10세까지를 합해서 그 중간을 5세로 합니다. 또 10세부터 20세를 합해서 그 중간을 15세로 합니다.

이렇게 해서 60세까지 나누면 될 것입니다. 결코 쉽게 구분해서는 안 됩니다. 쉽사리 나누면 큰 착오가 생깁니다.

더욱이 좌우 콧방울은 41세와 42세를 취합니다. 43세는 코 아랫부분을 일자로 내려와서 그 부분을 취합니다. 47세는 윗입술의 붉은 부분과 하얀 부분을 취합니다만 위의 좌우 끝까지를 취합니다.

　그래서 윗입술의 붉은 부분을 48세로 보고 아랫입술의 붉은 부분을 49세로, 아랫입술의 붉은 부분과 하얀 부분 사이를 50세로 합니다. 이것도 좌우로 입의 끝까지 취합니다. 또 60세는 턱 바깥쪽에서 아래쪽으로 돌아가는 모서리가 됩니다. 61세부터 80세까지는 턱의 바깥쪽에서 아래로 돌아가는 모서리를 중심으로 좌우 귓불까지를 나누어 구분합니다.

- 유년(流年)의 길흉에 관하여 -

1. 유년(流年)의 혈자리에 사마귀나 상처가 있다면 이것에 해당하는 해는 좋지 않다고 봅니다. 큰 상처나 사마귀는 취하지 않습니다만 확신이 들 때는 취해도 상관없습니다. 또 잘린 상처나 부딪힌 상처는 취하지 말고 자연스럽게 생긴 희미한 상처를 취급합니다. 마마에 의한 상처도 취하지 않습니다. 일반적으로 사마귀나 상처의 종류는 작아도 눈에 띄는 것을 취하고 큰 것은 취하지 않습니다.

또 유년(流年)의 혈자리에 작은 근육이 예리하게 옆으로 나와 있을 때는 이것을 나쁜 해로 봅니다. 그러나 이 근육이 2이나 3개의 폭이 될 때는 그곳에 해당하는 해를 판단하는 것이 어려워집니다. 이럴 때는 이 근육의 중간 정도를 적용합니다.

유년(流年)에 있어서는 이마에 모근은 취하지 않습니다만 여기서 말한 대로 작아도 예리하고 눈에 띄는 옆으로 있는 근육이 나타날 때는 망설이지 말고 취합니다.

유년(流年)의 혈자리에 사마귀, 점, 상처 등 어떤 것도 문제가 없을 때는 평온한 일년으로 봅니다. 비록 나쁜 일이 생겨도 큰 일로 되지 않습니다.

또 유년의 혈자리에 사마귀, 점, 상처 등 아무 문제가 없는데도 몇 년이나 곤궁한 사람이 있습니다. 이런 사람은 유년(流年)의 혈자리가 모두 마르고 쇠퇴해져서 살집이 없고 빈약해 보입니다.

이런 요소들을 잘 이해하고 유년(流年)의 길흉을 봐주십시오.

1. 유년(流年)에 있는 사마귀나 큰 점은 걱정거리나 어려운 일이 있다고 봅니다. 상처는 재난이나 파탄이 있다고 봅니다. 또 유년 중 살집이 마르고 기력이 약해질 때 그해는 큰 쇠퇴가 있다고 봅니다. 그 외에 조그마한 문제가 있을 때는 작은 재난이 있는 한해로 봅니다.

   그러나 걱정거리, 재난, 파탄, 어려운 일, 기쁜 일 따위의 일은 그다지 크게 언급할 필요가 없고, 단지 좋은 일과 나쁜 일 정도만 말하십시오. 자세한 내용은 수행을 쌓은 후에 해야 합니다.

1. 유년 중 살집에 변화가 보일 때는 그해의 언젠가 무슨 일로 바뀔 일이 생깁니다. 단지 주거의 변화일지, 일의 변화일지, 자신의 신상에 관한 변화일지는 모릅니다. 어떤 것이든 바뀝니다.

- 유년(流年)의 사계절과 12개월에 관하여 -

유년(流年)의 1년에 있어서 사계절과 12개월의 길흉을 이야기할 때는 사마귀, 큰점, 상처, 그 밖에 문제가 될 만한 부분을 보고, 그것이 몇 살 몇 월에 해당하는지를 명확하게 보고 판단하십시오. 좋은 일에 관해서도 같은 형태로 판단합니다. 12개월의 길흉이 아무래도 눈에 보이지 않을 때는 사계절로 나누어 보십시오.

그러나 남녀는 모두 대음(大陰), 대양(大陽), 소음(小陰), 소양(小陽)이 있으며 사계절과 12개월이 도는 방법은 반복하는 형태가 다릅니다. 먼저 대양(大陽)인 사람은 왼쪽에서 시작해서 반복하고, 대음(大陰)인 사람은 오른쪽에서 시작해서 반복합니다. 그 외의 것은 항상 이것을 기준으로 잘 생각하십시오. 다만 수양이 부족한 사람은 유년(流年)의 사계절과 12지(支)는 많이 다루어서는 안 됩니다. 오로지 1년의 길흉만을 봐주십시오. 이렇게 한다면 유년에 관해서 하나라도 적중할 것입니다.

골격에 있어서는 일생에 걸쳐 나쁜 상이 있어도 생애 중 유년이 좋을 때는 그 유년으로 따라가 생각합니다. 유년은 생애에 걸친 길흉을 담당하기 때문에 젊은 시절이 양호한 사람은 젊은 시절의 유년이 좋은 것이겠고, 노년이 불운한 사람은 노년의 유년이 나쁠 것입니다. 그러나 유년이 모조리 나쁘고 생활이 곤궁한 상이 있더라도 충효, 음덕, 근검절약, 명리(明理) 즉 밝은 마음의 이치를 지닌 사람이라면 반드시 하늘의 도리에 합당한 사람이기 때문에 하늘이 스스로 도울 것입니다. 그래서 충효, 음덕, 근검절약, 밝은 마음을 지닌 사람에 대해서는 유년이 비록 나쁘더라도 쉽사리 판단해서는 안 됩니다.

또 심기(心氣)가 강한 사람은 유년에 큰 어려움이 있더라도 반드시 작은 어려움이 될 것입니다. 심기(心氣)가 강하다는 것은 조상과 부모의 덕을 받은 사람이기 때문입니다. 그리고 이것은 유년(流年)이 좋은 사람도 마찬가지입니다. 유년이 좋은데도 상관없이 일생 곤궁한 사람이 있습니다. 이것은 반드시 충효, 음덕, 근검절약, 명리 즉 밝은 마음의 이치를 깨닫지 못하고, 부모나 조상의 덕을 입지 못한 까닭입니다. 그래서 하늘의 이치가 상법에 부합하지 않은 채 말로만 한다면 아무런 가치도 없습니다. 이런 사람은 좋은 유년이라 해도 큰 어려움이 있다고 판단해 주십시오. 이렇게 한다면 만의 하나도 판단이 잘못되지 않습니다.

또 한 평생의 유년이 모조리 나쁘고 현재도 크게 곤궁한 상

(相)이 있더라도 그 후에 충효, 음덕, 근검, 절약, 명리(明理) 즉 밝은 이치의 싹을 띄우고, 조상과 부모의 덕이 쌓이도록 할 때는 반드시 3년 안에 나쁜 유년(流年)이 모두 사라지고 좋은 일로 바뀔 것입니다. 이것은 결코 내가 충효, 음덕을 권하기 위해서 말하는 것이 아닙니다.

나는 젊었을 때부터 상법(相法)에 몰두하고 수많은 사람의 상을 보았습니다. 그래서 나쁜 상이 좋게 변하는 것에 의문을 가지고 있었고, 이것 때문에 상을 그만두려고 했던 적도 몇 번이나 있었습니다. 최근에야 겨우 충효, 음덕, 근검, 절약, 명리(明理) 즉 밝은 이치에 따라서 나쁜 관상이 바뀐다는 것을 알게 되었고 여기에 이것을 적어 놓습니다.

또 명철한 상가가 있어서 3년 후에 큰 어려움을 당할 것이라고 해도 그 시기부터 충효, 음덕, 근검절약, 명리(明理) 즉 밝은 이치가 마음속에서 움텄다면 반드시 결과가 다르게 나타날 것입니다. 좋은 상을 보고 일생 좋은 일만 있으리라 판단되어도 그 시기부터 마음이 움직여서 덕과 의를 잃어버린다면 그 결과도 다르게 나타날 것입니다. 그래서 상을 보더라도 충효, 음덕, 근검절약, 명리(明理) 즉 밝은 이치를 가진 사람의 선(善), 악(惡), 길(吉), 흉(凶)은 판단하기 매우 어렵습니다. 그러나 욕심 없는 마음으로 상을 본다면 이것을 자신의 상으로 하는 사람은 맑은 하늘에 있는 구름의 움직임을 보고 3일 후에 비를 예견할 것입니다.

제

5

권

- 기색(氣色)이 머무는 항구의 부위 -

기색(氣色)이 머무는 모양에 관하여

머리는 대양(大陽)이 모인 곳으로 신체 중 번화한 부분입니다. 그래서 얼굴은 몸 전체에서 항구와 같습니다. 모든 길흉은 파도가 밀려오고 나가는 조류처럼 매일 낮과 밤 사이에 얼굴 안면에 조수간만이 일어납니다. 이것을 '기색(氣色)의 항구'라고 합니다.

옛날의 선사님부터 지금에 이르기까지 혈색과 기혈은 거의 사용하지 않게 되어버리고 기혈의 색은 마음으로 볼 뿐 눈으로는 취할 수 없습니다. 그래서 혈색이 나타나도 기색에서 흐르는 것을 이해하지 못합니다. 그래서 기색이 머무는 항구는 결코 실을 끌어당기듯이 드러나는 것은 아닙니다. 예를 들어 관골(官骨)에서 기색이 생겨 토성(土星)으로 향하여 머무른 것처럼 보일 때는 이것을 "관골(官骨)에서 토성(土星)으로 모인" 기색이라고 합니다.

그 모양은

1. 지렁이가 모이듯 달리는 것이 있습니다.

1. 아기가 작은 손가락 끝으로 끌어당기듯 좁게 나타나는 것이 있습니다.

1. 등불 심지 꼬이듯 모이는 것이 있습니다.

1. 일자로 구불구불 모이는 것도 있습니다.

1. 애초부터 기색(氣色)이라 해도 단순하게 기(氣)나 색(色)의 형

태는 아닙니다. 어딘지 모르게 기(氣)가 모이듯이 보입니다. 결국 이것은 청(靑), 황(黃), 적(赤), 백(白), 흑(黑), 미(美), 자(紫), 홍(紅)의 기색으로 나타나는 것이 아니고 단지 어딘가 윤기가 나는 기색을 말합니다.

1. 또 어딘지 어둡고 윤기가 없는 기색도 있습니다. 여기서 말하는 기색은 이 두 종류뿐입니다. 그 기색의 윤기 유무에 따라서 기색(氣色)의 길(吉), 흉(凶), 선(善), 악(惡)을 봅니다.

● 기색(氣色) 흐름에 관한 그림

기색의 흐름은 그림처럼 나타납니다. 그러나 어수선하게 난 털 구멍처럼 두드러지게 나타나지 않습니다. 얼굴 위 살집에 이처럼 나타나는 것을 대강 그린 것입니다. 예를 들어 일본도(日本刀)의 광채나 빛나고 있는 잔잔한 무늬 같은 것입니다. 다만 위에서 내려가는 것도 있고, 옆에서 나오는 것도 있고, 아래에서 위로 올라가는 것도 있습니다. 더욱 혈자리에서 혈자리로 모여 달리거나 혈자리에서 혈자리로 모인다는 기세도 있어도 실제로는 모이지 않는 것도 있습니다. 그러나 이 기세가 있으면 모인 것과 똑같습니다.

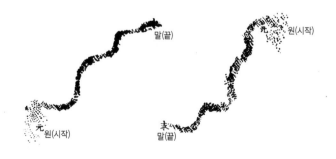

● 동일하게 교차하는 기색(氣色)의 그림

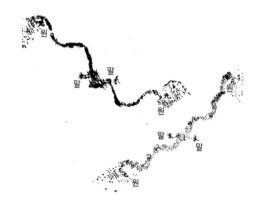

위쪽 혈자리에서부터 기색이 나타나 아래 혈자리로 모이고, 또 아래 혈자리에서부터 기색이 나타나 위쪽 혈자리로 모여 교차하면서 정리되고 형태를 만듭니다.

어느 혈자리에서 나타난 것이라도 이것을 기준으로 해서 봅니다. 혈자리를 떠나서 나타날 때도 어떤 것에 한정하지 않고 누구라도 만들어지는 형태를 꾀한다고 봅니다.

● 교차하는 기색(氣色)의 그림

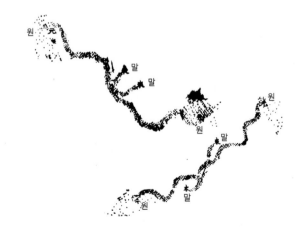

위쪽 혈자리에서 기색이 나타나고 아래 혈자리로 모이고, 아래 혈자리에서 나타나고 위쪽 혈자리로 모여서 이것이 교차하고 있어도 기색의 출발점이 나누어져 있을 때는 서로 친구가 되어 형태를 만들어도 서로의 의견이 달라서 성공하지 못합니다. 그러나 절대로 성공하지 못한다고 할 수는 없으며 아래 기색의 끝부분이 둥글게 돌면서 위쪽의 기색과 접하여 교차할 때는 성공한다고 봅니다. 또 이런 기색에 기세가 없을 때는 거의 성공하지 못하고 끝난다고 봅니다.

● 가지가 나누어진 기색(氣色)의 그림

가지가 나누어진 기색은 얼굴에 나타나도 염두에 두지 않습니다.

● 기색(氣色)이 모이기 전의 그림

기색이 나타나 모이기 전에는 그림처럼 됩니다. 이 기색의 앞부분 어디가 혈자리를 향해 가는 있는지를 보고 판단합니다.

● 나색(羅色)의 그림

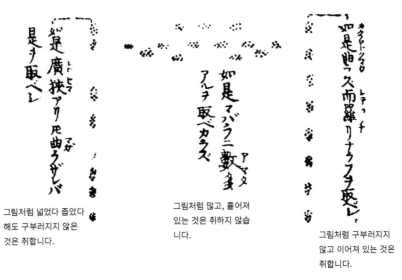

그림처럼 넓었다 좁았다
해도 구부러지지 않은
것은 취합니다.

그림처럼 많고, 흩어져
있는 것은 취하지 않습
니다.

그림처럼 구부러지지
않고 이어져 있는 것은
취합니다.

　나색(羅色)은 바다 가운데에 있는 음화(陰火)같은 것입니다.
즉 바다 가운데에 있는 음화(陰火)는 천지(天地)가 순환하는 기
운에 따라서 생기는 것으로 7월 초순에 이 나색(羅色)이 나타납
니다만 취하지는 않습니다. 다만 천지의 기운에 있어서는 추위와
더위 그리고 바람과 비에도 순리를 따르지 않는 것이 있습니다.
이렇게 순리의 움직임을 따르지 않고 바다 가운데 나타나는 것
이 있습니다.

　사람도 천지의 만물과 같습니다. 하나의 기운이 막혀서 병이
되며 하나의 기운이 바뀌어서 희(喜), 노(努), 애(哀), 락(樂)이
생깁니다. 이것도 천지(天地)의 순리를 따르지 않은 것과 같은
것입니다. 따라서 하나의 기(氣)가 바뀌는 것에 의해서 좋은 혈
색(血色)과 나쁜 혈색(血色)이 나타나고 기색(氣色)이 생기기
때문에 모든 길흉은 하나의 기(氣)와 의식(意識)의 변화에서
발생합니다.

천중(天中)에 나색(羅色)이 나타 나고 좁은 간격으로 인당(印堂)까 지 나란히 연결되어 있을 때는 이 것을 '천중에서 인당으로 오는 나 색'이라고 합니다.

그러나 어지럽게 흩어져 나타날 때는 다루지 않습니다. 어떤 혈자리에서 생겨서 어떤 혈자리로 이어지더라도 이것을 기준으로 판단해 주십시오. 기색이 막힌 것과 같습니다.

나색(羅色)에 따른 변화를 이해할 때는 나색의 숫자로도 판단 합니다. 적색이 나타나고 나색처럼 나란히 연결된 것이 있습니다 만 이것을 나색으로 보는 것은 맞지 않습니다.

나색은 원래 기색이 막힌 것입니다만 드러난 것과 가라앉은 것 이 있어서 드러난 것은 보기 쉽고 가라앉은 것은 보기 어렵습니 다. 이처럼 흩어져서 연결된 것처럼 보이는 것이 '나색(羅色)'입니 다. 기색이 모이는 것은 조금 구부러집니다만 나색은 그렇지 않습 니다. 그러나 아주 조금 구부러져 있는 것은 상관없습니다.

기색이 모이고 가는 상태를 판단하는 것을 간단하게 이야기하 겠습니다.

1. 관골(觀骨)에서 기색이 나타나 고, 남녀(男女) 쪽을 향할 때는 양자를 맞이합니다. 이것은 관골 이 세상을 담당하고 남녀는 자

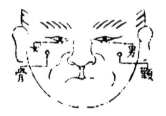

손을 담당하기 때문입니다. 그래서 세상에서 자손이 오는 모 양이 됩니다. 이 기색에 윤기가 있을 때는 양자가 좋은 길운 을 들고 옵니다만, 윤기가 없을 때는 나쁜 흉운을 몰고 올 수

있습니다. 또 양자가 정해졌으면 이 기색이 남녀에 들어오고 나중에 윤기가 생깁니다. 아직 결정되지 않았으면 이런 기색은 남녀의 바깥쪽에 있습니다.

1. 남녀에서 기색이 나타나고 관골로 향할 때는 반드시 자손이 다른 곳으로 나갈 것입니다. 그 기색이 좋은지 나쁜지에 따라 길흉을 봅니다. 다만 나이에 따른 판단을 해야 합니다.

1. 남녀에서 기색이 나타나서 관골 뒤에 일자로 나타날 때는 자손이 반드시 가출합니다. 이 기색이 머리카락 안까지

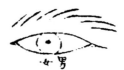

들어갈 때는 자손이 행방불명이 되어서 돌아오기가 매우 어렵다고 봅니다. 또 남녀에서 관골의 뒤로 나아가는 기색이 남녀를 벗어나지 않을 때는 돌아온다고 봅니다. 그것도 가까운 시일 내에 돌아옵니다. 그래서 이 기색이 관골의 뒤쪽이 진하고, 남녀로 옅게 될 때는 돌아오는데 시일이 걸립니다.

1. 남녀에서 기색이 나타나 토성을 향할 때는 반드시 자손 중에 자신을 생각하는 사람이 있습니다. 남녀는 자손을 담당하고 토성은 자신의 신체를 담당합니다. 그래서 자손이 자신을 그리워하게 됩니다.

1. 관골에서 기색이 나타나 토성을 향할 때는 반드시 사람들에게 무엇인가 부탁할 일이 있습니다. 관골은 세상 사람들을 담당하고 토성은 자신의 신체를 담당합니다. 그래서 자신이 사람들에게 무언가 부탁할 일이 있을 것입니다. 기색이 좋은지 나쁜지에 따라 부탁할 일의 성사여부와 그에 따른 길흉을 봅니다.

1. 노복에서 기색이 나타나고 해골로 일자로 향할 때는 반드시 아랫사람 중에 멀리 가야 할 사람이 있을 것입니다. 노복은 부하 아랫사람을 담당하고 해골은 먼 곳을 담당합니다. 그래서 노복에 기색이 풍부하게 나타나서 해골로 향할 때는 자기 일로 부하가 멀리 출장을 가게 됩니다.

1. 노복 바깥에서 기색이 나타나서 노복으로 들어올 때는 곧 부하를 얻게 됩니다. 이 기색이 노복에서 나타나서 지각을 통해 조금 넓게 윤기가 있을 때는 유능한 부하를 얻게 됩니다. 지각은 집안을 담당하기 때문에 집안을 잘 지키는 부하라고 봅니다. 그러나 이 지각을 관통하고 있는 기색이 넓어지면서 윤기가 뚜렷할 때는 좋은 아랫사람이나 부하를 얻어도 결과적으로는 부하가 배신을 하는 모습이 됩니다. 이것은 "넘치면 부족한 것만 못하다"라는 이치이다.

1. 노복에서 기색이 나타나고 그 기색의 앞부분이 붉은 적색을 띨 때는 아랫사람이나 부하가 다른 장소에서 문제를 일으킬 것입니다. 이것은 붉은 적색에 의해 길흉을 봅니다. 적색이 진할 때는 큰 어려움이 자신의 몸을 덮칩니다. 또 부하에 한정하지 않고 친척이어도 부하처럼 집 안에서 살고 있을 때는 그 사람이 다른 곳에서 문제를 일으킵니다.

1. 노복에서 윤기가 있는 기색이 나타나고 법령 주름을 올라갈 때는 의지할 수 있는 부하를 얻을 수 있습니다. 법령은 직업을 담당하고, 노복은 귀하든 비천하든 자신의 윗사람이 시키는 일을 지키는 것이 일입니다. 그래서 노복에 어두운 기색이 나타나고 법령 주름을 타고 오를 때는 언뜻 보면 의지가 되는 듯이 생각되는 부하가 실제로는 해를 입히는 부하가 될 것입니

다. 일을 부정하게 처리합니다.

그러나 귀하든 비천하든 많은 수의 부하를 갖는 사람은 노복에 뚜렷하지 않게 기색이 나타나고 법령 주름을 따라서 위로 올라가는 사람입니다. 이 기색은 부하가 좋든 나쁘든 상관없이 많은 부하를 거느리는 사람에게 반드시 나타납니다.

1. 법령은 직업을 담당하기 때문에 법령의 뿌리에서 윤기가 있는 기색이 나타나서 아래로 내려갈 때는 반드시 일이 두 업적으로 나누어질 것입니다. 이 기색은 법령 주름을 따라가면서 두 가지 형태로 나타나기 때문에 귀하든 천하든 두 종류의 업적이 되어서 대길(大吉)입니다. 이 두 종류의 기색에는 어떤 것도 청탁(淸濁)이 없습니다. 또 지금까지 일을 폐업하고 새롭게 시작할 때와 같은 경우는 청탁(淸濁)이 나타납니다. 이처럼 두 개의 주름에 기색이 나타날 수 있습니다만 이 경우는 청탁(淸濁)이 나타납니다. 결국 윤기가 없는 기색은 지금까지의 일로 보고, 윤기가 있는 기색은 새롭게 시작하는 일로 봅니다. 그래서 윤기의 청탁을 중심으로 있는지 없는지에 따라서 지금까지 시작한 일이 좋았는지 나빴는지를 봅니다.

1. 일월이나 주골 주변에서 윤기가 있는 기색이 나타나서 인당을 향할 때는 좋은 일이 있습니다. 또 어두운색이 내려갈 때는 반드시 윗사람 때문에 큰 어려움을 당합니다. 그리고 이 기색이 명궁을 관통할 때는 반드시 윗사람의 징계를 받으며 생명과 관계가 있을 수도 있습니다.

1. 관골에서 어두운 기색이 나타나 처첩으로 돌아가면서 향할 때는 처를 유혹하는 남성이 있다고 봅니다. 만약 아내가 동요한다면 이 기색은 처첩으로 들어가고 붉은 홍기와 같은 윤기

가 생깁니다. 그러나 아내 마음이 안정되어 있다면 처첩의 혈색도 움직이지 않고 평소처럼 변함이 없습니다. 즉 처첩은 처의 신체를 담당하는 것에 대한 것이고 관골은 세상을 담당하기 때문입니다. 또한 현재 정부(情夫)가 있는 여성도 이처럼 자기가 동요하는 것이기 때문에 처첩에도 붉은 홍색(紅色)의 기운으로 어지러운 색이 생깁니다. 자신의 남편을 기만하는 것이기 때문에 천정과 천록의 혈색이 나쁘고, 독맥도 부정하게 돌아가며 살집도 빠집니다. 이것이 정부(情夫)가 있는 상이 됩니다. 또 정부(情婦)가 있는 남성도 사람의 도리에서 벗어난 짓을 하는 것이기 때문에 하늘의 이치를 배반하는 희미한 흑색(黑色)인 몽색이 상정에 나타납니다. 어두운 몽색은 두려움의 색입니다. 더불어 처첩의 피부 안에 붉은 적색 주름이 생깁니다. 독맥도 부정하게 돌고 살집도 빠집니다. 사람은 천지(天地)가 정해놓은 정직한 기운에 따라서 태어나고, 독맥도 정직하고 바르게 있어야만 합니다. 그러나 자신의 마음이 바르지 않고 하늘을 배반하기 때문에 정직하게 흐르는 독맥이 잘 못 돌고 더구나 살집마저 빠져버립니다. 또 독맥은 신체에서 음(陰)과 양(陽)이 만나는 집에 해당하며 일생 전체의 운세를 담당합니다.

독맥이 만나는 집이 정직한 사람은 일생 운세도 양호하고, 무엇보다 만족할 줄 아는 사람입니다. 독맥이 부정한 사람은 일생 운세가 나쁜 사람입니다. 따라서 남녀 모두 불륜관계는 신중해야 합니다. 역시 독맥이 바른 사람은 군자의 관상을 지닌 사람이므로 대길(大吉)이라고 합니다.

다만 여기에 말하는 정부(情夫) 또는 정부(情婦)라는 것은 지레짐작해서 판단하면 안 됩니다.

1. 눈꼬리에 기색이 나타나고 변지를 향하며 그것이 변지 주변에 고여있게 보이고, 밖으로 향할 때는 반드시 다른 나라로 가서 한번은 그곳에 머물고, 또 그곳에서 타국으로 이동을 합니다. 눈은 신체에서 일월(日月)이며 자신의 마음에 속합니다. 변지는 타국을 담당합니다. 이것의 길흉은 기색이 좋은지 나쁜지에 따라서 생각해야 합니다.

1. 변지에서 기색이 나타나 처첩을 향할 때는 반드시 먼 거리에서 부인을 얻을 것입니다. 이것도 기색이 좋은지 나쁜지에 따라 혼담의 길흉(吉凶)을 생각합니다. 또 변지에 변색이 나타날 때는 여자 쪽에서 문제가 있어 혼담이 이루어지지 않습니다. 처첩에서 문제가 있으면 자기 쪽에 문제가 있습니다.

1. 간문에서 기색이 나타나고 눈꼬리로 향할 때는 반드시 여성에서 호의를 보이는 일이 있습니다. 또 눈꼬리에서 기색이 나타나 간문을 향할 때는 자기가 여성에게 호의를 보입니다. 눈은 자신에 속하고 간문은 음(陰)한 여성을 담당하기 때문입니다.

1. 여성은 관골(觀骨)에서 기색이 나타나고 처첩을 향할 때는 자신에게 호의를 가진 남성이 있습니다. 만약 그 남성과 정을 통해 정부(情夫)가 된다면 관골의 기색이 사라지고 상정  에서 다른 기색이 생겨서 처첩으로 통할 것입니다. 관골은 세상을 담당하고 상정은 하늘로서 남편의 위치와 같습니다. 처첩은 부인의 위치입니다. 그래서 부부가 되었다면 남편은 하늘의 위치이고 여성은 남편을 얻고 처지가 안정되는 것입니다.

1. 딸의 관상을 보고 데릴사위를 맞이할 때도 앞서 말한 것처럼 관골에서 기색이 나타나고 처첩으로 향할 것입니다. 만약 인연이 만들어진다면 상정에 기색이 나타나고 처첩을 향해 관통합니다. 이미 부부가 되면 관록에 홍색(紅色)의 윤기가 나타납니다. 남편을 얻고 자기의 관록이 안정되었기 때문에 홍색에 윤기가 생기면서 덕을 얻은 것과 같습니다.

1. 이혼했어도 남편에게 호의가 있는 여성은 처첩에 기색이 나타나고 상정을 향합니다. 단지 현재 남편의 빛이 없어서 관록에서 홍색 윤기가 나타나지는 않습니다. 이것은 모두 기색의 선과 악에 의해서 그 혼담의 길흉을 생각해서 이루어질지를 봅니다.

1. 토성에서 기색이 나타나고 관골 아래를 돌아서 간문으로 향할 때는 다른 사람의 눈을 피해서 음한 여성을 만나는 것입니다. 간문은 처첩 뒤에 있고 음한 여성을 담당하며 토성은 자신의 신체를 담당하고, 관골은 세상을 담당합니다. 그렇지만 세상과 다른 사람의 눈을 피하면서 당당하게 음한 여성을 만날 때는 관골을 관통해서 간문으로 향합니다.

1. 부인이 있는 사람과 음한 여성에 관한 것은 간문과 명문(命門) 2곳에서 나타납니다. 아직 아내가 없는 사람은 음한 표식에 한정하지 않고 여성에 관한 모든 일이 처첩(妻妾)에 나타납니다.

1. 관골에서 기색이 나타나 처첩으로 향할 때는 반드시 결혼하게 됩니다. 결혼의 인연이 결정될 때는 기색이 처첩으로 들어오고 붉은 홍색에 윤기가 확실하게 나타납니다. 그래서 결정이

된 후에는 이 붉은 홍색의 윤기가 차분해지고 혈색도 저절로 온화해집니다. 그러나 관골에서 처첩으로 향하는 기색이 처첩으로 들어가지 않을 때는 그 인연은 깨집니다.

1. 푸른 기색이 처첩에 나타나고 처첩(妻妾) 뒤로 돌아 머리카락 안으로 들어갈 때는 부부 싸움을 하고 아내가 행방불명됩니다. 이

런 푸른 기색이 처첩에만 있는 것으로 다른 혈자리에 나타나는 것은 아닙니다. 푸른 기색은 간기(肝氣)로 화가 난색이기 때문에 싸움이 있다고 합니다. 또 머릿속은 하늘에서 정해지지 않은 곳으로 보기 때문에 부인이 행방불명이 됩니다. 부부가 원만하고 그 부인이 다른 장소로 갈 때는 처첩에서 윤기가 나타나고 변지(邊地)나 역마(驛馬)로 천천히 향합니다. 또 처첩에서 기색이 나타나고 관골로 향할 때는 가까운 곳에 간다고 봅니다. 이것은 관골이 양(陽)이고 세상을 담당하기 때문에 도시로 간다라는 의미입니다. 그러나 이 기색이 관골을 관통할 때는 거기서부터 더욱 먼 곳으로 이동합니다. 이것들 모두는 기색의 좋고 나쁨에 따라 길흉을 생각해 주십시오.

1. 간문에서 기색이 나타나 복당(福堂)으로 향할 때는 음한 여성이 돈을 빌려달라고 합니다. 또 항상 복당(福堂)에서 간문으로 기색이 통할 때는 반드시 음한 여성으로 돈이 움직일 것입니다. 간문은 처첩 뒤쪽에 있고 음한 여성을 담당하며 복당(福堂)은 자신의 복과 금전을 담당합니다.

1. 간문에서 기색이 나타나 지각(地閣)으로 향할 때는 반드시 불

류관계인 여성이 자신의 집으로 와서 생활하게 됩니다. 만약 그런 여성이 자신의 집에서 생활하게 되면 간문에서 처첩을 걸쳐 윤기가 나타납니다. 게다가 지각에도 윤기가 생깁니다.

또 이 기색이 직원에게 나타날 때는 음한 여성을 추천하고 집안에 채용할 것입니다. 이 기색은 간문을 나와 관골 뒤를 돌고, 지각으로 내려가는 것입니다. 이것은 간문이 음한 여성을 담당하고, 지각이 살고 있는 집을 담당하기 때문입니다.

1. 형제에서 기색이 나타나고 문 안으로 들어올 때는 반드시 가족끼리 무엇인가 계획을 세웁니다. 형제는 친족 또는 가족을 담당하고, 눈은 자신의 마음에 속하기 때문입니다.

1. 눈썹 안에서 기색이 나타나고 변지로 향할 때는 가족이 먼 곳으로 간다고 봅니다. 그 기색의 좋고 나쁨으로 여행길이나 목적지의 길흉을 생각합니다. 먼 친척일 경우에는 나타나지 않습니다. 가깝고 친한 가족일 경우 잘 나타납니다. 그러나 큰 어려움이 생겨서 먼 곳으로 가는 경우는 가깝든 멀든 상관없이 바로 나타날 것입니다.

1. 천중(天中), 천양(天陽), 고광(高廣) 주변에서 윤기가 나타나고 관록을 향할 때는 뜻밖의 좋은 일이 있습니다. 천중, 천양, 고광은 얼굴의 상정이고 하늘을 담당합니다. 그리고 관록은 자신의 신체로 그 입장을 담당합니다. 그래서 천중, 천양, 고광 주변에 나쁜 기색이 내려올 때는 나쁜 일이 생길 징조가 됩니다.

1. 천중, 천양, 고광은 어떻든지 하늘을 의미하고 군주를 담당합니다. 군주가 존재해야만 비로소 신하가 존재할 수 있기 때문

에 신하인 관록이 있는 것은 군주의 관록입니다. 그래서 군주가 볼 때는 관록을 신하로 하고, 신하가 볼 때는 관록을 군주로 봅니다. 보통 신하가 관록입니다. 이것을 잘 깨달아 주십시오. 또 천중, 천양, 고광의 혈자리는 모두 머리털이 생기는 변제 부위입니다만, 젊었을 때는 머리가 많아서 이마를 덮기 때문에 조금 아래에 있습니다. 노년이 되면 머리가 적어지고 머리가 벗겨져 대머리가 되기 때문에 이 세 혈자리는 조금 위에 있습니다. 따라서 천중, 천양, 고광의 혈자리는 하늘에 있고 정해지지 않습니다. 머리가 많은 사람은 발제 부분으로 보면 좋습니다.

50세 전에 머리의 정상까지 대머리인 사람이 있습니다. 이 경우는 머리가 나는 변제 부분을 혈자리로 보는 것은 어렵습니다. 그런 사람은 일반적으로 올려다 볼 때 생기는 주름인 위를 올려다 볼 때에 생기는 많은 이마 주름 중 제일 위에 생기는 주름에서 세 곳을 혈자리로 취합니다.

1. 좌우에서 기색이 나타나고 지각으로 모일 때는 가정에 인기가 모인다고 봅니다. 이 기색은 좌우 지고(地庫) 주변에 나타나 지각(地閣)으로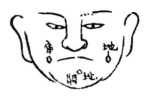

모입니다. 이것은 예를 들어 막힌 곳에서 숨이 쉬듯이 좌우에서 모여 옵니다. 지각은 가택을 담당하는 곳으로 집에 관해서 좋은 일이 생기고 좋은 소문이 모일 때는 이곳의 기색이 풍부하고 윤기를 띱니다. 또 나쁜 일로 소문이 날 때는 어두워집니다. 다른 혈자리와 비교해서 판단해 주십시오. 다만 여기는 '기색이 모이는 곳'은 아닙니다.

- 기다리는 사람에 관해서 -

1. 변지에서 기색이 나타나 눈썹 끝을 향할 때는 반드시 기다리는 사람이 있습니다. 이 기색은 변지에서 생겨 눈썹 끝을 향하듯이 보이고, 때로는 눈썹 끝에 도달해 있을 수도 있습니다. 그리고 등불 심지가 구부러진 것처럼 달리거나 아기의 새끼손가락 끝마디로 당기듯이 모여들 수 있습니다.

1. 변지에서 기색이 나타나 눈썹 끝을 향하듯이 보이고 더욱 이 기색에 힘이 있을 때는 기다리는 사람이 빨리 올 것입니다. 기세가 약할 때는 오는 데에 시간이 걸립니다.

1. 기색이 나타나 달리는 기세가 없을 때는 그 사람이 오고 싶어도 올 수 없는 사정이 있거나 와도 늦게 올 것입니다.

1. 기다리는 사람이 진짜 올지 급하게 올지는 앞서 말한 기색의 기세가 있고 일자로 보입니다.

1. 기다리는 사람 자신이 오고 싶지 않거나 급하게 오지 않을 때는 앞서 말한 기색에 기세가 없으며 가라앉는 듯이 보입니다. 기색 중에 변색이나 문제가 있을 때는 길가는 중에 문제가 있습니다. 또 기색이 생기는 부분에 문제가 있을 때는 일찍이 문제가 있습니다. 여기서 이야기한 기색은 기다리는 사람 자신도 오기를 바라고, 자기 자신도 기다리고 있고, 양쪽모두 기다림으로 통하고 있어서 생기는 기색입니다. 먼 곳에 자식이 있고 자식이 오기를 항상 기다리는 것은 부모의 정입니다. 그러나 그 자식도 자신이 가기를 바라지 않는다면 서로 마음이 통하지 않는 것으로 당연히 기색은 없습니다. 그러나 그런 자식

에게도 때로 부모를 사모하고 거기에 가려고 할 때는 서로 마음이 통하면 바로 기색이 나타날 것입니다.

1. 지고의 주변에 기색이 나타나고 지각으로 향할 때는 자신의 집에서 숙박할 손님이 오리라 봅니다. 예상외로 먼 곳에서 사람이 올 때도 이와 같은 기색이 나타납니다. 그러나 자신의 집에 와서 머무는 기간이 24시간 이내의 손님이라면 이런 기색은 나타나지 않습니다. 귀하든지 비천하든지 모든 것은 이것을 기준으로 합니다만 기색이 좋은지 나쁜지에 따라 숙박할 손님의 귀천(貴賤)과 길흉(吉凶)을 생각해 주십시오.

- 여행・여행가는 도중・여행지에 관하여 -

여행에 따른 기색은 기다리는 사람의 기색에 나타나는 속과 겉입니다. 그러나 여생의 기색은 앞에서 이야기한 대로 등불 심지가 구불어진 모양이거나 아가의 손가락 첫마디로 끌어당기는 옅은 푸른색이기 때문에 그 점을 주의해서 봐주십시오. 모든 것이 기색에 의한다고 보면 기다리는 기색과 다릅니다. 단지 이것은 푸른색 기(氣)가 아니고 푸른 기색으로 보일 뿐으로 푸른 청기(青氣)라고는 했습니다만 이후에 이것에 대해 깊이 공부해 주십시오.

1. 눈썹의 끝에서 푸른색 청기(青氣)가 생겨 변지로 모일 때는 여행을 간다고 봅니다. 개인차가 있어서 사람에 따라서 변지 쪽에 강하게 청기가 나타나고 눈썹 끝 쪽으로 향하는 것처럼 보입니다만, 원래는 눈썹 끝에서 변지로 향하는 청기(青氣)입니다. 이 길흉에 관해서는 이런 청색 기 중에 작은 문제가 있

을 때는 여행 가는 도중에 문제가 있으며 하나도 문제가 없고 건강할 때는 여행이 평온하다고 봅니다. 또 변지로 여행지 길흉을 보려면 변지(邊地)에 변색이 있을 때는 반드시 목적지에서 뜻밖의 일이 생기고, 아름다운 미색(美色)이 있을 때는 여행지에서 좋은 일이 있습니다. 이 청기(靑氣)가 나타나서 모이는 것은 눈썹꼬리 쪽에서 생겨 변지로 향하듯이 보이는 것으로 이것을 '변지로 모이는 푸른 청기(靑氣)'라고 합니다. 또 눈썹꼬리에서 변지까지 올라오는 것이 있습니다. 구불구불하게 도달하거나 또는 도달하지 못하고 이 청기(靑氣)가 올라가려는 기세로 도달하듯 보이는 것도 있습니다. 이것은 수행을 더 많이 쌓고 스스로 터득해야 합니다. 타국까지 가지 않고도 먼 곳으로 마음이 움직일 때는 앞에서 이야기한 것처럼 눈썹꼬리 쪽에서 푸른 청기(靑氣)가 나타나고 변지로 향할 수 있습니다.

애초부터 기색(氣色)이라는 것은 마음의 기색(氣色)이 그대로 형태가 되어 나타나는 것입니다. 이것은 있는 듯도 하고 없는 듯도 해서 대부분 사람에게는 보이지 않습니다. 한 번은 보였다고 느껴도 다음에는 보이지 않으며 멀리 떨어져야만 보이는 것은 있어도 가까운 곳에서는 보이지 않습니다. 기력을 집중해서 보면 오히려 보이지 않고 무심하게 보는 사람이 오히려 잘 보기도 합니다. 더군다나 보였다고 해서 판단할 수 있는 것도 아닙니다. 정말로는 '있는데 없으며, 없는데 있는 것'입니다.

그래서 기색을 본다는 것은 다른 사람에게 있는 것이 아니고 모두 자기 자신에게 있는 것입니다. 자신 안에 있는 심기가 맑고 깨끗하면 천지 우주를 보아도 단지 한번 보고도 알 수 있습니다. 더욱이 인체라는 작은 천지(天地)는 대단히 대단히 보기 쉽습니다. 또 마음이 차분하지 않고 기색이 흩어져 있는 사람은 비록 3개월을 쳐다보아도 절대로 볼 수 없습니다.

　"유상(有相)의 관상가"는 상(相) 보는 것을 맑은 하늘을 좋아하듯 합니다만, "무상(無相)의 관상가"는 비록 흐린 하늘과 맑은 밤이라도 하늘과 땅을 빼고, 단지 "똑바로 보려는 눈인 정방안(正方眼)"만을 가지고 보기 때문입니다. 이것은 밝은 진주를 손안에 넣고 보는 것을 아득하고 밝게만 보아서 보이지 않는 것입니다. 이러한 이치를 생각하고 "상법(相法)의 마음가짐인 심의(心意)와 체용(體用)"을 깨달아 주십시오.

　사람은 심기(心氣)를 근본으로 합니다. 이것은 하늘에 대양(大陽)인 하나의 기(氣)가 있고 이것을 일원기(一元氣)라 하며, '마음'입니다. 즉 "마음의 기(氣)인 심기(心氣)는 대양(大陽)의 기(氣)이며 일원기(一元氣)"입니다. 이것은 모든 기(氣)의 근원이고 신체 길흉을 보는 근본이 됩니다. 그래서 이것이 상법에서 가장 중요합니다.

　또 하늘에 있는 대양(大陽)의 기(氣)를 아버지 맥이라고 합니다. 땅의 대음(大陰)인 수(水)는 호수와 같아서 이 호수는 음(陰) 중에 있는 양화(陽火)이기 때문에 어머니의 피라고 합니다. 이것을 합해서 "부모의 혈맥"이라고 합니다. 피는 음(陰)이며 맥은 양(陽)입니다. 사람은 대양(大陽)의 기(氣)를 따라서 태어나고, 대음(大陰)의 기(氣)에 의해서 죽습니다. 결국 생(生)과 사(死) 어느 것도 음양혈맥(陰陽血脈)의 이치에서 벗어나는 것은 없습니다. 사람이 두려워해야 할 것은 하늘이고, 존경해야 할 것은 부모이며 신중해야 할 것은 자기 자신입니다.

　또 피는 대양(大陽)의 기(氣)에 의해서 자연스럽게 순환합니다. 따라서 기(氣)가 건강할 때는 피도 건강하고 혈색도 좋습니다. 그리고 대음(大陰)인 땅이 쇠할 때는 기(氣)도 약해지고 혈색도 나빠집니다. 그래서 음양(陰陽)의 기(氣)가 건강한 때에는 혈기도 왕성합니다. 이것이 마음입니다.

사람은 오미(五味)(단맛, 신맛, 짠맛, 쓴맛, 매운맛)로써 신체를 보양합니다. 따라서 사람에게는 정액이 있으며 그 정액은 피이며 이것은 '심장의 용(用)'입니다. 그런 이유로 정액이 약할 때는 피도 줄어들고, 피가 적을 때는 신장도 약하고, 신장이 약할 때는 심장의 빛깔이 건강하지 않습니다. 그러나 정액이 강한 사람은 신장이 강하고, 신장이 강한 사람은 피가 많으며 피가 많은 사람은 심장도 강한 것입니다. 이런 사람은 심장과 신장이 모두 건강해서 좋은 것이며 길(吉)입니다. 또한 심장과 신장의 교차하면서 좋을 때는 대음(大陰)과 대양(大陽)의 기(氣)가 건강한 것으로 혈색도 당연히 좋아집니다. 이것이 '심(心)'이며 마음입니다.

대양(大陽)의 기(氣)가 강하고 건강할 때는 신체도 스스로 왕성합니다. 이것은 "심(心)이 강하다"고 말하고, 이 심(心)은 '기(氣)'입니다. 이것을 '심기(心氣)'라고 합니다. 이 심기(心氣)가 건강하면 어느 부위의 기색이든지 다 좋습니다. 또 심기(心氣)의 겉모습을 '혈색'이라고 합니다. 그래서 심(心)·기(氣)·색(色) 이세 가지를 말해도 원래는 대양(大陽)의 일기(一氣)에서 생긴 것으로 대양(大陽)의 기(氣)가 건강하다면 다섯 가지의 오기(五氣) 모두 건강하고 완전해집니다.

만물은 모두 음양(陰陽)의 기(氣)를 통해서 다양한 상으로 만들어집니다. 예를 들어 음양(陰陽)의 기가 통하는 것이 약한 토지에서 생긴 초목은 번성하지 않는 것과 마찬가지로 인간의 음양(陰陽)도 기(氣)가 통하는 것이 얕다면 심기(心氣)가 약해집니다. 그래서 심기(心氣)가 강한 사람의 신체가 자연스럽게 건강한 것은 초목이 잘 번창하는 것과 같습니다. 또한 심기(心氣)는 수레의 축과 같은 것입니다. 수레의 축이 강하면 넘어질 걱정도 없으며 암석이 가로놓여 있는 험한 길을 따라서 천 리를 가더라도 손상되지 않습니다. 이처럼 사람도 심기(心氣)가 강하면 큰 산도 넘을 수 있는 기세가 있습니다. 만약 수레에서 축이 약하다면 평탄한 평지에서조차 불안합니다. 사람도 심기가 약하면 할 수 있는 일도 못하고 저절로 모든 것이 막힙니다. 그래서 상법은 심기(心氣)를 다루는 것이 9할이며 신체(身體)를 다루는 것이 1할입니다.

심기(心氣)가 강한 사람의 겉모습은 커다란 집에 많은 사람이 생활하고 있는 느낌이고, 심기(心氣)가 약한 사람은 커다란 집에 사람이 없는 듯한 느낌이 듭니다. 또한 심기가 강한 사람은 혈색이 나타나는 것이 느리고, 심기가 약한 사람은 바로 나타납니다. 심기가 강한 사람은 작은 좋은 일에는 혈색이 나타나지 않으며 커다란 좋은 일이 있을 때는 혈색은 태양이 동쪽에서 떠오르듯이 나타납니다. 그러나 심기가 약한 사람은 작은 좋은 일에도 바로 혈색이 나타나며 큰 좋은 일이 있을 때는 그 혈색이 놀란 듯이 나타나고 눈이 불안하고 차분하지 않습니다. 따라서 심기(心氣)가 약한 사람은 혈색에 변화가 생겨도 보기가 어려워집니다. 또 심기가 강한 사람은 좋은 혈색을 길게 유지하고 나쁜 혈색은 빨리 사라집니다. 심기가 약한 사람은 좋은 혈색이 빨리 사라지고 나쁜 혈색은 항상 나타나 있습니다.

기색(氣色)에 의해서 보는 상(相)을 '관상(觀相)'이라고 하고, 혈색에 의해서 상(相)을 보는 것을 '간상(看相)'이라 합니다. 골격에 의해서 상을 보는 것을 '견상(見相)'이라 하며 심기(心氣)에 의해서 상(相)을 보는 것을 '무상(無相)'이라고 합니다.

골격을 보는 것은 이 길로 들어오면 바로 볼 수 있고, 혈색(血色)은 이 길에 들어와서 잠시 하면 가볍게 볼 수 있으나 기색(氣色)은 이 길로 들어와도 쉽사리 보기 어렵습니다. 심기(心氣)는 이 길로 들어와서 몇 년에 걸쳐서 수양해도 볼 수 없습니다. 이 심기(心氣)를 보고 싶다면 불철주야 연구하고 배워야 합니다.

- 살벌한 기색에 관하여 -

다음 그림과 같은 것을 '살벌한 기색'이라고 합니다. 앞에서도 보았듯이 칼 냄새는 일본검에 있는 빛나는 잔무늬 같은 것이 나타납니다만, 크게는 안 나타납니다. 이 기색(氣色)은 살상의 기운을 갖는 사람에게는 반드시 나타납니다. 그리고 이 기색이 나타날 때는 살상을 피할 수 없으며 반드시 재산이나 생명을 잃습니다. 또한 수만의 적을 끌어들여 싸우는 전쟁터에서도 이 기색이 나타납니다. 역시 군인 중에서 이 기색을 볼 수 있습니다. 살상의 기색은 앞에서 말했듯이 검의 냄새가 잔무늬처럼 나타나지만, 이 외에도 이 기색의 근본이 클 때는 살상의 고비가 있어도 급하게 나타나지는 않습니다. 이 기색이 드러난 시기의 최선책은 도망치는 것입니다.

- 기노골(起怒骨)에 관하여 -

기노골은 두개골(頭蓋骨) 일부이며 좌우 귀 아래에 있는 해골(害骨)에 해당합니다. 이것은 음식에서 생기고, 분노에 해당하는 것으로 전해지고 있습니다. 이것을 '필사(必死)의 기색'이라 합니다. 앞서 말한 것처럼 잔무늬 광택과 같은 검의 냄새와 함께 기색의 근본이 세밀하게 흩어지지 않고 기세를 가지고 나타납니다. 이럴 때는 필사의 적이 있어서 그 적으로 인해 생명을 잃는다고 봅니다.

이 기노골 및 세 개의 기색은 저의 상법에 있어서는 소중하고 아직 전하지 않은 것입니다. 여기에는 십 분의 일 정도 써 놓았습니다.